DYNAMISME
ÉCONOMIQUE ET CULTUREL
EN ASIE ET EUROPE

ISBN : 2-7384-8528-6

KIM HEE IL

DYNAMISME ÉCONOMIQUE ET CULTUREL EN ASIE ET EUROPE

Éditions L'Harmattan
5-7, rue de l'École-Polytechnique
75005 Paris - FRANCE

L'Harmattan Inc.
55, rue Saint-Jacques
Montréal (Qc) – CANADA H2Y 1K9

Introduction

L'Asie enregistre aujourd'hui des taux de croissance exceptionnels et mon propos, dans ces pages, est d'élucider les mécanismes auxquels elle doit cet essor. Par Asie, j'entends ici l'Asie orientale, soit la région qui comprend la Corée, le Japon, Taïwan, Hong Kong et Singapour ainsi que la région d'industrialisation de l'ASEAN-Indonésie, Malaisie et Thaïlande, les provinces côtières de la Chine (Hong Kong, Taïwan et Singapour).

L'industrialisation en Asie orientale s'est développée au point de concerner aujourd'hui plusieurs centaines de millions de personnes, de la Corée, au Japon, en passant par les régions de la côte chinoise. Il est bien connu que cette zone de l'Asie, qui a les taux de croissance les plus élevés du monde, connaît un grand développement des échanges régionaux, des mouvements de capitaux, des transferts de savoirs et de structures technico-organisationnelles sur des bases régionales. Le total des exportations de la région d'Asie Pacifique qui était de 34 % en 1985 a atteint 41 % en 1991, alors que cette zone connaissait le taux de croissance le plus élevé de son commerce international. Le développement du commerce porte sur les échanges de biens incorporant les savoirs et de la technologie avancée de la zone du Japon et de la Corée du Sud.

Cette recherche est une étude comparative sur les raisons des développements en Extrême-Orient et en Europe. Nul ne doute de l'importance des relations internationales, culturelles et économiques entre l'Extrême-Orient et l'Europe, au moment où l'Occident se trouve mis en contact intime avec cette partie de l'Asie constituée par la Chine, la Corée et le Japon.

Si nous voulons relever les éléments de ressemblance dans les cultures même des deux entités, il suffit de mentionner les plus importants tels que conviction sur l'*indissolubilité* entre les équilibres culturels et les relations économiques entre société-émotion (l'Extrême-Orient) et société-rationalité (l'Europe). Telles sont les raisons pour lesquelles cet échange-recherche des intellectuels entre l'Extrême-Orient et l'Europe nous semble légitime.

Le thème de cette étude est l'analyse de la culture en Extrême-Orient et en Europe sur plusieurs plans. D'abord au niveau religieux, la différence de religion, monothéisme en Europe et religiosité diffuse (taoïsme ou confucianisme) en Extrême-Orient explique les rapports entre les deux cultures. La société contemporaine a profondément besoin d'une étude sur la théorie éthique, la cosmogonie, les visions du monde, de la nature, du travail, de la vie quotidienne, de l'ordre social entre tradition, modernisation et rôle de l'État.

Une telle motivation doit conduire les recherches au niveau de la philosophie orientale et des réalités politico-économiques. Ainsi l'objectif de notre étude est de faire en même temps un essai (de recherche) théorique et de comparaison pour permettre à l'économie européenne de se placer sur les nouveaux marchés d'Extrême-Orient, notamment en Corée du sud.

Nous avons alors à examiner les méthodes socio-économiques parfois fort diverses et très particulières, qui ont permis à plusieurs pays d'Asie du Nord et du Sud-Est d'atteindre de tels sommets dans leur développement industriel.

Notre recherche se concentrera sur les Nouveaux Pays Industrialisés, Corée du Sud, Taïwan, Hong Kong et Singapour ainsi que sur des pays appartenant à l'ASEAN en voie d'industrialisation rapide, comme la Malaisie, l'Indonésie et la Thaïlande. De plus, le développement industriel accéléré n'est plus une exception, c'est une possibilité ouverte à des sociétés extrêmement diverses par leur taille ou leur stratégie économique (par exemple la Chine depuis quinze ans).

Les études ont montré que la Chine, en tant que puissance économique en émergence rapide, sait exploiter les occasions et faire face aux défis que représentent les nouvelles technologies et la croissance technique. Son choix s'est porté sur l'industrie automobile, la construction navale, l'industrie textile, la sidérurgie et les composants électroniques-secteurs très affectés par le développement des NPI asiatiques. Plus précisément, nous avons étudié la zone pacifique (exemple : la Corée du Sud) dans le continent asiatique et spécialement la coopération industrielle entre la France et la Corée du Sud.

Le but de cette analyse est de cerner les liens géopolitiques en Extrême-Orient. On parle beaucoup de l'Extrême-Orient sous les angles politiques ou économiques ; mais l'Extrême-Orient n'est pas seulement un pôle économique, c'est aussi une région centrale qui se développe à une allure plus lente que l'Europe.

Cette croissance économique s'accompagne essentiellement d'une montée en puissance politique. Les superpuissances (États-Unis, Japon, Chine, Russie avec l'enjeu de la Corée) font maintenant preuve d'une grande attention envers cette région, à l'aube du XXIe siècle.

Il faut donc dire qu'il s'agit d'une géopolitique dont la dimension économique est, sinon absente, du moins constamment minimisée. Voici le cœur même de notre recherche. Elle met l'accent sur les facteurs géographiques et les rivalités plus que sur les éléments qui poussent à la coopération entre l'Europe et l'Asie-Pacifique (considérons ici les relations France-Corée du Sud).

C'est grâce à la comparaison entre ces deux domaines, économie politique d'une part et politique militaire d'autre part, que l'on pourra finalement trouver la vraie dimension de l'Extrême-Orient

L'étude suivante a pour but de poser un certain nombre de questions à propos des analyses les plus courantes au sujet de la politique et de l'économie dans les pays d'Asie de l'Est.

Mais pour des raisons d'espace, il nous a fallu limiter notre réflexion aux relations entre les trois pays les plus importants de cette zone, à savoir : la Chine, le Japon et la Corée du Sud.

Les relations entre le Japon et la Corée du Sud

Le Japon entretient des relations internationales extrêmement complexes avec la Corée du Sud. Les relations entre ces deux nations, pourtant si proches géographiquement, semble totalement conflictuelles. Les adversaires du Japon en tirent souvent l'argument selon lequel « si le Japon n'est même pas capable de nouer des relations avec son plus proche voisin, comment pourrait-il alors prétendre à un quelconque leadership régional ? ».

Pourtant, même dans ce domaine, la politique étrangère du Japon marque des points. Au niveau diplomatique, c'est en 1965 que fut signé le « Traité des relations fondamentales entre le Japon et la République de Corée », traité par lequel Tokyo reconnaissait le gouvernement de Séoul comme seul gouvernement légitime de la Corée et acceptait de lui verser des dommages de guerre pour une valeur de 800 millions de dollars sur une période de dix ans. C'était la première fois depuis la fin de la Deuxième Guerre Mondiale qu'un chef de gouvernement japonais demandait pardon au peuple et au gouvernement coréens et évoquait les méfaits de la colonisation japonaise, tels que l'interdiction pour les Coréens de porter leur nom coréen ou d'apprendre leur langue nationale, ainsi que le travail forcé imposé à un grand nombre d'entre eux dans l'archipel nippon pendant la Seconde Guerre mondiale.

Face aux géants russe et chinois, c'est désormais la Corée du Sud qui jouit d'une plus grande stabilité politique et sociale, et d'un niveau de développement beaucoup plus avancé.

L'Asie du Nord-Est est en train de s'établir comme le véritable centre du pouvoir dans la région Asie-Pacifique.

Dans cette perspective, sa position de puissance principale en Asie orientale lui servirait de base. Il n'y a qu'une intervention active au niveau mondial pour lui permettre de jouer pleinement le rôle auquel sa puissance économique lui donne la capacité de prétendre dans une Asie dont l'essor économique risque fort de donner lieu à des heurts avec l'Occident.

I

La religion : Différence entre monothéisme et religiosité diffuse
(Du taoïsme au confucianisme)

Le judaïsme, le christianisme et l'islam sont des religions monothéistes n'admettant aucun compromis avec les autres divinités. Quand un individu se convertit au christianisme, il doit abandonner toutes ses croyances antérieures et appartenir totalement à son Dieu nouveau et unique.

L'intolérance religieuse me semble avoir été un trait caractéristique important de l'histoire du développement de la civilisation occidentale. Le bouddhisme ressemble au christianisme et à l'islam, en ce sens qu'il est aussi une religion à vocation missionnaire, mais il s'en distingue par l'action qu'il a exercée dans les pays où il s'est répandu. Il n'a pas remplacé les religions et les philosophies prébouddhiques de l'Inde et de l'Asie de l'Est. Il a coexisté avec elles ; son introduction n'a donc pas provoqué de rupture de la continuité culturelle, comme ce fut le cas lors de l'introduction du christianisme et de l'islam dans les pays de l'ouest de l'Inde, ainsi que dans le sous-continent indien où l'islam a réussi à s'implanter. La différence entre monothéisme et religiosité diffuse est particulièrement révélatrice dans la civilisation humaine. Selon les conditions imposées par la foi monothéiste, c'est un besoin profond de tout rapporter à un être absolu qui définit la société et la civilisation et favorise le développement d'une uniformité universelle.

L'acceptation d'éléments étrangers étant de ce fait particulièrement difficile, une société monothéiste, confrontée à des facteurs nouveaux venant de l'extérieur, doit opérer une transition à l'issue de laquelle elle sera, soit entièrement gagnante, soit entièrement perdante. C'est pourquoi les changements intervenus dans le cours de l'histoire de l'Occident ont souvent été fondamentaux et d'une grande portée. Les sociétés à religiosité diffuse reconnaissent, en revanche, la valeur des idées et des éléments d'origine étrangère et se montrent tolérantes à leur égard. Ces facteurs nouveaux peuvent donc s'introduire sans qu'il y ait pour autant des altérations sociales profondes, la société demeurant fondamentalement la même, quelle que soit la nature des nouveaux éléments. Les religions chrétiennes ont concentré l'élément de divinité de l'univers en un dieu créateur et tout-puissant, extérieur à l'univers. Cette restriction concernant la divinité a privé la nature en général — y compris la nature humaine — de son caractère sacré. En revanche, en Asie, avant l'impact de l'Occident moderne sur ses religions, le monde entier et tout ce qu'il contient, y compris la nature et l'homme lui-même, étaient de nature divine ; ils possédaient donc, aux yeux de l'homme, un caractère de sainteté et une dignité qui mettaient un frein à l'instinct de l'homme qui le porte à satisfaire sa cupidité en profanant la nature non humaine. Du point de vue du confucianisme et du bouddhisme, la divinité est immanente à l'univers qu'elle imprègne tout entier alors que, selon la conception monothéiste, elle est retirée de l'univers sensible et lui est extérieur, c'est-à-dire que la divinité a un caractère transcendantal. A l'heure actuelle, les adeptes des religions monothéistes du christianisme et ceux des croyances post-chrétiennes qui se sont substituées à la religion post-judaïque du primitif sont tous des ex-panthéistes. Ce fait historique laisse une lueur d'espoir quant à la possibilité de les voir un jour revenir à une vision panthéiste, après avoir pris conscience des conséquences néfastes provoquées par le manque de respect pour la nature, propre au monothéisme. Il se peut qu'au vu du progrès dans le seul domaine bien délimité de la technologie scientifique, l'attitude monothéiste occidentale soit précieuse pour le développement matériel de la civilisation humaine. En revanche, l'approche orientale est plus importante si l'on se place du point de vue où faut assurer le respect de toutes les catégories d'êtres et mettre fin à la pollution et à la destruction du milieu naturel. Mais il faudrait réunir ces deux optiques de façon que chacune compense les faiblesses de l'autre.

Je suis convaincu que seule une religion nouvelle pourra prendre la première place dans une civilisation d'un niveau élevé qui combine à la fois la science et la philosophie. Mais la religion dont nous avons besoin doit être source d'inspiration pour les esprits scientifiques et philosophiques et être à même de faire face aux nécessités d'une ère nouvelle. Cette religion doit aller au-delà des différences qui séparent l'Orient et l'Occident en réunissant l'humanité toute entière en un seul corps unifié, afin de sauver l'Occident de la crise actuelle et l'Orient de ses tribulations[1].

La recherche de cette religion est donc la tâche la plus importante qui se présente aujourd'hui à l'humanité. Dans son enseignement de base et dans son expérience historique, le bouddhisme a trouvé une solution raisonnable à ce problème en allant au-delà des limites de la foi panthéiste. Il est fondé sur les lois de la vie — un système de lois universelles applicables à toute forme de vie. En partant de ce système comme principe de base, le bouddhisme enseigne un mode de vie qui met l'accent sur l'harmonie et l'union de l'humanité avec la nature non humaine. Dans les croyances panthéistes, les dieux sont considérés uniquement comme les symboles des forces naturelles ou des peuples. Le bouddhisme en revanche place ses divinités dans le système de la loi de la vie ; la vie sur laquelle repose le bouddhisme est propre à tous les êtres humains et à toutes les espèces vivantes.

Le théisme représente la réalité spirituelle ultime de façon anthropomorphique. Un dieu est une représentation humaine de la réalité ultime. Les dieux grecs, hindous et scandinaves étaient représentés comme étant — même physiquement — d'aspect humain. Le dieu israélite Jéhovah, adopté par les chrétiens et les musulmans, est conçu comme un être non corporel et invisible, mais selon les Écritures israélites, Jéhovah éprouve des émotions humaines-jalousie, colère et c'est sous l'influence de ces passions qu'il aurait agi, c'est-à-dire

1. Arnold Toynbee et Daisaku Ikeda, *Choisis la vie un dialogue*, pp. 339-342, 1976.

d'une manière que les hommes réprouvent et condamnent à juste titre. Les humains aspirent à une réalité ultime qui soit à l'image de l'homme, même sous la forme d'un tyran capricieux, car dans la société humaine, les enfants ont besoin de l'aide et des conseils des parents, tandis que les adultes ont besoin de chefs auxquels ils sont liés, non par des liens de parenté, mais par la confiance qu'ils placent en leur sagesse plus grande ou en leur volonté plus forte. Il est néanmoins irrationnel d'essayer de satisfaire ce désir ardent en donnant une représentation anthropomorphique de la réalité spirituelle ultime. Rien n'indique que la réalité ultime ait un aspect humain et il est même très peu probable qu'elle ressemble à l'homme, car celui-ci n'est que l'un des phénomènes constitutifs de la nature. Je suis d'avis qu'un système universel des lois de la vie, tel qu'il est présenté dans le bouddhisme et le confucianisme, a des chances d'être une représentation moins fausse de la réalité spirituelle ultime que celle offerte par un panthéon — Zeus, Athéna et Apollon – ou un dieu unique comme Jéhovah.

Si nous considérons Bouddha, Confucius, comme des créateurs de religions, nous ne pouvons pas retirer ce droit à Moïse. Et dans ce cas nous ne pouvons pas soutenir que la religion de Moïse est absolument différente de celle du livre de l'Exode, pas plus que nous ne pourrions séparer les religions citées de leurs fondateurs.

Par exemple, tous les documents sont unanimes quant au nom donné par Moïse à son dieu. L'orthographe YHWH (les transcriptions grecques nous enseignent que cela se prononçait Yahweh) se retrouve dans tous les textes en prose de la Bible hébraïque, dans la stèle de Mesa (Xe siècle av. J.-C.), dans les lettres de Lachish (vers 586 av. J.-C.). A côté de cette forme existe son en *yahu*, qui se retrouve dans tous les anciens noms de personne. On a souvent soutenu que cette forme *yahu* est plus véridique que Yahweh, mais tous les faits épigraphiques sont opposés à cette théorie paradoxale.

On a soutenu également que tel d'origine non israélite (retrouvé dans les noms les plus anciens), prouvait l'existence d'un prototype du *tétragramme* avant Moïse. Cela n'est pas impossible, mais jusqu'ici tout les arguments de cette théorie ont pu être réfutés ; le dernier en date provenait d'Ugarit où

Virolleaud avait cru trouver un mot « yro » identique à yahweh.

Il est donc essentiel de souligner que la conception anthropomorphique de Yahweh était absolument nécessaire pour que le dieu d'Israël soit à la fois le Dieu de chaque Israélite et le Dieu du peuple entier. Rares sont les caractères naturellement mystiques ou sachant employer certaines méthodes pour atteindre l'extase pour qui les concepts théologiques relatifs à la divinité sont de peu d'importance : le parallélisme est frappant entre le mysticisme des différentes religions : judaïsme, islam, bouddhisme et christianisme. Pour le fidèle (ordinaire), il faut un dieu qui prenne part à ses sensations et à ses émotions d'homme, un dieu qui puisse être alternativement aimé et craint. Autrement dit, l'anthropomorphisme de Yahweh était essentiel au succès de la religion d'Israël.

Si par « monothéiste » on entend des penseurs tels que Philon le juif, Rahb Aquba, saint Paul ou saint Augustin, Mahomet, saint Thomas, Calvin, Mordekh Kaplan, Moïse n'en était pas un. Par contre, si l'on donne le nom de « monothéiste » à celui qui professe l'existence d'un seul Dieu, créateur de toutes choses — source de la justice, également puissant en Égypte, au désert, en Palestine, n'ayant ni sexualité ni mythologie, de forme humaine mais ne pouvant être représenté par aucune forme concrète —, alors, sans aucun doute, le fondateur du *yahwisme* est un monothéiste.

Max Weber, suivi par A. Alt, a employé le terme de « charismatique » pour définir les chefs israélites de l'époque des *Yuge*. Les « *Yuges* » étaient respectés et suivis, malgré les filiations de tribus, car ils détenaient un pouvoir spécial qui était — pensait-on — l'émanation directe de la grâce divine (*charisma*). Un héros militaire populaire pouvait devenir un juge, charismatique, mais un homme renommé pour sa justice pouvait, comme le héros, être sur le plan supérieur de l'essence divine.

Le mot *shôplet*, (*Yuge*), est un vieux mot cananéen qui se retrouvera plus tard chez les Carthaginois avec le sens de magistrat, chef civil, suffète. Ce mot dut acquérir son sens charismatique probablement ainsi : le renom de sagesse et d'honnêteté de certaines célébrités locales s'étendait, et les hommes, venus de plus en plus loin, leur faisaient juger leurs disputes (par elles).

Aussi Toynbee ne semble pas avoir retenu le cas des Israélites entre 1200 et 900 av. J.-C.. Il aurait eu là pourtant un magnifique exemple de son principe « *Challenge and Response* (compétition et réaction) ».

Grâce à ce stimulant, les Israélites purent réaliser leur unité nationale en dépit des forces centrifuges qui travaillaient à briser la confédération.

Saül (vers 1020-1000 av. J.-C.) ne réalise, il est vrai, qu'une vague union politique, probablement à cause des faiblesses de son caractère. On affirme fréquemment que le véritable monothéisme éthique n'apparaît pas avant le Deutéro-Esaïe dans l'Ancien Testament. Cette affirmation est une source d'erreurs. Les premiers prophètes phapsodes, Amos et Osée, réclament pour Yahweh, et cela sans aucun doute, la possession du monde, et le prennent pour dieu unique.

Déplorons que ce dernier mot soit, comme tant d'autres, employé à tort et à travers de nos jours. On nous parle, par exemple, d'une civilisation « monothéiste » pour signifier une civilisation que l'on caractérise comme patronale. Le mot est employé de façon aussi absurde que le mot « manichéisme » par des gens qui en ignorent complètement le sens. Bien entendu, ce n'est pas de l'usage malheureux et faussement métaphorique du mot « monothéisme » qu'il nous faut attendre quelque lumière sur ce que j'appelle le paradoxe. Le paradoxe est de nature essentiellement théologique et philosophique. Lorsque l'on parle des religions monothéistes, on vise en général le groupe des trois grandes religions abrahamiques : judaïsme, christianisme, islam.

Lorsque je parle du « paradoxe du monothéisme », je vise avant tout la situation telle qu'elle a été vécue et surmontée par les gnostiques et théosophes de l'Islam, tout particulièrement par l'École du grand théosophe visionnaire Mohyidin Ibn'Arabi (ob. 1240). Ce paradoxe, je le récapitule très brièvement, tel que nous pouvons en dégager les trois phases d'après Ibn'Arabi lui-même et ses continuateurs.

Je ferai spécialement appel ici à Sayyed Haydar Amole (ob. Post 285/1385) qui fut à la fois le critique et le plus grand des disciples d'In'Arabi[2].

Le théisme est une théologie qui va à l'encontre du matérialisme et de la science. Les tenants de cette doctrine prétendent que l'univers a été créé par une divinité ou des êtres surnaturels inspirés par Dieu. Tous les phénomènes naturels et sociaux sont des expressions de la volonté de Dieu, prévus par Dieu, et contre lesquels la force humaine n'a point de recours.

Dans une société de classes, le théisme est une arme idéologique réactionnaire des classes exploiteuses pour berner le peuple travailleur, endormir l'ardeur révolutionnaire. Marx a mis à nu sans rémission l'effet réactionnaire du théisme et l'a résumé dans cette phrase : La religion est l'opium du peuple. Dans une société socialiste, au sein du peuple, le parti permet aux théistes de propager leur doctrine.

Mais en même temps, le parti met l'accent sur la propagation d'une conception du monde marxiste-léniniste, matérialiste, parmi le peuple travailleur, sur la dissémination de la culture et de l'éducation, sur une large diffusion des connaissances en matière de sciences naturelles et de politique socialiste afin d'aider le peuple à effacer les effets du théisme.

L'athéisme (ou le matérialisme) nie l'existence de divinités, anges ou démons, rejette toute croyance religieuse, toute superstition. Ainsi l'athéisme existait déjà en Chine à l'époque de Yin et de Tcheou (XVIIe-VIIe siècle av. J.-C.) avec Sun Tse, à l'époque des royaumes combattants (475-221 av. J.-C.) avec Wang Tchong, sous les Han de l'Est (25-220) avec Fan tchen, à l'époque des dynasties du Sud et du Nord (420-589), et avec d'autres penseurs encore, qui furent d'éminents représentants de la pensée athée.

Les matérialistes français du XVIIIe siècle, Diderot et Holbach, l'Allemand Feuerbac au XIXe siècle et beaucoup d'autres furent d'actifs propagateurs de l'athéisme. Néanmoins, avant Marx, les athées limités par leur matérialisme non historique, se sont tous montrés incapables d'expliquer correctement les causes historico-sociales qui donnèrent nais-

2. Cf. Henry Corbin, « La science de la balance et les correspondances entre les mondes en gnose islamique, d'après l'œuvre de Haydar Amoli, VIIIe siècle », in *Temple et contemplation*, 1981.

sance aux religions et aux croyances superstitieuses et n'ont donc pas pu démontrer de manière scientifique l'extinction inéluctable de ces croyances. La philosophie marxiste représente l'athéisme le plus complet ; elle a établi pour la première fois que les religions et croyances superstitieuses étaient le produit de l'oppression de la nature et de la société, et que l'exploitation et l'oppression de classe étaient les causes principales de leur existence et de leur maintien. La philosophie marxiste a démontré l'effet réactionnaire et la nécessaire disparition du théisme et de la religion. La rigoureuse propagation de l'athéisme et la lutte idéologique sans compromis avec les préjugés religieux et la superstition constituent une tâche à long terme pour les marxistes.

Cependant la mentalité et les religions asiatiques ne sont pas très éloignées de la rationalité et de la science en effet la vie n'est pas seulement rationalité et science.

II

Éthiques (morales) face à la modernisation

La philosophie et la pensée européennes ont leur origine principalement en Grèce. Mais la Grèce elle-même a été précédée par l'Orient. Sans examiner les diverses hypothèses qui ont fait dériver la philosophie grecque de la philosophie orientale et qui ont rattaché tantôt à la Judée, tantôt à l'Inde, tantôt à la Perse et à l'Égypte les systèmes grecs, on peut bien croire qu'il y a eu quelques communications, au moins latentes, par le biais de l'Asie Mineure, entre les deux mondes. La Grèce, à n'en pas douter, tient de l'Orient sa langue, sa religion, ses arts, ses premières connaissances préscientifiques.

Le bouddhisme est à la fois une législation et une révélation : chez les Hébreux, par exemple, c'est dans le *Deutéronome* qu'il faut chercher la morale de Moïse ; de même chez les Indiens c'est dans les Lois de Manou que nous chercherons les principes de la morale brahmanique[3].

Elle manque d'élévateur, sans doute mais rappelons-nous que nous avons affaire ici à un législateur qui est bien forcé de prendre pour auxiliaire le mobile le plus fréquent des actions humaines. D'ailleurs, à côté de ces maximes d'un caractère passablement intéressé, s'en rencontrent d'autres

---

3. Les lois de Manou (Manava, Hama, Sastra) ont été traduites par M. Loiseleur-Reslonchamps, Paris, 1833. Ce livre est, avec les védas, un des livres sacrés des Indiens : « Il y a, dit Manou lui-même, une double autorité : la révélation et la tradition ». La révélation est contenue dans les védas, la tradition dans le code de lois, II, I.

sur la conscience morale et la sanction que ne désavouerait pas la morale la plus délicate.

Ainsi le bonheur est promis à celui qui s'abstient de tuer les animaux ; on recommande au brahmane de ne choisir pour moyens d'existence que ceux qui ne font aucun tort aux êtres vivants, ou leur en font le moins possible ; le scrupule est poussé si loin qu'il est interdit aux philosophes de l'Asie (brahmanes) d'écraser une motte de terre sans raison et de découper un brin d'herbe avec ses ongles et le mari ne fait qu'une seule et même personne avec son épouse.

> « Dans toute famille où le mari se plaît avec sa femme, la femme avec son mari, le bonheur est assuré pour la vie ».

L'union d'une jeune fille et d'un jeune homme, résultant d'une inclination mutuelle, est appelée le mariage des musiciens célestes. Si le bouddhisme — rameau détaché du brahmanisme et qui lui est bien supérieur par le principe de l'égalité religieuse — a été un progrès sur le brahmanisme, c'est par le développement admirable donné aux principes de moralité et non pas seulement à ceux d'humanité et de fraternité qui existaient déjà en germe, nous l'avons vu, dans les lois de Manou mais durement comprimés par l'odieux système des castes. Comme le christianisme (monothéisme) a transformé le mosaïsme en rejetant tout ce qu'avait inspiré la dureté antique, le bouddhisme développe, purifie, anoblit, attendrit la morale du brahmanisme[4].

Comme le christianisme, le bouddhisme est une doctrine de consolation ;

> « celui qui cherche un refuge auprès de Bouddha[5], celui-là connaît le meilleur des asiles, le meilleur refuge ; dès qu'il y est parvenu, il est délivré de toutes les douleurs. Ainsi le Boudda dit : « Venez, ô religieux, en cachant vos bonnes œuvres et en montrant vos péchés »[6],

---

4. C'est aujourd'hui un fait acquis, après les admirables recherches de M. Eugène Burnouf (introduction à l'histoire du bouddhisme), Paris, 1984, que le bouddhisme, comme le protestantisme, est né du catholicisme, qu'il est né dans l'Inde, et que la première langue qu'il a parlée est la langue sanscrite — il y a eu récemment une nouvelle édition de l'histoire du bouddhisme (Paris, 1876, 3 vol.)
5. Burnouf, p. 180.
6. Ib., p. 170.

Ainsi dit l'Évangile :

« Lorsque vous jeûnez, ne soyez pas tristes comme les hypocrites ; parfumez votre tête et votre face ».

Le bouddhisme enseigne la chasteté, la charité, la piété, le pardon des offenses, comme le prouvent un grand nombre de légendes, parmi lesquelles nous choisirons quelques-unes dont la beauté poétique égale la beauté morale. La chasteté, la piété et la charité n'ont pas trouvé, même dans le christianisme, de plus belles maximes et de plus beaux exemples que dans les deux légendes suivantes.

Une courtisane célèbre par ses charmes, nommée Vasadatta, se prend d'amour pour le fils d'un marchand, jeune homme pieux et pur, et lui envoie sa suivante pour l'inviter à venir chez elle. « Ma sœur, dit le jeune homme, il n'est pas temps pour moi de te voir ». Cependant la courtisane commet un crime et, par ordre du roi, elle est affreusement mutilée. Devenue affreuse et infirme elle est abandonnée, dans un cimetière. Et le jeune homme va alors voir la malheureuse, le jeune homme va alors la voir et lui dit : « Fils de mon maître, quand mon corps était doux comme la fleur du lotus, qu'il était orné de parures et de vêtements précieux, j'ai été assez malheureuse pour ne point te voir... Aujourd'hui pourquoi viens-tu contempler en ce lieu un corps souillé de sang et de boue ? » « Ma sœur, répondit le jeune homme, je ne suis point venu naguère auprès de toi attiré par l'amour du plaisir, je viens aujourd'hui pour connaître la véritable nature du misérable objet de la jouissance de l'homme ». Puis il la console par l'enseignement de la loi ; ses discours apportent le calme dans l'âme de l'infortunée.

Elle meurt en prononçant un acte de foi en Bouddha pour renaître[7] bientôt parmi les dieux. Telle est cette belle légende qui nous donne en raccourci comme un tableau de toutes les vertus : la chasteté, la piété, la résignation, le mépris de la douleur, le pardon des offenses, et avec tout cela une grâce naïve et candide qui y ajoute un charme souverain.

Est-il, dans la vie des saints, un récit supérieur à celui-là ? Il est difficile de s'élever plus haut dans la grandeur morale que le fait le bouddhisme. Seulement, comme toute doctrine religieuse, plus occupée des biens éternels que des biens de

---

7. Voyez Barthélemy Saint-Hilaire, *Le Bouddha*, ch. V.

ce monde, le bouddhisme a presque entièrement laissé de côté, autant que nous en pouvons juger par les documents, les vertus civiles et pratiques sur lesquelles repose l'ordre des sociétés humaines ; il a fait des saints, il n'a jamais pensé à créer des citoyens ; l'Orient en général et l'Inde en particulier, n'ont pas eu l'idée de l'État. Un idéalisme excessif éloignait les hommes de la cité et de leurs devoirs. La vie était considérée comme un mal, dont il faut s'affranchir le plus vite et le plus complètement possible. La patrie et ses lois n'étaient rien. Pour employer une expression chrétienne, la seule cité pour les sages indiens est la cité divine. Ils n'ont pas un regard pour la cité terrestre, pour la liberté, pour le bien public, pour l'indépendance nationale[8]. La Chine seule, dans tout l'Orient, paraît avoir une quelque idée du droit politique. Mais c'est à l'Europe et à la Grèce qu'appartient en propre la grande idée du citoyen. Donc, l'Orient en général et l'Inde en particulier n'ont pas connu l'idée de l'État. (nous insistons sur ce point) « et de sa machine bureaucratique occidentale »[9].

Si nous ne voulions que rechercher en Orient la trace des idées qui, de près ou de loin, ont pu avoir quelque influence sur la philosophie morale et politique de l'Occident, nous devrions tourner nos regards vers l'Inde, car d'une part l'Égypte, et la Phénicie, qui ont eu avec la Grèce des rapports incontestables, ne nous offrent guère dans l'état actuel de nos connaissances, de vestiges d'une philosophie morale, et de l'autre, on ne peut soupçonner aucun rapport, même indirect et lointain, entre la Grèce et la seule nation de l'Asie qui pré-

---

8. Le Zend Avesta a été traduit en français par Anquetil-du-Perron (Paris, 3 vol., in 4) en allemand par Spiegel (Leipsig, 1858-160) et récemment (1980) en anglais par James Armastetre, dans la collection des livres sacrés de l'Orient de M. Max Muller.

9. Mais ces pages nous ayant paru tout à fait insignifiantes, nous croyons devoir les retrancher. Le Zend Avesta, livre sacré des Perses, n'est qu'un rituel dans lequel il n'y a guère à chercher de morale et de politique. Rappelons seulement que la morale de ces textes était une morale plus active que contemplative. La lutte du bien et du mal qui est à l'origine des choses et qui représentée par les deux principes *ormuz* et *archimane* se retrouvait également dans la vie humaine. Le Zend Avesta a été traduit en français par Anquetil du Perron (Paris, 1781, 3 vol. in-4).

sente un véritable système de philosophie morale et politique, je veux dire la Corée.

Le *mazdéisme*, le bouddhisme et le brahmanisme ne sont pas, à proprement parler, des doctrines philosophiques : ce sont des doctrines religieuses où se rencontrent, il est vrai, des principes philosophiques mais sous une forme qui n'a rien de philosophique. Il n'en est pas de même en Chine et en Corée ; la morale et la politique s'y présentent si peu sous la forme religieuse que le sentiment religieux en est, au contraire, presque entièrement absent. C'est un enseignement humain rationnel, aussi philosophique qu'il pouvait l'être dans une nation où l'esprit pratique l'emporte beaucoup sur le génie de la spéculation. C'est avec un étonnement profond qu'en passant de l'Inde à la Chine, et à la Corée, on voit disparaître ce gigantesque surnaturel qui est le fond de la religion et se mêle à la législation, à la poésie, à la philosophie même.

On se retrouve avec des hommes parlant un langage humain et ne cherchant comme grandeur que celle de la pensée. Il est certain que la doctrine morale de Confucius n'a jamais franchi la muraille de la Corée.

Mais cette doctrine a fait vivre et nourrit encore une des plus peuplées des nations du monde, et en elle-même elle fait honneur à l'esprit humain[10]. C'en est assez pour ne pas l'oublier dans cette histoire. Aussi, si Confucius est obscur à propos de la loi primitive des êtres, il s'exprime à propos de la loi morale avec une élévation, une clarté qui ne laissent rien à désirer. Les caractères essentiels de cette loi sont à ses yeux l'obligation et l'immuabilité.

> « La règle de conduite morale, dit-il, qui doit diriger les actions est tellement obligatoire que l'on ne peut s'en écarter d'un seul instant. Si l'on pouvait s'en écarter, ce ne serait plus une règle de conduite immuable ».

Il en exprime[11] en termes admirables le caractère absolu.

> « La loi du devoir, dit-il, est par elle-même la loi du devoir ».

Il nous peint cette loi éternelle égale pour tous, quelle que soit leur condition, accessible aux plus humbles, et surpassant

---

10. La doctrine morale de Confucius (Khoung fut-seu) se trouve exposée dans ce qu'on appelle les quatre livres classiques (*ssechou*).
11. Tchoung-Young, XVI, 1, 2, 3.

en même temps les efforts des plus sages et des plus savants, si étendue, dit-il, qu'elle peut s'appliquer à toutes les actions des hommes, si subtile qu'elle n'est pas manifeste pour tous[12]. Cette loi, quoique s'imposant à l'homme d'une manière absolue, a cependant son principe dans le cœur de tous les hommes d'où elle s'élève à sa plus haute manifestation pour éclairer le ciel et la terre de ses rayons éclatants[13]. Elle ne doit pas être éloignée des hommes, c'est-à-dire qu'elle doit être conforme et proportionnée à leur nature[14]. Enfin, il la considère comme la loi de toutes les intelligences et illuminant l'univers entier. Ne doit-on pas reconnaître que Confucius a saisi tous les traits essentiels par lesquels l'analyse des plus savants a essayé de définir la loi morale ? L'idée que Confucius se forme de la sagesse est très large[15]. Il vante la force d'âme comme un stoïcien, la modération comme un disciple d'Aristote, l'amour des hommes comme un chrétien[16]. N'est-ce pas un Epicitète, un Marc-Aurèle qui a dit :

> « Est-il riche, comblé d'honneurs, le sage agit comme doit agir un homme riche et comblé d'honneurs. Est-il pauvre et méprisé, il agit comme un homme pauvre et méprisé. Le sage qui s'est identifié avec la loi morale conserve toujours assez d'emprise sur lui-même et son état dans quelque condition qu'il se trouve ».

Mais cette fermeté n'est jamais accompagnée d'ostentation et d'emphase[17]. Alors, pour terminer ces citations par celle qui les résume toutes, quoi de plus merveilleux que cette parole, que l'on pourrait prendre pour une traduction littérale de l'Évangile :

> « La doctrine de notre maître, dit Thseng-tseu, consiste uniquement à avoir la droiture du cœur et à aimer son prochain comme soi-même... Agir envers les autres comme nous voudrions qu'ils agissent envers nous-mêmes, voilà la doctrine de l'humanité. La règle de la vie est la réciprocité »[18].

---

12. Tchoung-Young, XXV, 14 « *regula iprius regula* » (ab. Rémusat).
13. Ib. XII, 1.
14. Tchoung-Young, XIII, 2.
15. Ib., XII, 3.
16. Tchoung-Young, 14.
17. Tchoung-Young, XIV, 12.
18. Ta-hio, IX, 3 (voir le commentaire dans panthier, traduction latine, p. 66 Paris, 1837). Tchoung-Young, XIII 3, Lun-yun, IV, 15 : V. II : VI, 28 ; XV, 23, Meng-tseu, II, VII, 4.

1. Les éthiques familiales, la piété filiale

Depuis que la notion de piété filiale, qui est au cœur de la morale confucéenne, a été introduite en Corée, la vie morale des Coréens s'est développée jusqu'à nos jours pour atteindre une profondeur qui n'existerait pas autrement. D'après l'interprétation classique, le caractère chinois, « piété filiale », est une combinaison des caractères « vieillard » et « enfant » ; il signifie donc que les enfants doivent servir et honorer leurs parents, faire tout leur possible pour subvenir à leurs besoins et leur apporter des consolations, en reconnaissance des bienfaits de la vie et de l'éducation dont ils leurs sont redevables. Le devoir de servir et de consoler ses parents n'est pas particulier à la civilisation chinoise et à la morale confucéenne, c'est une donnée universelle commune à toutes les sociétés humaines ; on la retrouve même, dans une certaine mesure, jusque dans le monde animal : n'appelle-t-on pas le corbeau, l'oiseau de la piété filiale ?

Cependant seuls les confucéens chinois, estimant que cette notion de piété filiale ne se limite pas aux relations entre enfants et parents, en ont fait le fondement de la morale qui régit l'ensemble de la société et ont même considéré qu'elle est en quelque sorte la norme de l'univers entier.

D'après Confucius, la perfection de la morale humaine repose sur la vertu qui est comme l'extension, à l'égard des autres, de l'amour qui existe entre enfants et parents ainsi qu'entre frères et sœurs d'une même famille. D'après les entretiens, Confucius enseigne à ses disciples que la piété filiale et l'amour fraternel sont les fondements de cette vertu.

Ultérieurement, des sages chinois rassemblèrent les données essentielles relatives à la piété filiale dans un ouvrage classique, le *Hias Hing*, attribué fictivement à Tseng-tseu, disciple de Confucius, dont la piété filiale était immanente. Il va sans dire que cet ouvrage a toujours été considéré, parmi les ouvrages classiques de Confucius, comme le plus précieux pour connaître les fondements de la piété filiale. Par la suite, à l'époque de Mencius, ont été formulés les cinq principes essentiels de la morale confucéenne, qui règlent les relations sociales :

– entre souverain et sujets : la fidélité,

– entre père et fils : l'intimité,
– entre mari et femme : la séparation,
– entre vieux et jeunes : la préséance,
– entre amis : la sincérité.

D'après la morale pratique confucéenne, le plus important des devoirs est la piété filiale qui est encore plus fondamentale que la loyauté à l'égard du souverain. Comme le dit le *Hias King* :

> « L'honnête homme ne pourra se conduire avec fidélité envers son souverain que s'il sert ses parents avec la plus grande piété filiale ».

On voit là que cette vertu l'emporte sur la fidélité. On peut donc dire, en somme, que les cinq devoirs essentiels de la morale confucéenne sont une extension de la piété filiale (dont ils dérivent). La piété filiale étant le devoir le plus important, personne, du souverain aux gens du peuple, ne peut en être exempt. Le *Hias King* stipule qu'elle doit être effectivement pratiquée par tous : fils du ciel, lettrés et gens du commun. Cet ouvrage insiste spécialement sur la piété filiale du fils du ciel qui doit avoir un comportement exemplaire pour pouvoir gouverner avec sagesse et édifier le peuple. Le grand empereur Soune a été un modèle en ce domaine. A l'époque des Han, où le confucianisme a été adopté comme doctrine officielle de l'Empire un service gouvernemental spécial, le *hyo-ryom-kwa*, (Bureau de la piété filiale et de l'intégrité) était chargé de la nomination des fonctionnaires, en prenant comme critère la piété filiale confucéenne. On nommait aux postes officiels des sujets qui avaient été recommandés par les gouverneurs de province pour leur piété filiale ou leur intégrité éminente. Ce système atteignit son apogée sous les Han postérieurs et continua de fonctionner sous les Tang et même ultérieurement. Ainsi la piété filiale était prônée et encouragée par l'État et la cour impériale. A l'époque des Tang, toute une réglementation a été instituée pour stimuler la pratique de la piété filiale et punir les manquements. Elle demande que l'on fasse de son mieux pour servir ses parents avec respect en temps ordinaire, les soigner avec dévouement s'ils tombent malades, manifester son chagrin et accomplir les rites funéraires avec dignité quand ils meurent. En somme la piété filiale exige des enfants qu'ils fassent tout leur possible pour servir leurs parents avec empressement durant leur vie et consoler leur âme avec dignité après leur mort. Évidemment, cela demande de la part des enfants dévouement et esprit de sacrifice. Lorsque le bouddhisme s'introduisit en Chine, il était inévitable que l'éthique séculière du confucianisme ne puisse tolérer sa tendance antisociale et anti-familiale.

Le bouddhisme dut nécessairement chercher à établir un compromis avec la morale confucéenne. Aussi les bouddhistes chinois ont-ils composé plusieurs ouvrages qui interprètent le devoir de reconnaissance à l'égard des parents propre au bouddhisme en s'inspirant de la notion confucéenne de piété filiale. La parution de nombreux ouvrages de ce genre, comme *Ou-rane-boum-kyrg*, le *Pom-mang-kyong*, le *Pou-Mo-Eune-Choung-Kyong*, contribua à donner au développement du bouddhisme en Chine des traits particuliers. Le bonze Tchong-mil, qui était un haut dignitaire de la secte Hwa-om à l'époque des Tang, soutient, dans la préface de l'*Ou-rane-boun-kyong* où il expose son interprétation bouddhique de la piété filiale, que celle-ci est pour le bouddhisme comme pour le confucianisme la vertu suprême, et il prétend que, lorsque « Akyamuni a quitté les siens pour se livrer à des pratiques ascétiques, loin de manquer de piété filiale, il a exercé cette vertu à la perfection en manifestant par là sa reconnaissance envers ses parents ». L'*Ou-rane-boun-kyong* expose la piété filiale parfaite d'un disciple du Bouddha, Mong-nyon, qui a sauvé sa mère de l'enfer de la faim où elle soufrait horriblement ; cet ouvrage mérite d'être appelé le classique de la piété filiale bouddhique ; il entend montrer que la conception de la piété filiale est plus élevée dans le bouddhisme que dans le confucianisme. Ainsi, le bouddhisme ayant finalement accepté la morale confucéenne de la piété filiale qui originairement lui était étrangère, la conception chinoise de cette vertu en a été élargie et son fondement affermi.

La piété filiale est le fondement de « Cinq Règles » qui sont, avec les « Trois Liens », la base de la morale orientale. Cela veut dire, d'une part, que les autres lois morales peuvent varier selon les temps et les lieux tandis que celle qui régit la relation entre le père et le fils est permanente, et d'autre part, que les autres sont fondées finalement sur la piété filiale. L'éthique occidentale, basée sur la liberté et l'égalité, concerne principalement les relations horizontales entre des individus, alors que l'éthique orientale traite surtout des relations verticales entre les hommes, le modèle étant l'amour filial entre le fils et le père. En revanche, la pensée occidentale, qui est le résultat de la fusion de l'individualisme d'origine grecque et d'une réflexion religieuse d'origine juive et catholique, se caractérise avant tout par une attention constante portée à la liberté des individus et à l'égalité (entre eux). La piété filiale est absente de l'éthique occidentale (la fraternité). La société coréenne contemporaine se modernise dans divers domaines : institutions publiques, systèmes économiques... La morale traditionnelle fondée sur le confucianisme a dégénéré, et s'est vidée de son contenu. Aussi, en ce qui concerne le bouddhisme en Corée, la piété filiale ne figure pas parmi les cinq commandements, qui consistent à défendre aux fidèles de tuer des êtres vivants, de voler, de commettre l'adultère, de mentir et de boire de l'alcool. Elle est intégrée à l'idée de grâce.

La morale bouddhique en Corée insiste plutôt sur les relations horizontales entre les hommes. Mais elle s'est aussi transformée sous l'influence de la morale individuelle occidentale. Dans ces circonstances, c'est un lieu commun de dire qu'il faudrait rétablir une éthique proprement coréenne, qui ne serait pas la simple réhabilitation de la morale conventionnelle ni l'adaptation simpliste du système occidental. Quelle place occuperait alors la piété filiale dans cette tentative de réorganisation des lois morales ? C'est un des problèmes centraux que l'on doit se poser et dont nous allons nous préoccuper maintenant. Pour élaborer une réponse à cette question, il est important de réinterpréter d'abord la tradition sous l'angle de la pensée occidentale. Selon le *Hiao King*, l'homme est le plus noble des êtres vivants de l'univers et rien dans la conduite d'un homme n'est plus grand que la piété filiale.

Ce passage suggère que la piété filiale est, dans la pensée orientale, non seulement une valeur morale, mais aussi un principe qui peut être appliqué à l'explication des relations entre l'homme et le ciel (dieu).

Cependant la pensée de M. Büber est proche de celle des Orientaux. L'idée de la relation d'un « je » et d'un « tu » dont parle Büber ne se cantonne pas simplement à l'éthique, elle s'enracine aussi dans la dimension religieuse et philosophique. Tout comme s'interpeller mutuellement, quelque ardeur qu'on y mette, ne constitue pas un entretien (le sport étrange auquel se livrent des gens intellectuellement doués dans quelque mesure, et que l'on nomme à juste titre « discussion », c'est-à-dire séparation à force de coups, en est la meilleure preuve) ainsi, en revanche, il n'est pas besoin pour s'entretenir du moindre son, ni même du moindre geste. La communication que rien ne retient plus se déverse, et le silence la porte vers le voisin. Ne lui était-elle pas vouée ? Le voisin l'accueille sans réserve, comme tout ce qu'il rencontre d'authentique sur la voie du destin. Il ne pourra même pas raconter son expérience à quiconque ; il ne pourra même pas se la raconter à lui-même. Que « sait »-il désormais de l'autre ? Mais il n'est plus besoin de savoir.

Le dialogue ne se borne pas au commerce entre hommes, c'est, comme nous l'avons vu, un comportement des hommes l'un à l'égard de l'autre, un comportement que leurs relations ne font que représenter. Il semble donc, même si l'on peut se passer de paroles, voire de communication, que le dialogue a bien ceci d'élémentaire et d'irremplaçable, comme le veut d'ailleurs son véritable sens : la mutualité de l'action intérieure. Deux hommes liés par le dialogue doivent être, de toute évidence, tournés l'un vers l'autre et peu importe la mesure d'une conscience d'activité. Il est bon de se le lire en une formule brutale. Car derrière la question formulante, quant aux limites de telle catégorie en délibération, se cache une autre question qui, elle, brise toutes les formules.

On peut se refuser de toutes ses forces à admettre la présence de « Dieu » et pourtant en éprouver le goût dans l'austère sacrement du dialogue. Qu'on veuille bien ne pas croire, cependant, que je fasse de la morale une chose contestable pour glorifier la religion. Cette dernière offre cet avantage sur la morale qu'elle est un phénomène et non pas un prostal ; en autre part l'esprit de résolution, elle peut comprendre aussi l'esprit de sereine résignation, la réalité de la morale, l'exigence de celui qui exige et qui trouve sa place dans la morale. Mais quand elle est trop satisfaite d'elle-même et s'affirme outre mesure, elle fait naître des doutes beaucoup plus graves que la morale, précisément parce qu'elle est plus étendue. Une religion qui est risquée, qui est prête à renoncer à elle-même, est comme le sang nourricier des artères, si elle est la religion qui croit à la religion, elle est comme un sang vieux qui se coagule et engorge les vaisseaux. Et si rien autant que la morale ne peut nous masquer le visage de notre prochain, rien autant que la religion ne peut nous masquer le visage de ce dieu-là ; c'est le principe, ici, le dogme[19].

La densité « objective » du dogme a sa valeur, je le sais bien, mais derrière l'un comme derrière l'autre guette la guerre — profane ou sainte –, à la puissance dialogue de la situation, guette l'une — fois — pour — toutes qui résiste à l'imprévisible instant. Même là où l'autorité qu'il puise dans ses origines demeure incontestée, le dogme est devenu la forme la plus élevée d'immunité contre la révolution. Celle-ci ne saurait rien tolérer de « parfait », mais par les artifices que lui suggère le désir chimérique de sécurité, l'homme se fige dans l'attitude de la « perfection »[20].

2. Le dialogue entre l'Europe et l'Asie

Il est de la plus grande importance qu'il y ait en Europe une organisation d'hommes de culture, hommes de lettres ou de science, capable d'entraîner dans un dialogue commun les gens de bonne volonté d'une extrémité à l'autre du spectre politique. Il est bon qu'ils soient réunis pour refuser l'ultime totalitarisme, c'est-à-dire l'appartenance intellectuelle totale à l'un ou l'autre des pôles anagogiques de la politique. Il est bon qu'ils dénoncent les tentatives des techniciens payés

19. Paul Alexandre Tanet, *Histoire de la science politique dans ses rapports avec la morale*, Slatkine reéd. Genève, 1971, pp. 10-26.
20. Buber Martin, *La vie en dialogue* ; le « je » et le « tu » sont une question qui se pose à l'individu, élément de l'« interhumaine ». *La fonction éducatrice* traduite par Jean Coswenson Lani, 1989, pp. 106-124.

pour découvrir des applications guerrières aux découvertes naturelles, et celles des propagandistes qui veulent transformer les créations de l'esprit en matériel de guerre psychologique. Mais il y a un autre dialogue, au moins aussi important.

Les problèmes de l'Europe ne seront jamais résolus tant qu'il seront considérés d'un point de vue uniquement européen. Il est indispensable de voir l'Europe de l'extérieur, de voir l'histoire de l'Europe, les défaillances de l'Europe comme ses réussites, à travers les yeux de cette vaste partie de l'humanité que forment les peuples d'Asie et d'Afrique. Il est nécessaire, dès maintenant, que des voix s'élèvent pour appeler les peuples d'Europe (et ceux du pays dans lequel elle s'est répandue, les États-Unis) et cela d'urgence, pour qu'ils se dépouillent de tout orgueil culturel et intellectuel, orgueil chaque jour croissant et chaque jour plus intolérable, et qu'ils prennent conscience de cette communauté à laquelle appartiennent également Asiatiques et Africains. Dans la situation historique actuelle, il est bon qu'une de ces voix soit celle d'un homme de science[21].

Ce point nous ramène à la pensée orientale pour laquelle l'acte d'honorer son père ne contient rien de plus grand que de rendre égale au ciel dans le sacrifice. Ce qui diffère, c'est que Büber parle de la relation entre les hommes, tandis que, pour les Orientaux, la relation fondamentale se situe entre le père et le fils. La morale coréenne admet que le véritable dialogue et la réalisation d'une communauté sont possibles grâce à la normalisation des relations entre les vieillards et les jeunes gens et entre les amis, mais elle juge que c'est la relation entre le père et le fils qui est primordiale, même si elle instaure une relation filiale entre Dieu et Jésus-Christ. En Corée, le culte des ancêtres en réunissant tous les membres d'une famille, contribue grandement à développer une conscience communautaire, ce qui est très important pour la vie sociale. Ce culte ne se borne pas à provoquer l'amour ou le respect envers les ancêtres, il fournit une belle occasion de développer l'intimité et de maintenir l'ordre entre les membres de la famille. Mais il ne faut pas perdre trop de temps ou

21. Needham Joseph, *La tradition scientifique chinoise*, Paris, Herman, 1974, pp. 11-26.

dépenser des sommes excessives pour cette pratique et finir par en souffrir inutilement.

Donc, il s'agit de simplifier les rites concernant le culte des ancêtres en approfondissant intérieurement la tradition et l'esprit de respect envers eux.

3. L'époque des trois États et de Silla unifié : le rôle de l'État

En Corée la culture confucéenne a été adoptée officiellement d'abord dans le royaume de Koguryo, où fut fondée sous le règne de So-sou-rim l'école Taihak. Par contre aucun document ne parle de l'institution d'un établissement officiel pour la diffusion du confucianisme dans les royaumes de Paikche ou de Silla. Après l'unification réalisée par Koryo au début du Xe siècle la coexistence du confucianisme comme doctrine politique et du bouddhisme comme religion d'état fournit un terrain favorable à l'expansion de la morale de la piété filiale. A l'époque Koryo, la cérémonie bouddhique la plus populaire était celle de l'*ou-ran-boune-tchai*. On y célébrait la piété filiale de Mong-Nyon, ce disciple du Bouddha dont nous avons déjà parlé et qui avait sauvé sa mère de l'enfer de la faim. En célébrant chaque année, au septième mois lunaire, cette cérémonie de la piété filiale, les membres de la famille royale aussi bien que les gens du peuple étaient persuadés qu'ils accumulaient des réserves de piété filiale en faveur de leurs parents en ce monde ou dans l'au-delà.

4. Le néo-confucianisme de Tchou-djà et l'époque des Yi

En 1290 Ane-You, qui avait accompagné le roi de Koryo Chong-Nyol lors de sa visite dans l'État de Won, rapporta en Corée des ouvrages de l'école néo-confucéenne de Tchou-djà, qui présentaient le véritable visage de Confucius et de Tchou-djà. Cela fut l'origine de l'introduction du néo-confucianisme de Tchou-djà en Corée. Un siècle plus tard, au milieu des troubles politiques et sociaux qui marquèrent la fin de l'époque Koryo, le néo-confucianisme de Tchou-djà finit par être admis un nouveau sujet d'étude et par devenir comme la nouvelle base idéologique du royaume. Depuis le début de l'époque Koryo, la pensée confucéenne avait été à la base de l'organisation du pays, mais son influence n'avait guère pénétré dans le peuple en raison du respect qu'il avait pour le bouddhisme, religion d'État. Par contre, la dynastie des Yi ayant dès le début adopté la pensée de Tchou-djà comme base idéologique, le confucianisme fut alors élevé au rang de doctrine officielle. Ainsi, le néo-confucianisme, tout en s'opposant au bouddhisme considéré comme une doctrine hétérodoxe, devint le fondement théorique qui permettait de justifier l'ordre social de la nouvelle dynastie qui était une sorte de monarchie absolue. La dynastie des Yi, tout en promouvant un confucianisme qui s'inspirait surtout de celui de l'école de Tchou-djà, adopta cependant toute une série de mesures prises sous la dynastie précédente pour répandre la morale confucéenne. Sous les Yi, il y eut davantage de récompenses pour ceux qui avaient manifesté une piété filiale éminente ; de plus, la législation pénale instituée pour punir les actes contraires à la piété filiale, fondée sur le code des Ming et le *Kyong gouk-tai*-djon, traité d'administration composé sur l'ordre du roi Se-*Djo*, n'était pas exactement la même que celle de l'époque Koryo. Quant à la législation sur les cérémonies, elle comprenait le *Tchou-dja-ga rye* et le *Kouk-djo-o-rue eui*, la partie concernant les rites du *Kyong-gouk-tai-djon*. Ces ouvrages parlent abondamment de la piété filiale, en particulier à propos de la réglementation sur les récompenses et de celle sur les congés des employés de l'État, qui ressemblent à celles en vigueur à l'époque Koryo. On peut donc dire que la dynastie des Yi, tout en adoptant la pensée confucéenne comme sa doctrine officielle, a profité des nombreux efforts accomplis depuis l'époque Koryo pour la diffusion de la piété filiale. Mais sous les Yi, pour faire passer la pratique de la piété filiale dans les mœurs, on s'est surtout efforcé de proposer en exemple à la population des personnes qui s'étaient particulièrement distinguées en ce domaine. Ceci est un des traits caractéristiques de la dynastie des Yi. Il y avait cependant déjà eu à l'époque Koryo des tentatives de ce genre ; ainsi, sous le règne de Tchoung-mok, le grand lettré Kwon-djoun rédige le *Hyo-haing-nok* qui contient le panégyrique de Yi che-hyon et relate les actes de piété filiale de soixante-deux personnes parmi lesquelles vingt-quatre sont des Chinois. Sous la dynastie des Yi, le premier ouvrage rassemblant des exemples de piété filiale fut publié par Kwone-Geune, un descendant de Kwone-Bou, en 1403, première année du règne de Tai-djong. Il avait seulement ajouté des notes et un épilogue à l'ouvrage de son ancêtre que nous venons de mentionner. Dans la dixième année du règne de Se-Djong, Kye-Soun, un lettré du Tchip-hyon-djon, publia un autre ouvrage du même genre, le *Sam-Gang-Haing-Shil-do*. Le roi lui-même lui en avait donné l'ordre après avoir été informé d'un rapport du *Hyong-djo* sur le châtiment infligé à un parricide de la région de Tchine djou. Le roi estimait en effet qu'un crime aussi scandaleux n'avait pu se produire que par suite du manque d'instruction du peuple. Ce nouveau recueil ajoutait au *Hyo-haing-nok* des exemples de piété filiale pris dans le pays et les présentait d'une manière plus vivante. Se-djong, qui a tant fait pour accentuer le caractère confucéen de l'administration civile, ne pouvait pas manquer d'exalter les loyaux sujets et les femmes exemplaires qui ne s'étaient pas contentés de prôner la piété filiale, qui est au cœur du confucianisme, mais avaient effectivement contribué à son développement dans la société. Le *Sam-Gang-Hang-Shil-do* décrit la conduite de fils modèles, de loyaux sujets et de femmes exemplaires ayant vécu conformément aux trois principes qui, d'après le confucianisme, doivent régler les relations sociales. Ce livre mentionne 330 cas de piété filiale éminente, pris en Chine et en Corée. Se-djong, ayant créé l'alphabet coréen, avait compté pouvoir donner une traduction en langue populaire de ce livre, écrit en caractères chinois ; mais ce projet n'aboutit pas de son vivant et ne fut réalisé que pendant la deuxième année du règne du Song-djong. Une autre idée également, toujours d'après Tchou-djà, les relations humaines fondamentales (entre souverain et sujets, père et fils, mari et femme, jeunes et vieux, amis) réglées par les cinq principes ainsi que les relations entre maître et serviteur etc... était l'expression même de la nature ; il est absolument nécessaire d'observer les devoirs qu'imposent ces distinctions. En particulier, Tchou-djà élevait pour ainsi dire jusqu'au ciel la position du souverain et celle de père par rapport aux sujets et aux fils ; être parfaitement fidèle à son souverain et plein de piété filiale envers ses parents, c'est tout simplement se conformer à la nature ; aussi, remplir parfaitement ces devoirs est pour tout homme une exigence de la nature, à laquelle il n'a pas le droit de se dérober. Certains critiques disent que Tchou-djà, en affirmant que c'est en vertu d'un principe naturel que chacun doit remplir les devoirs de la situation, ne faisait que soutenir l'ordre féodal qui était celui de l'époque des Song en Chine. Effectivement Tjchou-djà, dans son commentaire sur le chapitre du Hiao King relatif aux gens du commun, dit que :

> « les parents sont dans la joie si on les sert en peinant pour cultiver la terre, en n'enfreignant pas les lois, en menant une vie frugale sans faire de dépenses excessives, et si, leur mort, on préserve l'œuvre qu'ils ont réalisée en se gardant de la détruire. Quant à ceux qui manquent à la piété filiale, ni le ciel ni la terre ne pas les toléré, ils se font repérer par les âmes errantes et relativement au *yang* (principe positif) et au *yin*, ils subissent les sanctions des autorités et des lois ; aussi doivent-ils être sur leurs gardes ».

On a encore fait remarquer récemment que cet enseignement de Tchou-djà sur la piété filiale était lié étroitement à l'apparition et au développement du régime féodal à l'époque des Song. Il s'est largement répandu au moment où le néo-confucianisme a été adopté en Corée ; on le retrouve non seulement dans le *Song-Hak-Tchip-Yo* de Yi dont nous venons de parler, mais également dans le *Nong-so* et le *Nong-ga-chip-song*, qui était les commentaires de Tchou-djà sur le chapitre du *Hio King* relatif aux gens du commun, que nous avons également mentionné ci-dessus.

5. La conception bouddhique et la piété filiale à l'époque des Yi en Corée

Nous allons maintenant examiner brièvement la conception de la piété filiale d'après le bouddhisme sous la dynastie des Yi (1200-1800). Mais cela même explique l'importance du rôle joué par la doctrine de Ki-hwa sur la manifestation de la vérité. Ki-hwa était un bonze très cultivé qui vivait au début de la dynastie Yi. Il est en tout cas très intéressant de noter que, sous les Yi, le roi Se-Djong, qui est le type même du souverain confucéen, a composé un ouvrage où il célèbre les bonnes œuvres du Bouddha en vue d'obtenir pour sa femme, la reine So hone, le bonheur dans l'autre monde ; à la fin de ce livre il a même ajouté le récit des actes de piété filiale du disciple de Bouddha, Mong-Nyon, d'après l'*ourane-boun-kyong* dont nous avons parlé plus haut. Ainsi la notion de piété filiale avait donc été largement répandue dans le peuple par le confucianisme et également par le bouddhisme lorsque, à la fin du XVIIIe siècle, elle a été confrontée à une nouvelle épreuve avec l'introduction du christianisme. La chronologie est importante quand il s'agit d'histoire.

Pour l'histoire de l'espace en Corée, je propose de distinguer les quatre époques suivantes.

1. L'antiquité ou époque Sam-jai (de la haute antiquité à la fin du royaume de Silla unifié).

2. Le moyen âge ou époque Pung-su (dynastie Koryo).

3. L'époque moderne (dynastie des Yi).

4. L'époque contemporaine.

Étudions maintenant la théorie *Pung-su* en Corée. La science de la terre dite *Pung-su*, dont l'initiateur aurait été To-son vers la fin de la dynastie Silla, est une théorie d'origine chinoise (introduite en Coré)e, qui connut un développement extraordinaire à l'époque Koryo. La science de la terre Pung-su soutient que le *yin* et le *yang*, les deux éléments négatif et positif, remplissent l'univers et en constituent l'énergie vitale, le *chong-gi*, qui est la matière de toutes choses, l'origine de la vie et la source du bonheur. D'après cette théorie, cette énergie est une réalité dont la terre est comme le corps ou l'habitation. Les gens croyaient fermement que si l'on établissait une capitale, des maisons d'habitation ou des tombeaux sur une terre où cette énergie était accumulée, non seulement les fondateurs mais même leurs descendants jouissaient d'un bonheur intense et durable. Ils attribuaient donc aux géographes de l'époque la tâche de chercher les endroits où cette énergie bienfaisante résidait et les appelaient des chi-kwan, des fonctionnaires de la terre.

6. Mythologie (le mont Chik-djang, l'*étang* Tchine-dji)

Au nord-est de la ville de Tai-djon, il y a une montagne qui s'appelle le mont chik-djang. Ce nom signifie : montagne où le dieu de la montagne a été enterré, un récipient qui produit de la nourriture. Autrefois, au pied de cette montagne, vivait un couple dont la piété filiale était grande. Ils vivaient avec la mère du mari, devenue veuve et un fils en bas âge. Bien qu'ils fussent très pauvres, leur amour filial pour la mère était sans mesure. Ils ne se contentaient pas de faire tout ce que la mère demandait mais ils lui offraient de beaux habits même quand ils étaient en guenilles, et quand elle désirait manger des mets particuliers, ils se débrouillaient pour les lui procurer. Mais, parce que leur fils volait toujours les mets déposés sur la table de sa grand-mère, elle ne pouvait cependant, en manger à grand peine qu'une partie. Ils le réprimandaient pour qu'il ne fasse plus cela, mais la grand-mère trouvait qu'il était mignon et disait de le laisser faire. « Si nous le laissons faire, nous ne pourrons pas faire notre devoir filial », pensaient sans cesse les époux. Un jour, la femme dit : « Nous ne pouvons pas bien servir la mère à cause de cet enfant, aussi faisons le disparaître. Nous pouvons mettre au monde d'autres enfants, mais la mère une fois morte, nous ne pourrons plus la servir ». Le mari dit qu'il était d'accord[22]. Il partit le premier dans la montagne, portant sa houe et creusa un trou pour enterrer son fils. Pendant qu'il effectuait son travail, l'extrémité de sa houe heurta quelque chose qui résonna. Creusant prudemment, il dégagea un étrange récipient. Quand il eut fini son travail, il attendit sa femme qui arriva bientôt, portant l'enfant sur son dos. Bien que ce fût pour le bien de sa mère, il était très triste d'enterrer vivant son enfant. Quand il le vit, dodu comme un cochon de lait, babiller innocemment, il lui fut absolument impossible de l'enterrer[23]. Aussi dit-il à sa femme : « Il est impossible d'enterrer un enfant vivant, n'est-ce pas ? Ne pourrais-tu pas sortir avec l'enfant sur le dos pendant que la mère prend son

22. *La nature et la loi du ciel.*
23. Nous avons traduit par « cochon de lait », le mot *tou-kko-ki* qui signifie « crapaud » parce qu'en français l'image du crapaud est repoussante (être laid comme un crapaud...).

repas et ne rentrer que quand elle aura fini ?[24] Si nous faisons ainsi, nous n'aurons pas besoin d'enterrer notre enfant et nous pourrons faire notre devoir filial. Elle répondit que c'était une bonne idée et elle rentra à la maison, portant l'enfant sur son dos.

Elle nettoya le récipient qui avait été déterré dans la montagne et l'utilisa comme un récipient d'usage quotidien. Ce récipient était étrange : quand on mettait quelque chose dedans, il se remplissait de la même chose. Si l'on mettait une poignée de riz, il se remplissait de pièces[25]. Le couple, comblé de joie, se dit : « Il semble que le Dieu de la montagne nous ait donné ce récipient pour que nous accomplissions notre devoir filial ». Ils obtinrent du récipient tout ce que la mère aimait et ainsi ils purent bien la servir. Elle reçut sans soucis les soins de son fils et de sa belle-fille et, plus tard, mourut paisiblement. Parce que le Dieu de la montagne leur avait donné ce récipient pour qu'ils puissent faire leur devoir filial, ils pensèrent qu'après la mort de leur mère ils ne pouvaient plus le garder et ils l'enfouirent à l'endroit où ils l'avaient déterré. C'est pourquoi on appelle ce lieu Chik-Djang-Sanc : la montagne où l'on enterra un récipient qui produisait de la nourriture.

---

24. La technique (du corps), généralisée dans la péninsule (il n'en est pas de même sur l'île), consiste à porter l'enfant sur le dos, mais c'est aussi une manière de les calmer et de les faire tenir tranquille, car au contact du dos maternel, il entre dans une zone de sécurité effective dont l'importance est énorme. la technique française qui consiste à tenir l'enfant dans les bras pourrait figurer l'équivalent de cette coutume, mais elle est techniquement moins efficace que la technique en usage dans la péninsule. En effet, un enfant coréen peut passer, et passe parfois, toute la journée sur le dos de sa mère, à laquelle il est attaché par une sorte de couverture qui se noue sur le ventre, sans que cela empêche la mère de vaquer à ses occupations habituelles.
25. Le dieu de la montagne. Il s'agit du dieu du mont Chikdjang. Chaque montage coréenne a son dieu. Ces dieux n'ont absolument rien à voir avec le confucianisme, mais ils sont très honorés aujourd'hui aussi.

7. Tchine-dji

Dans la province de Pyongyang et dans l'arrondissement de Yong-gang, canton de Yone-dji, se trouve un étang appelé Tchine-dji, ce qui signifie « le véritable étang ». L'histoire suivante va vous conter pourquoi On lui a donné ce nom. Dans le canton de yont-dji vivait un fils respectueux nommé Kim-mine. Un jour, sa mère dit qu'elle avait envie de manger de la viande de porc. Kim-mine entendit dire qu'on venait, juste, de tuer un porc dans le village qui se trouvait de l'autre côté de la rivière. Il s'y rendit et se procura de la viande. Mais, soudainement, une pluie violente s'abattit sur la région et il ne put quitter le village. Après avoir attendu un moment, comme il ne lui semblait pas que la pluie allait s'arrêter, plein d'anxiété, il partit sous la pluie. Mais, parvenu au bord de la rivière, il vit que même le bateau ne pourrait la traverser, tant les eaux avaient grossi. Il s'agenouilla sur le bord et, respectueusement, il pria le ciel de lui permettre de traverser en sécurité parce qu'il désirait offrir rapidement le morceau de viande de porc à sa mère[26]. Il se déshabilla et, portant ses vêtements et la viande de porc sur la tête, il se jeta dans la rivière. Étrangement, sous ses pieds, l'eau s'écarta des deux côtés, comme si un chemin surgissait devant. Il traversa ainsi en toute sécurité et offrit à sa mère le morceau de viande (de porc). Un jour d'hiver, celle-ci lui dit qu'elle avait envie de manger de la carpe. Kim-mine parcourut le pays dans les quatre directions pour trouver une carpe. Mais, les cours d'eau étant gelés, il était impossible de pêcher des carpes, c'est pourquoi personne n'en vendait. Kim-mine alla près d'un étang où il y avait beaucoup de carpes. Là aussi, la glace recouvrait tout l'étang et, il était impossible de pêcher. Il s'agenouilla sur le bord de l'étang et pria Ha-neu-nim[27] : « Ma mère désire manger de la carpe ; permettez-moi de prendre une carpe. » La glace se fendit en faisant un grand

26. Il y a deux mots coréens pour désigner le ciel, l'un *haneul* est l'origine locale, l'autre *tch'one* appartient au vocabulaire sino-coréen. Le mot utilisé dans le texte est *ha-neul*.

27. *Han-neu-nim* est probablement dérivé de *ha-neul-nim*, le seigneur du ciel. Selon l'un des mythes péninsulaires, il est le grand-père du fondateur (*tan-goun*) du pays de Tcho-sono (la Corée).

bruit et une grande carpe se précipita sur la surface de la glace. Il l'apporta et l'offrit à sa mère. Kim-mine remercia Ha-neu-nim et dit que cet étang qui, par un hiver si rigoureux, avait donné une carpe était un véritable étang. C'est pourquoi, on l'appelle Tchine-dji.

III

Cosmogonies : visions du monde et de la nature

La technologie moderne a confirmé de façon spectaculaire l'une des idées de base de la spiritualité extrême-orientale ; tous les concepts que nous employons pour décrire la nature sont limités ; ce ne sont pas des caractéristiques de la réalité, comme nous avons tendance à le croire, mais des créations de l'esprit, parties de la carte et non du territoire.

Toutes les fois que nous élargissons le domaine de notre expérience, les limitations de notre pensée rationnelle deviennent évidentes et nous devons modifier, voire abandonner, certaines de nos conceptions.

Nos notions d'espace et de temps figurent au premier plan de notre carte de la réalité. Elles servent à ordonner les choses et les événements dans notre environnement et revêtent par conséquent une importance souveraine non seulement dans notre vie quotidienne, mais aussi dans notre effort philosophique. Il n'existe pas de loi physique qui ne requière pour sa formulation les concepts d'espace et de temps.

La profonde modification de ces concepts de base opérée par la théorie de la relativité fut par conséquent l'une des plus grandes révolutions de l'histoire des technologies.

Les concepts d'espace et de temps sont si fondamentaux pour la description des phénomènes naturels que leur modification entraîne une altération de toute la structure que nous utilisons en physique pour décrire la nature. Dans ce cadre nouveau, l'espace et le temps sont traités sur un pied d'égalité et sont inséparables. En physique relativiste, nous ne pouvons jamais parler de l'espace sans parler du temps, et réciproquement. Cette nouvelle structure doit être utilisée chaque fois que sont décrits des phénomènes impliquant des vitesses élevées.

Donc, dans la spiritualité orientale, il semble exister une forte intuition du caractère spatio-temporel de la réalité. Le fait que l'espace et le temps sont inséparablement liés, si caractéristique de la physique relativiste, y fut souligné maintes et maintes fois. L'espace et le temps sont entièrement équivalents. Ils sont unifiés dans un continuum quadridimensionnel dans lequel les interactions de la particule peuvent s'étendre dans n'importe quelle direction. Si nous voulons représenter ces interactions, nous devons les figurer dans une image instantanée quadridimensionnelle englobant toute la portion du temps et de l'espace. Afin d'avoir une idée juste de l'univers relativiste des particules, nous devons « oublier le cours du temps », comme le dit Tchouang-Tseu ; et c'est pourquoi les diagrammes spatio-temporels de la théorie quantique peuvent constituer une analogie valable de l'expérience de l'espace-temps vécue par les mystiques orientaux. La pertinence de l'analogie est rendue évidente par la remarque suivante de Lama Govinda au sujet de la méditation bouddhiste.

Si nous parlons de l'expérience de l'espace en méditation, nous traitons d'une dimension entièrement différente. Dans cette expérience de l'espace, la succession temporelle est transformée en coexistence des phénomènes, et cela ne demeure pas statique mais devient un continuum vivant dans lequel le temps et l'espace sont intégrés[28]. Pareillement, les maîtres spirituels affirment qu'en se situant par-delà le temps ils transcendent aussi le monde des causes et des effets. Comme nos notions ordinaires d'espace et de temps, la causalité est une notion limitée à une certaine expérience du monde et doit être abandonnée lorsque cette expérience est élargie. Selon Swami Vivekananda : « temps, espace et causalité sont comme le verre à travers lequel l'absolu est perçu. Dans l'absolu il n'y a ni temps, ni espace, ni causalité »[29].

28. Lama Anajarica Govinda, *Les fondements de la mystique tibétaine* (Foundation of Tibetan Mysticism), pp. 115-117.
29. Siviveckananda Janana Yoga, pp. 108-110.

Les traditions spirituelles orientales enseignent à leurs disciples diverses voies pour aller au-delà de l'expérience ordinaire du temps et pour se libérer eux-mêmes de la chaîne des causes et effets, de l'esclavage du Karma, comme disent les hindous et les bouddhistes. On a dit que la spiritualité orientale se libère du temps. En un sens, on peut en dire autant de la physique relativiste.

La finalité principale de la mystique orientale est d'expérimenter tous les phénomènes du monde comme des manifestations de la même réalité ultime, qui est perçue comme l'essence sous-jacente de l'univers, et unifiant la multitude des phénomènes et des événements que nous observons. Les hindous la nomment Brahman (conscience absolue) et les taoïstes Tao (la voie), chacun affirmant qu'elle dépasse nos concepts intellectuels et défie une description plus ample. Cette essence suprême, toutefois, ne peut être séparée de ses multiples manifestations.

Il est essentiel à sa nature de se manifester (elle-même) sous des myriades de formes apparaissant et se désintégrant, se transformant (elles-mêmes) les unes dans les autres, sans fin.

Dans son aspect phénoménal, le cosmique est ainsi intrinsèquement à la base de toutes les écoles. Ainsi D.T. Suzuki écrit à propos de l'école Kegon du bouddhisme Mahagana : « L'idée centrale du Kegon est de saisir dynamiquement l'univers dont la caractéristique est d'avancer toujours, d'être perpétuellement en mouvement, ce qui est une vie[30]. Une philosophie d'un remarquable dynamisme fut formulée par le Bouddha deux mille cinq cents ans avant notre ère. Impressionné par la non-permanence des phénomènes, leur mutation et leur transformation incessantes, Bouddha formula une philosophie du changement. Il réduisit les substances, âmes monades phénomènes à des énergies, mouvements, séquences et processus, et adopta une conception dynamique de la réalité[31].

Tchoung-tieu, le sage taoïste, Houei-neng, le sixième patriarche Gen et D.T. Suzuki, l'érudit bouddhiste contempo-

30. M. T. Sujuki, *L'essence du bouddhisme* (The Essence of Bouddhism), pp. 32-24.
31. . S. Rad Hakrishsan, *op. cit.*, pp. 366-367.

rain oublions la marche du temps, oublions la lutte des opinions. Appelons-en à l'infini, et prenons-y place[32].

« La tranquillité absolue est l'instant présent. Bien qu'il soit maintenant, il n'a pas de limite, et en cela est la joie éternelle ». Houei-neng[33].

« Dans le monde spirituel, il n'existe pas de division du temps telle que passé, présent et futur, car ils se sont résorbés en un seul instant présent où l'existence vibre de son sens véritable. Le passé et le futur sont tous deux mêlés dans cet instant présent de l'illumination, qui n'est pas immobile avec tous ses contenus, car il se meut sans cesse »[34].

Cela, donc, est la pleine signification de l'espace temps dans la physique relativiste.

Les bouddhistes appellent ce monde d'incessants changements « Samsara », ce qui signifie littéralement « sans cesse en mouvement », et ils affirment qu'il n'y a rien en lui qui mérite qu'on s'y attache. Ainsi, pour les bouddhistes, un être illuminé est quelqu'un qui ne s'oppose pas au flux de la vie, mais qui le suit.

Lorsqu'il fut demandé au moine Ch'an yun-men : « Qu'est-ce que le Tao ? », il répondit simplement : « Va de l'avant ».

En conséquence, les bouddhistes nomment aussi le *bouddha Tathataga* (celui qui a réalisé *Tathata*) ou « celui qui ainsi va et vient ». Dans les philosophies chinoise et coréenne, la réalité mouvante et toujours changeante est appelée Tao et est considérée comme un processus cosmique dans lequel toutes choses s'inscrivent. Comme les bouddhistes, les taoïstes disent qu'il faut adhérer au courant, y conformer ses actions. Cela encore est la caractéristique du sage qui atteint l'illumination. Si le Bouddha est quelqu'un qui « ainsi va et vient », le sage taoïste est quelqu'un qui « dérive, comme dit Huai nan tzu, dans les courants du Tao ». La création et la destruction des particules matérielles sont l'une des plus impressionnantes conséquences de l'équivalence de la masse et

---

32. Tchoung-tseu, trad. James Teggs, chap II.
33. Cité dans A. W. Watts, *Le bouddhisme zen* (The Way of Zen), pp. 200-202.
34. P. T. Suzuki, *Le bouddhisme mahayana indien* (Indian mahayana bouddhisme), pp. 147-1503.

de l'énergie. Dans les processus de collision de la physique des hautes énergies, la masse ne se conserve plus. Les particules entrant en collision peuvent être détruites et leurs masses transformées en partie dans les masses et en partie dans les énergies cinétiques des particules nouvellement créées. Seule l'énergie totale mise en jeu dans un tel processus, c'est-à-dire l'énergie cinétique totale plus l'énergie contenue dans toutes les masses est conservée. Les collisions des particules subatomiques sont notre principal moyen d'étudier leurs propriétés, et la relation entre la masse et l'énergie est essentielle à leur description. Elle a été vérifiée d'innombrables fois et les physiciens de la masse et de l'énergie en sont si familiers qu'ils mesurent les masses des particules par les unités d'énergie correspondantes. Dans les visions dynamiques non actives et les changements méditatifs du monde, de la pensée religieuse orientale et de la physique moderne, il n'y a donc aucune place pour des formes statiques. Les éléments de base de l'univers sont les systèmes dynamiques, les stades transitoires dans le « flux constant de transformation et de changement », comme dit Tchouang-Tseu. Le « rayonnement cosmique » contient non seulement des photons mais aussi des particules lourdes de toutes sortes dont l'origine est encore un mystère. La plupart d'entre elles sont des protons, dont certains peuvent être porteurs d'énergies extrêmement élevées, bien plus fortes que celles obtenues dans les accélérateurs de particules les plus puissants. Lorsque ces « rayons cosmiques » hautement énergétiques entrent en contact avec l'atmosphère terrestre, ils se heurtent aux noyaux des molécules d'air de l'atmosphère et produisent une grande variété de particules secondaires qui soit se désintègrent, soit subissent de nouvelles collisions, créant ainsi un plus grand nombre de particules qui entrent en collision et se désintègrent à nouveau, et ainsi de suite, jusqu'à ce que la dernière d'entre elles atteigne la terre. Tord n'est pas le seul physicien qui ait employé des phrases telles que création et destruction de l'énergie. Les idées de rythme viennent naturellement à l'esprit lorsqu'on essaie d'imaginer le flux d'énergie traversant les systèmes qui forment le monde des particules. Les mystiques orientaux ont une vision non pas statique mais dynamique de l'univers, proche de celle de la culture moderne, et par conséquent il n'est pas surprenant qu'ils aient, eux aussi, employé l'image de la culture pour traduire leur intuition de la nature. Un bel exemple d'une telle image de rythme et de culture est donnée par Alexandra David-Neel dans son voyage au Tibet où elle rapporte sa rencontre avec un lama qui se présenta lui-même comme un « maître du son » et lui donna le résumé suivant de sa conception de la matière :

> « Toutes choses sont des agrégats d'atomes qui dansent et qui par leurs mouvements émettent des sons. Lorsque le rythme de la culture varie, le son produit change également. Chaque atome chante perpétuellement sa chanson, et le son, à chaque instant, crée des formes lourdes ou subtiles[35]. »

L'équilibre des deux mains représente l'équilibre dynamique de la création et de la destruction dans le monde, accentué par le visage calme de la création et de la destruction est dissoute et transcendée. La main droite est levée comme pour dire « n'aie pas peur », symbolisant soin, protection et paix, tandis que la main gauche restante désigne le bas du pied soulevé qui symbolise la délivrance du charme maléfique. Le dieu est représenté dansant sur le corps d'un démon, symbole de l'ignorance humaine qui doit être subjuguée pour que la libération puisse être obtenue.

1. Univers

Pascal aurait aimé Zhuangzui et les pages magnifiques de « La Crue d'automne ». Elles ne sont pas inférieures aux considérations sur les « deux infinis ». Elles parlent bien de l'homme en ceci qu'elles le replacent avec justesse dans l'univers : elles en font un espace au milieu des autres. Mais c'est pourtant ce « grain de céréale », perdu dans l'immensité du grenier, qui, éveillé à la sagesse, s'identifie à « La Crue d'automne ». Les Cents Rivières se déversaient dans le Fleuve (le fleuve Jaune). Ses eaux débordaient si largement que, d'un bord à l'autre et sur ses îlots, on n'aurait pas distingué

35. A. David-Neel, *Tibet, an journey (Le voyage au Tibet),* pp. 185-189.

un bœuf d'un cheval. Transporté de plaisir, le cours du Fleuve (le Génie des eaux courantes) s'exaltait à la pensée que toute la beauté du monde s'accomplissait en lui. Se laissant emmener par le courant vers l'Orient, il n'apercevait même plus la limite des eaux, contemplant l'immense étendue. Le cours du Fleuve, poussant un profond soupir, s'adressa au Génie de la mer :

« Le proverbe ???? bien en moi. J'ai bien entendu dire que Confucius, ce n'était pas grand-chose et que Bo Yi et sa vertu ne pèsent pas bien lourd (Bo Yi est un héros confucéen). Je n'ai pas voulu le croire ». Mais aujourd'hui, me voilà devant vous, devant votre immensité. Malheur à moi ! si je n'avais pas eu la chance d'arriver jusqu'à votre demeure, j'étais condamné à être pour toujours la risée de ceux qui ont le vrai savoir.

— Oh, vous savez, répondit le Génie de la Mer, c'est comme la grenouille du puits. N'allez pas lui demander son opinion sur la mer. Elle ne connaît que sa raison. L'esprit étroit des lettrés, ligotés dans leurs enseignements, ne leur donne pas le moyen de parler de la voie. Mais vous, vous avez débordé de vos rives. Vous avez vu l'Océan. Maintenant, vous avez pu connaître votre insignifiance, vous avez donc accès à la Grande Doctrine. Il n'y a pas sous le ciel de plus grande étendue d'eau que l'Océan. Dix mille fleuves y vont d'un mouvement qui jamais ne s'arrête, et lui, jamais il ne déborde. Sans jamais se vider, il s'écoule par le Wei Lu (*goulet du*) ; son écoulement est pourtant continu. Printemps ou automne, son niveau demeure constant, ignorant la crue comme l'étiage. De combien de fois son volume d'eau est-il plus grand que celui des rivières et des fleuves est une question qui n'a aucun sens ! Et bien, malgré tout cela, moi-même, jamais je ne me suis jamais cru d'une grande importance.

Les quatre mers qu'ils enserrent que sont-elles ? De petits trous d'eau dans une grande plaine ! Au côté de l'Empire du milieu (la Chine proprement dite), comparées à l'étendue comprise entre les quatre mers que sont-elles ? Un grain de céréale perdu dans un grand grenier ! Pour parler des êtres du monde, on dit les dix mille êtres. Les hommes, alors, que sont-ils ? Une espèce (parmi les autres) ! Un poil de la robe du cheval, si vous préférez. Ce dont se préoccupèrent tour à tour les cinq souverains, ce que se sont disputé les trois dynasties, ce qui a tourmenté les sages (confucéens) et les détenteurs de charges se réduit à Bo Yi (héros dont nous parlions tout à l'heure et qui faisait si bien parler de lui) et à Confucius dont on a acclamé la réputation de sagesse. N'étaient-ils pas des hommes qui ne se prenaient pas pour peu de chose, et vous-même, étiez-vous autrement quand il s'agissait du royaume marin ? «

Il n'était pas inutile de nous étendre sur une pareille approche. La lecture ne nous demande pas si les Chinois considèrent que l'homme est un mammifère bipède et bimane, comme le présentent nos dictionnaires. Il voudrait connaître la nature et le degré de son intégration dans l'univers et la manière dont il vit lui-même au sein des vivants. La relativité de sa position apparaît dans l'évocation pleine d'élévation et de sagesse qui vient d'être présentée.

Ce mammifère bipède et bimane s'égale à l'univers, car il a en lui, constitutivement, le pouvoir de s'intégrer à la voie du ciel. Ainsi s'exerce la vertu, qui actionne le soufflet jamais à court de souffle, ainsi se tisse la toile que débite, inlassable, le métier à tisser, ainsi se nouent les mailles larges du filet du ciel qui tient ensemble ce qui existe. En retrouvant sa racine dans l'univers, en harmonisant son souffle avec le souffle cosmique, l'homme s'égale au ciel et à la terre. Il devient alors aussi grand et aussi insaisissable que les souffles qui constituent ce ciel-terre : ce n'est donc pas la puissance de l'esprit de distinction et d'argumentation qui témoigne de la grandeur de l'homme, à la manière de ce que savent faire les sophistes du type de Hui shi ou du célèbre rhéteur Gonsun cong qui est un chef d'école, un dialecticien qui a laissé un nom. Les taoïstes, qui n'ont que faire de dialectique puis qu'ils s'en tiennent à la libre circulation des souffles vitaux à travers les êtres, le ridiculisent à plaisir, en lui faisant avouer avec une fausse humilité qu'il ne peut se comparer au prince des taoïstes, Zhuangzi.

Finalement le cosmos est très grand et mystérieux...

L'homme n'est pas assez sage pour connaître le cosmos, mais il essaie de travailler sans relâche et avec humilité pour arriver à cette connaissance. Il n'est pas facile d'arriver à une bonne entente parce que la réalité de la situation d'aujourd'hui est très complexe, aussi ce n'est pas facile d'arriver à une entente parce que les pays occidentaux veulent dominer (impérialisme, colonialisme, égoïsme, hégémonisme, chauvinisme). Nous avons noté le fait historique que la science et la technique modernes sont nées en Europe.

Tout le monde, dans ce pays, accepte le fait comme évident. C'est sans doute ce qui justifie ce sentiment de supériorité que la plupart des Européens éprouvent à l'égard des autres. Que cette attitude ait des bases fragiles, nous l'avons déjà souligné. Mais ce qui n'est pas toujours aussi facilement reconnu, c'est que la psychologie de domination, qui a durant des siècles caractérisé les peuples habitant sur les rives de l'Atlantique, est le résultat direct de cet immense pouvoir sur la nature né du mouvement scientifique de la Renaissance. Aujourd'hui, cet esprit est devenu une menace pour le monde. Certains lecteurs jugeront sans doutes que plusieurs affirmations des paragraphes précédents sont inquiétantes ou trop crûment exprimées.

S'il en est ainsi, l'auteur s'en excuse en toute sincérité. Après tout, le but de ces propos était de rappeler aux Européens et aux Américains le sens de la mesure qu'ils semblent avoir perdu. C'est là un besoin urgent[36], si l'on veut parvenir à une conception plus équilibrée des relations entre leur civilisation et les autres. Peut-être tout le problème se réduit-il à la pratique de l'humilité et de la fraternité. Nous avons besoin d'une conviction profonde que tout racisme, que toute croyance en une supériorité culturelle, est un démenti à la communauté mondiale. Il nous faut faire une liste des clichés diaboliques, tel celui, par exemple, que les peuples d'Asie « ne peuvent pas être compris ». Ne nous laissons pas égarer par ce que Claude Roy vient d'appeler le « rideau de fer des fausses énigmes ». Europe et Amérique doivent se tenir prêtes non seulement à partager librement avec l'Asie et l'Afrique les trésors de savoir et d'utilisation de la nature, fruits de la science et de la technique, mais aussi à apprendre de ces cultures beaucoup de choses concernant la vie individuelle et la vie sociale qu'elles ont toute autorité à enseigner. Sans cela, les réussites de l'Europe et de l'Amérique deviendront néanmoins la propriété commune du genre humain,

---

36. Il est impossible d'accepter la thèse selon laquelle c'est de l'Europe qu'a rayonné l'idée de faire de la race humaine une seule société. La proposition confucéenne : entre les quatre mers tous les hommes sont frères, date du VIe siècle. Elle n'a jamais été oubliée en Chine. Aux Indes, Kabir n'était qu'une voix dans le cœur des poètes et des prophètes de la solidarité humaine Même dans ses moments les plus éclairés, l'Europe soutient toujours, hélas, des prétentions un peu au-delà de la vérité.

mais notre civilisation sera au ban de l'histoire comme dénaturée et mauvaise, incapable de mettre en pratique ce qu'elle proclamait et méritant la condamnation de dix mille générations. Ainsi, une première et importante approche des visions du cosmos asiatique est la diffusion de sa spiritualité dans le monde occidental. L'Occident est aujourd'hui déchiré entre des conceptions rivales de la démocratie. La foi chrétienne et des siècles de théologie (héritage que les Européen de l'Est partagent avec ceux de l'Ouest) ont déterminé une profonde croyance dans la valeur de l'individu et dans son droit au développement le plus complet, dès l'enfance, de ses capacités particulières. Mais la conception de la démocratie varie de façon considérable en Occident selon les pays. Le Britannique ne peut concevoir d'autre système de démocratie que celui de la représentation parlementaire, avec ses propres vertus, telles que la sécurité de la personne.

2. La situation de la technologie sociale

Beaucoup d'Européens se considèrent comme les représentants d'une civilisation qui a pour mission d'unifier le monde. Les Américains éprouvent le même sentiment au moins aussi fortement. Seule la civilisation occidentale, selon eux, est universelle, et cela parce qu'elle seule est unie, parce qu'elle est une unité, parce qu'elle est capable d'envelopper toutes les autres.

Une telle prétention est sans fondement. Au début de l'histoire de notre pensée, les Européens sont passés d'un extrême à l'autre dans leur vision générale du monde, parvenant apparemment à une synthèse. D'une part, il y avait Dieu, ou les dieux, avec le cortège surnaturel d'anges, d'esprit, de démiurges, d'entéléchies, etc. et d'autre part, les atomes et le vide. Le spiritualisme théologique et le mécanisme matérialiste étaient en lutte perpétuelle. On doit donc reconnaître plus largement que la civilisation chinoise n'a jamais subi cette division de la pensée. Le naturalisme organisé était la *philosophia perennis* de la Chine. Ni les confucéens, ni les taoïstes n'ont jamais, fondamentalement, admis quelque surnaturel que ce soit mais le jeu mécanique des atomes ne fut pas non plus apprécié. Les Européens devraient donc consacrer un peu plus d'attention qu'ils ne l'ont fait jusquà présent aux philosophies de l'Asie, avec moins de préjugés et moins d'*a priori*. Ils pourraient apprendre beaucoup de choses susceptibles d'atténuer la croyance commune des Européens que non seulement la science et la technique, mais aussi la vérité philosophique doivent rayonner de leur continent pour éclairer les païens. Quant aux doctrines politiques européennes, c'est-à-dire, pour n'en nommer que deux, le communisme et le nationalisme, il est vraisemblable qu'elles prendront des formes imprévisibles quand elles seront modifiées par le génie de l'Asie.

IV

Conception du travail et de la vie quotidienne

Toute organisation du travail tend inévitablement à séparer l'esprit qui commande de la main qui exécute. Le libre jeu des inégalités naturelles finit par se pétrifier dans la contrainte d'une hiérarchie sociale. L'œuvre se divise en tâches intellectuelles et en tâches matérielles. Cette séparation, pourtant, n'est pas obligatoirement une rupture. La société artisanale, telle qu'elle persiste puisqu'à l'aube des temps modernes, unit le maître d'œuvre et l'exécutant dans un projet commun. L'un autant que l'autre appartiennent à un univers qui demeure accordé à l'homme et qui est l'objet d'une perception commune. L'initiation et la création sont en prise directe sur un monde dans lequel tous communiquent. Le savant participe à l'exécution puisque c'est seulement en vue de celle-ci qu'il réalise ses découvertes ; l'homme d'action participe à la science, parce que pour exécuter le dessin du savant, il faut qu'il le comprenne.

Le progrès intellectuel résulte du travail manuel. C'est en luttant contre les résistances de la matière que la main amène l'esprit à prendre conscience des lois qui gouvernent la nature. Toute victoire remportée surface est en même temps la découverte d'un principe d'action nouveau. Commençons par apprendre à l'élève à manier des outils, puisque c'est la pratique qui engendre la théorie. Le temps viendra où de la pratique il remontera aux théories. L'homme, de la spécialité qui lui est dévolue, peut toujours s'étendre à d'autres et de là s'élever aux lois générales de la nature et de l'esprit. Le moindre des métiers, pourvu qu'il y ait en lui une spécificité, renferme en substance toute la métaphysique.

Guidé par son instinct plébéien, il trouve des formules d'une pénétration et d'une concision admirables pour mettre en relief la valeur humaine du travail. La définition qu'il en donne dans la création de l'ordre dans l'humanité est devenue classique : le travail est l'action intelligente de l'homme sur la matière. Il est ce qui distingue aux yeux de l'économiste l'homme des animaux ; apprendre à travailler, telle est notre fin sur la terre. Cette hégélianisation de Proudhon frappe dans le vide. Nul homme n'a questionné son secret plus honnêtement et plus puissamment que lui la réalité sociale de son temps. « Les catégories économiques, explique Marx dans son écrit polémique, ne sont que les expressions théoriques des rapports sociaux de la production » ; tandis que Proudhon, comme il dit, ne voit dans ces rapports que les incarnations de ces principes, les rapports sociaux déterminés sont produits autant par les hommes que le drap, la toile, etc.

Proudhon a écrit avec raison en marge de son exemplaire de l'écrit polémique : « C'est précisément ce que je dis. La société produit les lois et les matériaux de son expérience ». Dans un écrit plus tardif (un de ses écrits de la maturité) sur le principe fédératif (1863), il exprime le même jugement d'une autre façon, lorsqu'il dit de la raison qu'elle dirige le mouvement historique vers la liberté, mais à la condition de tenir compte de la qualité des forces et d'en respecter les lois[37].

1. Conception du travail

Pourquoi le travail ? Qu'est-ce que la conception du travail ? C'est une très importante question. C'est l'essence de la vie de l'homme. Ainsi l'Asie (Corée), pays de la spiritualité et la de pensée traditionnelle permet de bien saisir les conceptions orientales du travail et de l'essence de la vie

37. Büber Martin, *Utopie et socialisme*, p. 5.

humaine. L'idée de culture et de spiritualité est bien appliquée à la théorie du confucianisme, du taoïsme et du bouddhisme : les premières religions concevant le travail comme moyen de développer l'amour, la vertu et la spiritualité. L'homme étant une partie du cosmos, il a toujours essayé de s'y identifier ainsi qu'à la nature. En effet son corps est très limité par l'âge, les capacités et la rationalité scientifique. Alors Confucius et Tao ont bien expliqué le développement de la spiritualité. Pourquoi ? Parce que l'esprit est immortel et constitue l'essence profonde de la vie humaine. Nous parlerons plus tard des conséquences éthiques que ce trait eut sur la conduite quotidienne ; elles sont évidentes en ce qui concerne l'attitude générale de l'homme envers la religion. Les rapports entre le calviniste et son Dieu se déroulent dans une profonde solitude intérieure, en dépit du fait qu'appartenir à la véritable Église soit nécessaire au salut. Pour se rendre compte des effets spécifiques de cette atmosphère très particulière, il suffit de lire le *Pilgrim progress* de Bunyan, de loin le livre le plus lu de toute la littérature puritaine. On y voit un « chrétien » prenant conscience de vivre dans la « ville de perdition » et entendant l'appel d'avoir à entreprendre son pèlerinage vers la cité céleste. Sa femme et ses enfants veulent le retenir, mais lui, enfonçant ses doigts dans ses oreilles, s'écrie : « *life, eternal* » et part à travers champs. Nul raffinement ne saurait remplacer le sentiment naïf du poète-chaudronnier, qui, écrivant dans sa prison, recueillit les louanges de tout un monde de croyants pour avoir su exprimer l'état d'âme du fidèle puritain préoccupé uniquement de son salut personnel, état d'âme qui transparaît dans les conversations pleines d'onction que le pèlerin poursuit avec ceux qui partagent ses sentiments, et dont la manière n'est pas sans faire penser au *Cerechte Kammacher* de Gottfried Keller. Ce n'est que lorsqu'il sera lui-même sauvé que l'idée lui viendra qu'il serait bon d'avoir auprès de lui sa femme et ses enfants. La même peur angoissée devant la mort et l'au-delà étreint Saint Alphonse de Liguori tel que Döllinger nous le présente ; elle est à mille lieues de cette fierté laïque (*Diesseitigkeit*) qu'un Machiavel, retraçant la gloire des citoyens de Florence en lutte contre le pape et l'interdit, exprime par ces mots : « Ils mettent plus haut l'amour de la patrie que la crainte pour le salut de leur âme », et plus éloignée encore des sentiments qu'un Richard Wagner met dans la bouche de Siegmund avant son fatal combat : « *Grübe mir wotan, grübe mir wallhall [...] Doch von Wallhall's spröden wonnen sprich du wahslich mir nicht* ». Il est vrai que cette peur exerce sur Bunyan et Liguori des effets très différents. La même frayeur qui conduit l'un à l'extrême humiliation de soi-même est pour l'autre l'aiguillon d'une lutte sans trêve, en sympathie avec la vie.

La pensée socialiste du XIXe siècle, tout en insistant sur l'exploitation à laquelle le travail donnait lieu sous le régime capitaliste, avait clairement mis en relief l'influence démocratisante que la division du travail exerce sur l'ouvrier, quel que soit par ailleurs le régime économique auquel il est soumis.

Son maître-mot était l'organisation du travail destinée non seulement à mettre fin à l'exploitation, mais encore à revaloriser le travail lui-même. On dirait même que c'est la restauration morale du travail qui prime chez les premiers socialistes sur toutes les autres revendications. Proudhon, en particulier, ne cesse de recommander une refonte totale du travail lui-même. La question sociale sera résolue pour une grande part lorsqu'on aura réussi à substituer à l'ennui et à l'abrutissement du travail parcellaire l'intérêt et la joie d'un travail « sérié dans sa division ». « Le travail, écrit-il, comme la raison, ne revêt des formes pures et régulières qu'autant qu'il est groupé, composé, sérié dans la division: Fractionné en parcelles infinitésimales ou réduites à ses derniers éléments, le travail est pour celui qui l'exécute chose inintelligible, abrutissante, stupide ». Cette solution pouvait paraître utopique tant que les dures nécessités du machinisme naissant s'y opposaient. Elle prend la valeur d'une prophétie à notre époque où l'emploi d'appareils à multiples outils permet dans une mesure croissante de recomposer le travail. Prendre conscience de cette nouvelle tendance de la technique favorisée par l'électronique et la cybernétique, c'est redécouvrir la primauté de l'homme et la valeur du travail humain.

C'est Benjamin Franklin qui nous fait ce sermon avec les mêmes paroles que Ferdinand Kurnberger, dans son image de la civilisation américaine, débordante d'esprit et de fiel, raille en tant qu'« esprit du capitalisme » qui parle ici de façon si caractéristique. Mais qui osera prétendre que tout ce qu'on peut comprendre sous ce concept y soit contenu ?

C'est dans ce sens spécifique que le concept d'« esprit du capitalisme » est employé ici ; l'esprit du capitalisme moderne s'entend. Il donne la manière dont nous avons posé le problème ; il va de soi que nous ne nous occuperons ici que du capitalisme de l'Europe occidentale et de l'Amérique. Car si le capitalisme a existé en Chine, aux Indes, à Babylone, dans l'Antiquité et au Moyen âge, comme nous le verrons, c'est précisément cet écho qui lui faisait défaut. L'honnêteté est utile puisqu'elle nous assure le crédit, de même la ponctualité, l'application au travail, la frugalité ; c'est pourquoi ce sont là des vertus. On pourrait en déduire logiquement que, par exemple, apparaîtrait aux yeux de Franklin comme étant une prodigalité improductive. En effet, son autobiographie confirme cette impression, par exemple, le récit de sa « conversion » à ces vertus ou la discussion de l'utilité du strict maintien de l'apparence de la modestie, l'application à abaisser son propre mérite afin d'obtenir l'approbation de tous. D'après Franklin, ces vertus, comme toutes les autres, ne seraient des vertus que dans la mesure où elles seraient réellement utiles à l'individu ; et la simple apparence suffirait si elle pouvait assurer le même service. Cette conclusion est inévitable pour le strict utilitarisme. L'impression qu'ont les Allemands que les vertus, telles qu'elles sont professées en Amérique, ne sont qu'« hypocrisie » semble ici confirmée de façon flagrante. Mais, en vérité, les choses ne sont pas si simples. Ce soupçon est démenti par le caractère de Benjamin Franklin tel qu'il nous apparaît dans son autobiographie d'une si rare franchise. Le fait que l'utilité des vertus lui ait été révélée par Dieu, qui voulait ainsi le vouer au bien, montre clairement qu'il existe ici tout autre chose que des maximes égocentriques agrémentées de morale.

Mais, surtout, cette éthique est entièrement dépouillée de tout caractère eudémoniste, voire hédoniste. Ici, le *summum bonum* peut s'exprimer ainsi : gagner de l'argent, toujours plus d'argent, tout en se gardant strictement des jouissances spontanées de la vie. L'argent est à ce point considéré comme une fin en soi qu'il apparaît entièrement transcendant et absolument irrationnel sous le rapport du « bonheur » de l'individu ou de l'« avantage » que celui-ci peut éprouver à en posséder. Le gain est devenu la fin que l'homme se propose ; il ne lui est plus subordonné comme moyen de satisfaire ses besoins matériels.

Ce renversement de ce que nous appellerions l'état de choses naturel, si absurde d'un point de vue naïf, est manifestement l'un des leitmotive caractéristiques du capitalisme et il reste entièrement étranger à tous les peuples qui n'ont pas respiré son souffle. Mais il exprime également une série de sentiments intimement liés à certaines représentations religieuses...

Le manque absolu de scrupules, l'égoïsme intéressé, la cupidité et l'âpreté au gain ont été précisément les traits marquants des pays dont le développement capitaliste bourgeois — mesuré à l'échelle occidentale — était resté en retard. Tout employeur le dira : le manque de *coscienziosità* des ouvriers de ces pays, l'Italie par exemple comparée à l'Allemagne, a été, et dans une certaine mesure demeure, l'un des principaux obstacles à leur développement capitaliste. Le capitalisme ne peut pas utiliser le travail de ceux qui pratiquent la doctrine du *liberum arbitrium* indiscipliné, pas plus qu'il ne peut employer (Franklin nous l'a montré) un homme d'affaires absolument sans scrupules. La différence n'est donc pas une question de degré dans la soif du gain pécuniaire. L'*auri sacra fames* est aussi vieille que l'histoire de l'homme.

2. Conception de la vie quotidienne (rituels, rites, fêtes, art populaire)

La vie quotidienne en Corée

Avoir des joies chinoises et des peines, jouir des cinq couleurs, mais comme elles sont peintes sur les murs, comme elles sont remuées dans les cuves des teinturiers, entendre la musique des cinq notes et des six résonances, comme elles naissent et se propagent autour des instruments traditionnels, goûter aux cinq saveurs qui fument dans les sacs des marchands ambulants et sur les tables des familles, voilà ce que vous demandez et ce que l'auteur de ce livre est bien en peine de restituer.

Certes, il existe d'excellentes recompositions ; des auteurs sérieux ont fait revivre la vie quotidienne à la veille de l'invasion mongole ou sous les Mandchous ; mais le caractère même de reconstitution introduit l'artifice là ou précisément on recherche un impossible contact immédiat. Si l'on néglige ce que de bons auteurs occidentaux ont écrit, pour se tourner plus franchement vers les sources chinoises et coréennes, alors c'est l'entreprise elle-même qui devient impossible. Traduire ces sources les trouble et les dénature. Aucun moyen propre de la langue française ne permet de rendre l'intensité de l'expression chinoise eu coréenne.

La vie paysanne de toujours, rythmée par les raisons, on la trouve dans le *Livre des odes* (I. XV. I). C'est une sorte de « livre d'heures » qui chante les travaux tout au long des mois. Deux calendriers s'y mêlent, rendant difficile l'identification des mois dont on décrit les occupations traditionnelles. Pour en faciliter la lecture, nous avons unifié, dans la mesure du possible, les références calendériques. Nous n'avons pas tenu compte de l'avance ou du retard que prennent les travaux selon les régions où on les effectue. On remarque qu'aucune mention n'est faite des onzième et douzième mois : la combinaison de deux calendriers, eux-mêmes décalés de trois mois, couvre la totalité des douze mois de l'année.

V

L'aspect culturel et l'économie en Asie

La connaissance bouddhiste, quant à elle, a suivi le cheminement inverse, et elle est très avancée dans le domaine du psychisme humain, et ceci pour une raison très simple : pour le bouddhiste, le secret du bonheur réside plus sûrement dans l'esprit que dans la matière.

En fait, la connaissance, au sens du bouddhisme, est essentiellement celle de soi dans le monde, celle de la maîtrise de ses propres réactions, observées, connues et enfin contrôlées, au prix d'une discipline apprise auprès des « plus avancés dans la voie » et pratiquée sans relâche tout au long de la vie : l'individu se construit lui-même lentement.

Cela implique un accroissement de la liberté individuelle ; elle se définit par ses limites, dont beaucoup sont d'origine sociale. Ces limites sociales proviennent, généralement, d'autres individus, mais de façon différente, comme nous le montrent les exemples des sociétés anti-individualistes que sont les sociétés collectivistes, traditionnelles ou dictatoriales : dans une société collectiviste, les décisions qui pourraient être prises par les individus agissant seuls sont prises collectivement ; dans la société traditionnelle, on impose le modèle passé au présent ; dans une dictature, enfin, la liberté est enlevée à certains pour être concentrée dans les mains d'un petit nombre d'individus.

Mais l'individualisme ne se manifeste pas que par les libertés et les valeurs : une société individualiste est généralement composée d'individualistes, et ce, non seulement sur les plans de leurs possibilités, de leurs choix ou de leurs éthiques, mais aussi sur le plan de leurs caractères, attitudes et conceptions du monde. En effet, l'individualiste se caractérise par son nombrilisme, ses sentiments d'ego et ses attitudes envers les autres : fierté, vanité, honneur, honte et jalousie sont des sentiments correspondant bien à cet homme.

Or, sur ces aspects, l'individualisme bouddhique est presque totalement opposé à celui de l'Occident : en effet l'individu bouddhiste est très autonome ; il se libère du passé qu'il n'a pas choisi, n'est pas en concurrence avec les autres, n'a pas de sentiment d'ego et il est très peu influencé par l'extérieur : « il est plus que maître de lui, il est créateur de lui-même ».

Nous allons examiner de plus près cet individualisme bouddhique dans le paragraphe suivant, en usant d'une comparaison entre un renonçant indien et un homme moderne.

Pour analyser l'individualisme moderne et comprendre son manque par rapport à l'individualisme bouddhique (ce manque étant de ne pas intégrer la connaissance et l'action sur soi), il faut examiner le phénomène de l'engagement de l'homme moderne dans la société.

Car si l'individu oublie inconsciemment de se former lui-même, c'est le monde, où il agit, dans lequel il est immergé, qui agit sur lui, et il est alors formé par les actions des autres. Certes, ses propres actions agissent aussi sur lui, ne serait-ce qu'en laissant des traces nécessaires dans sa personnalité ; mais ces actions sont destinées à son autoformation. C'est pourquoi celle-ci n'atteint jamais son degré optimal.

L'analyse des conceptions bouddhistes et modernes de l'individualisme nous a permis de faire le point sur ce que certains nomment le fléau du monde moderne et s'emploient à combattre par le biais de la politique économique ou sociale, ou encore par celui du recours à l'éthique.

Or selon le bouddhisme, l'individualisme n'est pas un malheur à condition qu'il pousse à l'introspection et à la prise de conscience de soi-même, ce qui n'est pas le cas en Occident En effet, si l'individualisme bouddhique n'est qu'un moyen de parvenir au bonheur et à la liberté complète assumée, ce concept, tel qu'il existe en Occident semble arriver au résultat contraire ; on y prône le « chacun pour soi et Dieu pour tous », mais cette notion semblant quelque peu abstraite, les conséquences en sont caractérisées par un mal-être ambiant.

L'individualisme bouddhique allié à une volonté de se perfectionner soi-même en vue d'une maîtrise efficace de ses propres réactions et désirs semble en faire une pensée très adaptée à la vie économique du monde moderne. De plus, toujours dans ce sens, le *bouddhie* est une idée de mobilité permanente de l'esprit et de l'action tournée vers le « plus », soit vers un rendement optimal.

Cette méthode peut paraître abstraite et pourtant de nombreux exemples en sont fournis par le bouddhisme : dans le zen militaire, le tireur à l'arc ne lutte pas pour envoyer la flèche au centre de la cible, il « devient » la flèche et ainsi va aisément au but ; de même, l'escrimeur « devient « le sabre, et le producteur japonais » devient la production et mène ainsi son entreprise au profit maximum. Mais là encore, le bouddhisme va plus loin, car si l'entrepreneur ou le rentier pense à laisser son patrimoine à ses enfants, le bouddhiste pense à toutes ses vies futures en accumulant ses bonnes ou mauvaises actions.

« Je suis libre, mais l'usage que je fais de ma liberté, ce que je choisis, est déterminé par ce que je suis » (c'est-à-dire *par trois parties de ceci : désirs et choses semblables, connaissances, capacités et possibilités*).

Il est en effet une théorie du bouddhisme profond qui dit que « la qualité des actions dont on est responsable agit sur celle des vies futures exactement comme un investissement sur une production ».

En réalité, s'agissant du progrès technique, on constate que le bouddhisme ne s'y oppose pas, tant qu'il n'influe pas négativement sur le progrès spirituel. En effet, l'idée de progresser et de s'améliorer est au centre de la vie et de la vision bouddhiste.

De même, plus généralement, le monde économique moderne se caractérise par un changement fréquent et un mouvement rapide ; mais si le bouddhisme paraît immuable, il n'en prône pas moins l'impermanence de toute chose et la seule constance du cycle des morts et des naissances, soit du changement.

Cependant, le problème est plus complexe, car il ne faut pas oublier que, si cet égoïsme existe dans le cas de ces deux types d'hommes, le dépassement et l'opposition à cet égoïsme constituent le fondement des éthiques et idéaux tant de l'Occident que du bouddhisme.

Ceci dit, si ces deux pensées prônent le contraire de l'égoïsme, il ne s'agit pas du même contraire dans les deux cas : en effet, pour l'*homo œconomicus* de l'Ouest, le contraire de l'égoïsme est l'altruisme ; ce qui lui fait développer l'amour, la charité, le don, la fraternité, la solidarité, etc. En revanche, pour le bouddhiste, le premier contraire de l'égoïsme est, en toute simplicité, l'abolition de l'ego, soit le non-soi.

L'*homo œconomicus* représente un types d'homme appelé le décisionnaire, c'est-à-dire celui qui accomplit un destin humain par un choix dont les conséquences ont été pesées, ce qui implique une bonne appréhension de ce qui l'entoure.

Or, le seul péché capital bouddhiste, c'est d'être malheureux. On constate donc que le portrait que le bouddhiste fait du non-bouddhiste ressemble, par bien des aspects, à celui de l'*homo oeconomicus*.

L'exigence comparative provient de ce que la personne a plusieurs buts qu'elle n'arrive pas à réaliser ensemble pleinement, et elle est alors obligée de leur accorder un ordre de préférence ; l'expérience instrumentale consiste à utiliser ses capacités et ses ressources personnelles pour satisfaire les buts (il s'agit de ressources psycho-psychiques), ces ressources étant nécessaires pour déterminer le choix, le traduire en décision ou en action, et pour satisfaire les deux premières exigences.

Le bouddhisme est donc un enseignement non coercitif, une recherche du bonheur par tous les moyens, le meilleur étant l'action sur soi. Le bouddhisme a bien des points communs avec la modernité quant à ses démarches intellectuelles. Il reste à savoir s'il représente effectivement l'avenir du monde moderne, aussi bien dans le domaine du spirituel que dans celui du temporel.

A ce propos, on ne peut accorder complet crédit à M. Kolm sans au préalable avoir examiné la position d'autres spécialistes quant à la question de la coexistence du capitalisme et de la spiritualité.

C'est là que se situe la différence avec le bouddhisme ; celui-ci va jusqu'au bout des choses : il veut le bonheur et la libération complète de l'homme, et il répond à toutes ses questions car il est une thérapie universelle.

Comme nous l'indique M. Kolm, certains pays comme la Corée du Sud, la Chine, le Japon, Taïwan, Hong Kong et Singapour utilisent même ces principes dans leur économie. De plus, certaines zones tendent à suivre leur exemple, notamment des zones urbaines de la Thaïlande et de Sri Lanka, ainsi que certains points de la Chine continentale où le pouvoir politique a ouvert des espaces d'initiatives. Ces pays réunis représentent déjà un groupe industriel qui pèse aussi lourd que l'Europe occidentale, mais qui croît beaucoup plus vite.

Cette concentration sur l'action, plutôt que sur le résultat, est non seulement une attitude bouddhique fondamentale, mais aussi une source d'efficacité dans l'action.

Or, cette méthode de décision collective est très surprenante pour un Occidental : en effet, on constate que, contrairement à ce qui existe dans une entreprise, moderne, les relations entre les membres d'une organisation ne sont jamais des relations de concurrence, d'opposition, de commandement ou de domination.

C'est ainsi que « le haut et le bas » forment une équipe au sens technique de la théorie économique. La hiérarchie, car elle existe, se fait sur des degrés de sagesse, de connaissance ou d'avancement dans la Voie ; et plus on est haut, plus on est hautement placé dans cette hiérarchie, plus on est proche du renoncement, donc moins le pouvoir n'a d'importance. Dans une entreprise japonaise, S.C. Kolm nous montre que, de la même façon que dans la Sangha, plus on est haut placé, moins on dirige : le grand patron japonais s'occupe essentiellement de choisir très soigneusement ses subordonnés et de leur demander des rapports détaillés ; et surtout, il ne commande pas, mais écoute, suggère, oriente et donne des valeurs.

A ce propos, M. Kolm nous dit :

> « Sciences et techniques sont mères du développement économique. En Occident, depuis l'expansion du capitalisme au XVe siècle, que de fois n'ont-elles pas trouvé leur chemin barré par l'esprit dominant et notamment l'institution religieuse. Le boud-

dhisme, au contraire, était destiné à faire le meilleur accueil à ces types de pensées. Il est en effet complètement rationnel et rationaliste. Et il adhère complètement à l'hypothèse de causalité, fondement de la pensée scientifique ».

La société coréenne était fondée sur l'idéologie néo-confucianiste.

Les cérémonies d'offrandes aux ancêtres sont toujours célébrées par les Coréens Nous pensons que l'évolution de l'idéologie du confucianisime a été de caractère plutôt cumulatif que dialectique, c'est-à-dire qu'il a rationalisé et complété d'anciens concepts par de nouveaux concepts plus compréhensibles (exemple : le concept de *jen* ou d'humanité, au sens humaniste ou vertu humaine absolue).

Vers l'époque des Han, il a pris en autre un sens cosmologique, désignant aussi l'origine de la vertu humaine par analogie avec « l'origine » de la production universelle. Enfin les néo-confucianistes y ajoutèrent un sens biologique et organique, à savoir celui de principe de la vie organique.

Nous prenons le risque d'être relatif en disant que ce caractère est une apparence générale du confucianisme, pour lequel le traditionalisme et la logique analogique et synthétique sont de règle (exemple : idées cognitives ou évaluatives). Toute l'épistémologie néo-confucianiste est fondée sur les concepts métaphysiques de *li* et de *k'i*. Ce sont les concepts fondamentaux de la cosmologie qui constituent la base métaphysique du néo-confucianisme (exemple : « Dans l'univers, il y a le *li* et le *k'i*). Le *li* est la Voie qui se rattache à ce qui est au-dessus des formes : il est la source à partir de laquelle toutes les choses se produisent. Le *k'i* est la matière (littéralement : l'instrument) qui se rattache à ce qui est à l'intérieur des formes et qui est le moyen par lequel les choses se produisent (exemple : *li* pour obtenir leur propre nature). Il doivent recevoir ce *k'i* pour obtenir leur forme corporelle. Le *k'i* se crée, disparaît, se condense ou se disperse pour former et transformer le monde physique. Mais son action n'est pas arbitraire.

Donc, ils ne se séparent jamais l'un de l'autre dans la réalité. Les néo-confucianistes appellent ce *li* unitaire et total *t'ai ki*. Le *t'ai ki* est la totalité des *li* de tous les êtres. Le *t'ai ki* est le *li* du ciel, de la terre et de tous les êtres.

Nous pouvons dire autrement qu'un individu contient à la fois la particularité et l'universalité. Examinons le problème du *k'i* ou force matérielle. Depuis l'origine de l'univers, le *k'i* existe avec le *li*, mais comme substance matérielle. Bien que le *k'i* soit une substance homogène, et constitue les modalités binaires du *yin*, force matérielle passive, bien que le *yin* et le *yang* soient écrits en deux mots, ils ne sont que l'accroissement et le décroissement d'un seul *k'i* qui tantôt augmente, tantôt diminue. Le *yin* et le *yang* produisent à leur tour les Cinq éléments : l'eau, le feu, le bois, le métal et la terre...

Les cinq éléments ainsi que le *yin* et le *yang*, tous les sept, (dans leur déroulement), s'unissent et produisent la matière constitutive des êtres. Le *yang* est en mouvement et le *yin* est en repos ; le Suprême ultime n'est ni en mouvement ni en repos, mais il y a le *li* de mouvement et le *li* de repos. Ces *li* sont invisibles et ne deviennent manifestes que lorsqu'il y a le mouvement du *yang* et le repos du *yin*. Le *li* repose sur le *yin* et le *yang*, exactement comme un homme est assis sur un cheval. « Le *li* est un, mais ses manifestations sont multiples ». Ils rationalisent ainsi, avec la métaphysique du *li* et du *k'i*, les phénomènes humains. Le *li* compose la nature humaine tandis que le *k'i* sert de composant matériel de l'esprit et du *li*.

L'homme a reçu les *k'i* les plus purs et les plus équilibrés, et est donc le plus doué pour réaliser la nature originelle (exemple : son esprit en témoigne avec les sages, les hommes ordinaires et les idiots). Les sages ont reçu des *k'i* si purs et si équilibrés qu'ils connaissent clairement les *li*, principes existentiels ou normatifs, et les pratiquent de toute leur énergie. Les hommes ordinaires ont reçu des *k'i* plus ou moins purs et équilibrés, qui leur permettent d'atteindre seulement à l'occasion la connaissance et la pratique des *li*. Dans la perspective du *Yi king*, la Nature (ou Univers) est en perpétuelle transformation (exemple : produire et reproduire sans cesse des êtres).

L'esprit (littéralement : le cœur) de la Nature (littéralement : du Ciel et de la Terre) est de produire des êtres.

C'est le *li jen* (humanité, amour). Les qualités morales de l'esprit de la Nature sont au nombre de quatre : origine, prospérité, avantage et persévérance.

Dans l'esprit de l'homme il y a aussi quatre qualités morales, à savoir : le *jen* (humanité, amour), le *yin* (justice), le *li* (bienséance) et le *tche* (sagesse) ; mais le *jen* les englobe toutes.

Citons encore un autre néo-confucianiste, Yi Hwang : « Le Ciel est *li* ou principe, caractérisé à son tour par les cinq vertus constantes de *jen* (humanité), de *yi* (justice), de *li* (bienséance), de *tche* (sagesse) et de sin.

L'origine, la prospérité, l'avantage et la persévérance sont quatre qualités du principe de la Nature, le *li* est le principe unitaire, quelles que soient ses manifestations, et le *k'i* est facteur de diversité de l'univers. Chez les néo-confucianistes, cette vérité était rendue par l'axiome métaphysique selon lequel : « Le principe est un, mais ses manifestations sont multiples ».

En effet, les principes spécifiques d'« origine », de « prospérité », d'« avantage » ou de « persévérance » signifient pour les confucianistes chacune des manifestations spécifiques de la vie même de l'unité universelle. En tout cas, par le seul principe d'unité universelle, les confucianistes n'arrivaient pas à expliquer le problème des changements phénoménaux.

Le Yin king dit : « Un *yang* et un *yin*, c'est appelé le *tao*. Ce qui s'ensuit, c'est le bien, et ce qui est perfectionné ainsi c'est la nature (de l'homme et des choses) », de la synthèse du premier critère, qui est le principe d'unité universelle, et du deuxième, qui est la logique du *yin* et du *yang*, l'unité universelle la structure binaire (du *yin* et du *yang*).

Les chercheurs dans les domaines de la personnalité ou de la culture admettent, en général, que les sentiments personnels sont acquis.

Cette théorie définit de façon particulière non seulement la notion du sentiment lui-même, mais aussi par la culture oul'idéologie d'une sociétté donnée.

La théorie néo-confucianiste des sentiments est une synthèse métaphysique des théories des sentiments formulées dans le confucianisme classique.

Nous pensons que celles-ci peuvent être représentées par les trois théories qui se trouvent respectivement dans les livres *Meng tseu, Tchong* et *Li Ki*.

Nous allons examiner d'abord quelques critères des idées néo-confucianistes sur les sentiments.

La nature humaine est à l'origine bonne, ce qui est devenu grâce à Mencius une maxime confucianiste.

Selon lui, le bien est inhérent à l'homme, et le mal provient de l'extérieur.

Tous les hommes ont un esprit qui ne supporte pas de voir souffrir les autres... Par exemple, en voyant un enfant sur le point de tomber dans un puits, tout homme, sans exception, éprouvera un sentiment d'angoisse et de détresse...

On distingue des catégories de sentiments, disons, la commisération, la honte et l'horreur du mal, la modestie et l'humilité, le juste et l'injuste. L'existence de ces sentiments est en fin de compte la preuve que la nature humaine est bonne.

L'esprit est dans l'état de *tchong* quand il est dans le calme, sans éprouver aucune émotion. Si des émotions sont produites dans l'esprit et conviennent à la situation extérieure, l'esprit est dans l'état de *ho*. D'après le *Tchong yong*, la Voie du *tchong* et du *ho* doit être pratiquée même dans la vie quotidienne. Donc, selon l'impératif du *Tchong yong*, l'homme doit éprouver des sentiments conformes à la situation donnée. C'est le fait notable dans la théorie des sentiments. Les sentiments sont produits dans l'esprit (littéralement : cœur) par les stimuli des objets.

La dissonance avec l'ordre ou l'harmonie physique doit être épurée, par exemple par la musique. La tranquillité est l'état de la nature humaine que le Ciel forme à la naissance de l'homme. C'est par la suite que son esprit devient irraisonnable, injuste, fallacieux, trompeur, sa conduite licencieuse, dissolue, perturbatrice. Il est avant tout une composition des deux substances universelles de *li* ou principe et de *k'i* ou force matérielle, « l'esprit est doué de tous les *li* ».

Connaître et pratiquer les *li*, telle est la conclusion de l'axiologie néo-confucianiste. Mais comment fonctionne cet esprit ?

Plus précisément, comment fonctionnent les structures de *li* et de ki ? (Exemple : Le *li*, dans sa totalité).

La nature physique est tranquille en substance, mais susceptible de mouvement, c'est-à-dire que l'esprit dans son état substantiel est tranquille, sans mouvement ni activité. Il exerce des fonctions par le mouvement de la nature physique.

La première activité de l'esprit est identifiée avec les *ch'ing* ou sentiments. En fin de compte, les sentiments sont les premières activités de l'esprit, dont la structure est la « nature physique » tranquille en substance. La théorie des sentiments des néo-confucianistes coréens a été formulée à partir des débats par correspondance, qui ont duré sept ans, entre Yi Hwang (1501-1570) et Ki Tae-sung (1527-1572). Leur controverse porte sur le fait que la structure de l'esprit, peut prendre, chacun pour sa part, l'initiative du mouvement et produire ainsi deux catégories de sentiments distincts. Pour Yin Hwang, qui considère que le *li* est le *k'i* sont tous deux capables de se mouvoir, la « nature physique » peut se mouvoir — par les stimuli des objets — soit sur l'initiative de son *li* avec les quatre commencements — à savoir :

les sentiments :
- de commisération,
- de honte et d'horreur ou mal,
- de modestie et d'humilité, et enfin,
- du juste et de l'injuste,

soit selon les Sept sentiments à savoir :
- plaisir,
- colère,
- tristesse,
- crainte,
- amour,
- haine, et
- désir.

Quant à Ki Tae-sung, il prétendait que, puisque le *li* et le *k'i* sont unis dans la réalité, en qualité de « nature physique », leur mouvement a toujours lieu simultanément.

Yi Hwang a noté dans cette réaction mutuelle la priorité respective du *li* et du *k'i*, tandis que Ki Tae-sung considérait cela comme « trop analytique » pour ce qui est « non analytique ».

Dans le cas des Quatre commencements, le *li* prend l'initiative du mouvement tandis que le *k'i* l'accompagne : dans le cas des Sept sentiments, le *k'i* prend l'initiative du mouvement tandis que le *li* s'y oppose. Dans leur vision théorique, les sentiments constituent le commencement de la connaissance et le l'action. Notre perspective analytique est fondée ici sur celles de T. Parsons dans sa théorie de l'action et de L. Dummont dans son analyse de l'idéologie. Ce que nous appelons critère d'évaluation est identique au « standard évaluatif » dans la théorie de l'action de Parsons.

Quant à Dummont, il classe aussi les idéologies dans les catégories d'« individualisme » et de « holisme », selon la valeur idéologique attachée respectivement soit à l'individu, soit à la société comme tout.

L'opposition entre hiérarchie et égalité

Ces deux oppositions-holisme/individualisme et hiérarchie/égalité servent à Dumont d'instruments d'analyse des idéologies. Les oppositions de valeurs : individualisme/holisme ou collectivisme, et égalité/hiérarchie du *yin* et du *yang*, et celles du *li* et du *k'i*, du jen, sont les Quatre commencements et enfin les Cinq règles éthiques.

Donc l'objectif majeur de la spéculation néo-confucianiste est de comprendre l'unité des principes ou l'unité du monde phénoménal, et les cinq règles — affection entre le père et le fils, justice entre le prince et le sujet, distinction entre le mari et la femme, ordre hiérarchique entre les personnes âgées et les jeunes, fidélité entre les amis — insistent sur les relations mutuelles entre les membres de la société. Après la relation entre le père et le fils, vient la relation entre le souverain et le sujet.

Ici, le *yang* est supérieur, et le *yin* est inférieur. La partie *yin* est subordonnée à la partie *yang*. La force du *yin* possède la beauté, mais la cache. De toutes les réflexions faites ci-dessus, nous pouvons conclure que le confucianisme est une idéologie holiste et hiérarchique. Les critères d'évaluation de l'idéologie confucianiste peuvent être exprimés ainsi : les parties sont subordonnées à l'ensemble et, entre deux parties constitutives de l'ensemble, une partie (*yang*) est supérieure à l'autre (*yin*).

1. Culture et tradition

Au cœur de toute organisation japonaise se trouve la formation en kurumaza décrite par Ooka. Celui-ci fait remarquer que si cette structure circulaire a l'avantage de concentrer et de coordonner l'énergie du groupe elle pèche facilement par xénophobie et exclusivisme.

Toutefois cette même structure circulaire a produit une « esthétique de l'unisson », à laquelle nous devons des créations admirables dans le domaine de la poésie, qui est celui d'Ooka, mais aussi dans la peinture et l'architecture.

Cette image de l'esprit de groupe de gens « assis en cercle » constitue une excellente métaphore du Japon et des Japonais en général. C'est ainsi que me vint l'idée d'écrire l'article en question.

Aussi, une formation en cercle peut laisser une impression désagréable au spectateur extérieur, qui ne voit que des dos et croit y lire : « vous êtes un intrus ». Certes, une personne debout hors du cercle voit les visages de celles qui sont assises en face d'elle. La personne extérieure peut se tenir à moins d'un mètre du groupe sans que celui-ci lui prête la moindre attention. Ce phénomène est immédiatement apparent pour quiconque voit, dans le parc de Ueno par exemple, des groupes de Japonais installés sous les cerisiers et mangeant en admirant les fleurs.

A première vue, les virtuoses du *karaoke* semblent prendre un plaisir innocent à chanter, mais en réalité ils se mesurent les uns aux autres. De plus, l'ordre dans lequel ils prennent le micro respecte scrupuleusement la hiérarchie du lieu de travail, et à les observer, j'imagine sans peine leurs visages épuisés quand finalement ils rentrent chez eux.

Cette formation en cercle, qui semble heureuse et harmonieuse peut, vue d'un œil plus malveillant, prendre un aspect moins réjouissant, dans la mesure où elle permet aussi à ses membres de se surveiller mutuellement et d'interdire à quiconque de rester sur la touche ou de s'éclipser.

L'essor rapide de la puissance économique du Japon et de la Corée est indéniablement dû à la diligence, à l'intégrité, à la loyauté et à l'ambition de leurs habitants toutes qualités dont nous pouvons à juste titre être fiers.

Cependant une société bâtie sur une solidarité renforcée par le kurumaza est une pépinière de fanatiques. Et je crois que si, par bonheur, la montée de la xénophobie ne s'est pas produite, c'est uniquement en raison d'une réaction quasiment universelle qui veut que les nantis ne cherchent pas la bagarre. Mais Dieu seul sait comment la situation évoluera dans les dix ans à venir.

Quoi qu'il en soit, la formation en cercle, ou chacun est tourné vers l'intérieur, est la formule la plus efficace pour favoriser la cohésion psychologique du groupe, obtenir des garanties de solidarité et de loyauté, et susciter à l'encontre des opposants un vif sentiment d'exclusion.

La structure sociale de type *kurumaza* et la mentalité qu'elle détermine chez les Japonais se sont cristallisées tout au long d'une période d'un millénaire ou deux, dans des circonstances bien particulières.

Toute société humaine possède un noyau d'éléments qui semblent insolites aux étrangers. Il faudrait donner une explication du processus séculaire qui a vu les concepts japonais de vie, de mort, de beauté et d'éternité prendre corps dans leur conscience collective et trouver leur expression dans ces mots familiers.

Les poètes comptent rarement parmi les puissants de ce monde, mais leurs œuvres fournissent une des clés principales pour saisir la forme et l'essence fondamentales d'une culture : contrer, convenir, s'accorder, coïncider ; réunir, accorder ; restreindre, maintenir sonnent dans une heureuse convivialité.

Ces méthodes de création littéraire mettent en lumière la puissance motrice du principe d'*awase* (harmonisation, communion) en tant qu'élément essentiel des habitudes et des usages.

Les individus sont dominés par le maître, les adeptes cherchaient à créer un usage à la fois psychologique et réel en encourageant une union spirituelle entre gens de mêmes dispositions. La loyauté au maître était conçue comme une loyauté au monde esthétique idéal dont il était l'interprète. L'étude fidèle de la tradition et la soumission au maître allaient de soi. Le seul recours pour quelqu'un qui doutait ou se rebellait était d'accepter l'expulsion et de s'établir à son compte.

2. Le rôle de l'Asie-Pacifique et l'économie de dynamisme

Un an à peine de l'an 2000, l'économie mondiale traverse une période de mutation sans précédent. Dans les années à venir, les États-Unis resteront sans doute une superpuissance militaire et le dollar, très probablement la devise-clé du système monétaire international. Mais l'Amérique a vu son influence décliner, et elle est devenue un pays débiteur.

Dans la région de l'Asie-Pacifique, de nombreuses nations connaissent au contraire une croissance rapide et certaines vont rejoindre les rangs des pays industrialisés.

L'intégration de la Communauté européenne au sein d'un marché unique, réalisée en 1992, constitue un autre changement digne d'attention. N'ayant pas suffisamment de place ici pour examiner tous ces changements, je laisserai de côté la Communauté européenne et limiterai mon étude des tendances susceptibles de marquer l'économie mondiale du début du XXIe siècle à celles qui se font jour aux États-Unis, dans le bloc communiste et en Asie.

Le fonctionnement de cette dynamique de rattrapage fait apparaître clairement qu'aucune puissance économique ne peut dominer éternellement. Il est inévitable à la longue que les firmes se heurtent à la concurrence acharnée de nouveaux venus qui, selon un processus classique, profitent de transferts de technologie et d'investissements directs en provenance des pays plus avancés pour donner à leurs propres exportations une impulsion qui, en retour, entraîne la désindustrialisaton des puissances en place.

Prenons le cas des États-Unis. Bien que la prospérité de quelques grandes sociétés comme Général Motors et IBM leur ait permis d'essaimer un peu partout dans le monde, la base industrielle du pays n'est pas à l'abri d'une menace d'érosion. Au contraire, les entreprises américaines éprouvent les plus grandes difficultés à repousser les importations en provenance du Japon et d'ailleurs, notamment des pays asiatiques en pleine croissance — Hong Kong, Singapour, la Corée du Sud et Taïwan — et elles en viennent inexorablement à adopter une attitude protectionniste.

Quels sont les facteurs qui affectent, de façon positive ou négative, le développement de la région Asie-Pacifique ?

Parmi les atouts, il faut citer en premier lieu le dynamisme accumulé au cours de 20 à 30 années de croissance rapide. Un certain nombre de nations de la région ont mis en œuvre une stratégie de développement axée sur les exportations et ouverte aux investissements en provenance de l'étranger. Les résultats ont été spectaculaires. En Corée du Sud et à Taïwan, par exemple, la part des produits manufacturés dans l'ensemble des exportations est passée d'approximativement 15 % en 1960 à environ 92 % en 1980. Jamais un tel record n'avait été enregistré depuis la révolution industrielle et la vitesse acquise ne se perd pas du jour au lendemain.

L'essor, stimulé par l'appréciation du yen, des importations japonaises en provenance de cette région mérite également d'être souligné. Exprimée en dollars et calculée à partir de 1985 jusqu'à la moyenne mensuelle mai-juillet 1989, l'augmentation globale des importations japonaises a atteint le chiffre respectable de 63 %, mais ce chiffre est beaucoup plus élevé si l'on ne prend en compte que les importations en provenance de la région Asie-Pacifique. La Thaïlande vient en tête, avec un bond de 156 % de ses exportations vers le Japon, suivie par la Corée du Sud : 215 %, Hongkong : 189 %, Taïwan : 174 % et Singapour : 112 %.

On a également assisté à une progression spectaculaire des investissements directs effectués dans la région par les « dragons » asiatiques, en particulier la Corée du Sud et Taïwan. En Thaïlande, par exemple, les investissements de la Corée ont été multipliés par 14,7 en 1987 et 8,3 en 1988, et ceux de Taïwan par 8,2 et 2,8 (chiffres basés sur les autorisations). Il ne faut pas oublier non plus l'expansion du commerce régional. Entre le premier trimestre de 1987 et celui de 1988, le commerce bilatéral, exprimé en dollars a progressé de 70 % entre Taïwan et la Corée du Sud, de 51 % entre Taïwan et Hong Kong, de 50 % entre la Corée du Sud et Singapour et de 37 % entre Taïwan et Singapour.

La région Asie-Pacifique, qui est désormais la première par son dynamisme, devrait se trouver la mieux placée pour atteindre les sommets de la croissance. Dans ce processus, les quatre facteurs dont je viens de parler : vitesse de croissance accumulée, capacité de transformation, marché régional en expansion et diffusion de nouvelles technologies, joueront sans aucun doute en sa faveur.

Il ne faudrait pas croire pour autant que le chemin qui s'ouvre est libre de tout obstacle. Avant que les pays de la région Asie-Pacifique en développement n'accèdent au statut de pays nouvellement industrialisés, et que ceux qui y ont déjà accédé (les quatre « dragons » : Hong Kong, Singapour, la Corée du Sud et Taïwan) ne s'élèvent à celui de nation industrielle, un certain nombre de facteurs négatifs devront être surmontés. Fondamentalement, je suis convaincu que les facteurs positifs l'emporteront, mais qu'on me permette d'énumérer, pour mémoire, la liste des pierres d'achoppement :

– premièrement, nous l'avons vu, il y a le retour de la Chine à une croissance ralentie,

– deuxièmement, il y a l'éventualité d'un déclin de la compétitivité des nouveaux pays industrialisés. Au cours de leur récent essor, les dragons se sont en effet heurtés à des pénuries de main-d'œuvre, à une augmentation des coûts salariaux et à des tensions sociales,

– troisièmement, il y a le protectionnisme croissant des États-Unis, qui pourrait s'accentuer si 1992 devait marquer la naissance d'une « forteresse européenne »,

– quatrièmement, il y a l'endettement.

Malgré l'opinion généralement répandue que les pays de l'est et du sud-est asiatiques ne sont pas aussi lourdement endettés que ceux de l'Amérique latine et d'ailleurs, l'endettement de l'Asie s'est tout de même accru dans la première moitié des années 80. Cinquièmement, il y a la dépendance encore considérable à l'égard des États-Unis en ce qui concerne les exportations. Les efforts déployés par les Américains pour réduire leur déficit cumulé du budget et de la balance commerciale pourraient faire tomber ces exportations et les taux de croissance des pays asiatiques pourraient s'en ressentir.

De 1979 à 1988, la Chine a connu une croissance remarquable, puis son dynamisme économique s'est peu à peu révélé plus difficile à contrôler. Et quand il est devenu trop évident que le premier souci du gouvernement était la croissance économique, les dirigeants conservateurs sont revenus à une politique axée sur l'idéologie, ce qui a eu pour effet de ralentir l'économie. Quand cette stagnation deviendra insupportable, il est probable que les réformateurs privilégiant l'économie reviendront au pouvoir.

Comme le sujet n'a pas fait l'objet de beaucoup de discussions, qu'on me permette de dresser la liste des principales affectations envisageables.

1. Les besoins individuels fondamentaux : cette catégorie englobe l'aide humanitaire aux pays d'Afrique et d'Asie victimes de la famine. La plupart des fonds seraient versés dans le cadre de l'aide publique au développement. La part de l'Asie devrait diminuer, grâce à la forte croissance que connaissent de nombreux pays de la région Asie-Pacifique.
2. Les investissements dans l'infrastructure : l'infrastructure comprend les routes, les ports, les canaux, les aéroports et les équipements urbains. Je pense que l'on devrait également inclure dans cette catégorie l'éducation, le développement des ressources humaines et, en ce qui concerne les nations nouvellement industrialisées, les équipements de haute technicité, tels que les immeubles.
3. Les investissements directs du secteur privé : cette rubrique concerne les fonds alloués par des entreprises à la construction ou à l'acquisition d'installations de production à l'étranger. Comme les investissements s'accompagnent souvent de transferts de technologie dans le pays d'accueil, et qu'ils ont en outre un effet bénéfique sur les activités exportatrices et le développement industriel, ils peuvent aider bien des pays à se libérer de leur dépendance à l'égard du Japon en tant que fournisseur de biens d'équipement.
4. L'autonomie alimentaire et énergétique : le Japon ne peut pas attribuer des fonds au titre d'une aide militaire, mais il peut et doit contribuer à la sécurité de la région en renforçant l'autonomie de celle-ci dans les domaines alimentaire et énergétique. Les pays asiatiques à croissance rapide vont avoir besoin, entre autres, de plus d'énergie. L'autonomie alimentaire du Japon lui-même est concernée, étant donné qu'en cas d'urgence le pays ne pourrait survivre s'il ne devait compter que sur les ressources locales. Dans

l'énumération, nous devons donc englober des pays comme la Thaïlande et le Vietnam.

5. La protection de l'environnement : étant donné l'étendue des problèmes qui se posent dans ce domaine — désertification, surexploitation des forêts, pluies acides, réchauffement de la planète -, il est probable que, d'ici la fin de ce siècle, la demande de fonds pour l'environnement prendra des proportions mondiales.
6. Les échanges culturels et éducatifs : il existe aux États-Unis des fondations philanthropiques et d'autres organisations privées qui accordent un soutien généreux aux échanges culturels et éducatifs. Le secteur privé japonais est loin de se montrer aussi actif, en partie sans doute du fait de la parcimonie des incitations fiscales. Il est donc nécessaire de lancer de nouveaux programmes d'échange et d'encourager le développement d'universités et d'instituts de recherche internationaux.
7. L'assistance aux nations endettées : c'est en Amérique latine que se trouvent les nations les plus lourdement endettées. Mais depuis peu, de nombreux pays d'Afrique, du bloc de l'Est et d'ailleurs commencent eux aussi à avoir de graves problèmes en ce domaine.
8. La stabilisation monétaire : la force intangible des principales monnaies du monde risque d'avoir des effets catastrophiques. Si l'afflux des capitaux japonais vers les États-Unis s'arrêtait, l'effondrement du dollar qui s'ensuivrait provoquerait la panique sur les marchés financiers internationaux. Il faut donc continuer à diriger vers les États-Unis une part substantielle des capitaux à recycler.

Les stratégies et régionalisation dans l'économie du monde libre

Le développement à grande échelle de la Sibérie et de l'Extrême-Orient soviétique se heurte à des difficultés, dues à la réticence des nations industrielles à s'engager dans une telle aventure. Aujourd'hui, l'objectif de Moscou semble être d'obtenir la participation d'entreprises coréennes, dans l'espoir d'attirer ainsi des capitaux privés, japonais et autres.

L'instauration de liens entre la Chine et la Corée du Sud a accéléré le débat en Asie. On aurait pu s'attendre à ce que les Chinois se montrent très réticents à négocier avec Séoul, par crainte d'encourager d'autres pays à reconnaître l'existence de « deux Chines », s'ils acceptaient eux-mêmes l'existence de deux Corées. Mais c'est Séoul, et non Pyongyang, qui possède l'argent, les biens et la technologie susceptibles d'ouvrir la voie de la modernisation économique de la Chine, en contribuant à son programme de libéralisation. Bref, il serait absurde pour Pékin de retarder la normalisation de ses relations avec la Corée du Sud, dont il s'est déjà rapproché sur le plan économique, pour continuer de privilégier ses liens politiques avec une nation frappée d'isolement et de stagnation.

Les échanges entre les entreprises chinoises et sud-coréennes, qui ont commencé vers la fin des années 70, ont atteint un volume total de plus de 3 milliards de dollars en 1989 comme en 1990. Les choses étant ce qu'elles sont, les dirigeants de Pékin ont probablement déjà approuvé un calendrier pour l'établissement des relations diplomatiques avec Séoul.

En 1988, il fallait multiplier par 1,8 le produit national brut de la province du Guangdong pour obtenir celui de Hong Kong, par 17,1 celui de la province du Fujian pour atteindre celui de Taïwan, par 5,3 celui de la province du Shandong pour égaler celui de la Corée du Sud, qui représente environ le triple des économies combinées des provinces du Shandong et du Liaoning.

Il convient également de noter qu'en 1988, le PNB combiné de Hongkong, de Taïwan et de la Corée du Sud totalisait 361 milliards de dollars, soit pratiquement l'équivalent du PNB chinois, qui s'élevait à 364 milliards. Si les liens entre ces trois « dragons » et les provinces chinoises du Shandong continuent à se développer au rythme actuel, le dynamisme des premiers devait, du simple fait de leur puissance économique, gagner progressivement les secondes. Les résultats de cette transfusion commencent déjà à se faire sentir. L'analyse des chiffres du produit social brut (la valeur globale de la production de tous les secteurs de l'industrie, produits intermédiaires compris) pour 1989 fait apparaître que ces trois provinces côtières sont les seules à avoir réalisé un taux de croissance à deux chiffres. Depuis l'automne 1988, Pékin met en œuvre une politique économique de stricte réduction des dépenses.

Certes, la fuite de la classe moyenne de Hong Kong vers d'autres pays, en prévision de la rétrocession de la colonie à la Chine en 1997, pose un problème. Mais les entreprises de Hongkong vont à contre-courant de cet exode massif.

En 1988, Hong Kong et Macao ont fourni 1,8 milliard de dollars de devises étrangères à la province du Guangdong, ce qui les place nettement devant les États-Unis (129 millions) et Taïwan (86 millions). Selon une enquête réalisée en 1988 par le Trade Development Council de la colonie, le nombre d'habitants du Guangdong effectuant des travaux de sous-traitance dans les industries de transformation pour le compte d'entreprises de Hongkong oscillait entre 850 000 et 1,2 million -1,2 et 1,7 millions si l'on inclut les habitants employés par des *co-entreprises* créées avec des fonds provenant directement de Hong Kong. L'énormité de ces chiffres apparaît lorsqu'on les compare aux 900 000 travailleurs employés par le secteur manufacturier sur le territoire de Hong Kong.

La « taiwanisation » de l'économie de la province du Fujian progresse encore plus rapidement que l'influence de Hongkong sur celle du Guangdong. Comme le gouvernement de Taipeh n'a pas autorisé les entreprises de Taïwan à investir directement sur le continent, la plupart des transferts de fonds passent par divers intermédiaires tels que des filiales domiciliées à Hong Kong. Malgré cet obstacle, ces dernières années ont vu un accroissement spectaculaire des implantations d'entreprises taiwanaises dans les villes et les provinces côtières de la Chine continentale, en particulier celle de Fujian.

Les échanges entre la Chine et la Corée du Sud, qui d'après un rapport de la société coréenne pour la promotion du commerce extérieur ont atteint 3 milliards de dollars en 1989, représentent un volume comparable à celui des échanges entre Taïwan et le continent. Mais contrairement aux entreprises de Hong Kong et de Taïwan, l'expansion des firmes sud-coréennes en Chine en est encore au stade expérimental. La véritable intégration économique de la Corée du Sud et des provinces côtières de la Chine reste à faire.

Le plan d'aménagement du quartier de Pudong, à Shanghai, dont la mise en chantier est prévue, constitue la preuve la plus tangible de la détermination de la Chine à renforcer ses liens avec les pays avoisinants. Pudong est un quartier relativement peu développé de l'agglomération de Shanghai, situé à l'est du Huangpu. Divisé en trois phases, le plan d'aménagement de cette zone vise à en faire d'ici à l'an 2050 une véritable plaque tournante industrielle, commerciale et financière, permettant d'ouvrir au monde du Pacifique occidental les provinces situées autour de Shanghai, notamment le Jiangsu, le Zhejiang, l'Anhui, le Jiangxi et le Hubei.

En 1902, le Japon a conclu une alliance avec la Grande-Bretagne, se rangeant de ce fait dans l'équipe puissante qu'elle avait constituée autour d'elle. Cette alliance se révéla extrêmement avantageuse pour le Japon ; elle lui procura le capital et la technologie dont il avait grand besoin et alimenta son expansion industrielle et militaire. C'est dans une large mesure grâce à l'aide britannique que la guerre russo-japonaise de 1904-1905 se solda par une victoire qui fit date dans l'histoire.

Mais la guerre russo-japonaise insuffla une vie nouvelle à l'industrie japonaise de l'armement et donna une impulsion considérable au processus de développement économique du pays, si bien qu'il put enfin enregistrer un excédent dans ses échanges extérieurs et prendre sa place parmi les puissances industrielles modernes.

Particulièrement symptomatique de ces bouleversements en cours est la tendance à la constitution de blocs régionaux, telle qu'elle se manifeste dans le projet de la Communauté européenne visant à créer un marché unique en 1992 ou dans l'accord de libre-échange conclu en 1989 entre le Canada et les États-Unis. D'un point de vue purement technique, il s'agit d'accords économiques axés sur l'unification d'un marché, mais ils sont en fait fondés sur une proximité régionale et culturelle. Fondamentalement, la dynamique que nous voyons s'imposer depuis quelques années, en particulier en Europe occidentale, tend au renforcement de certaines sphères culturelles bien déterminées.

Au Japon, on utilise le mot mondialisme dans un sens purement économique, mais presque partout ailleurs il reflète de plus en plus le sentiment que l'État-nation a cessé d'être un concept politique absolu et incontesté. Le Japon marque l'émergence d'un nouveau mondialisme, dont les répercussions s'étendent bien au-delà de cette (économie sans frontières) à laquelle se réfèrent les Japonais.

Les États-Unis ont perdu la guerre du Vietnam et l'Union soviétique, qui dépense pourtant 12 % de son PNB pour ses forces armées, s'est montrée incapable de sortir victorieuse du conflit en Afghanistan.

Pourtant, le Japon s'en tient aux concepts classiques de l'État-nation et de la société industrielle moderne. Cette localisation de l'énergie d'une population relativement homogène sur quelques valeurs simples et bien tranchées a permis au pays d'accéder à un haut degré d'efficacité économique et de compétitivité industrielle.

Tout d'abord, l'Union soviétique a fait savoir qu'elle était prête à participer à des initiatives régionales, puis la Corée du Sud et l'Union soviétique ont entamé des discussions qui ont très vite débouché sur une reconnaissance mutuelle. L'Asie du Nord-Est ne dispose d'aucun équivalent de l'Association des nations de l'Asie du Sud-Est (Anase).

La question clé est celle du rôle que la région doit jouer.

Pour y répondre, nous devons d'abord nous demander par quel processus la confrontation Est-Ouest, les disparités Nord-Sud et l'essor des pays asiatiques nouvellement industrialisés ont entraîné une complication des relations intrarégionales.

De 1985 à l'automne 1988, le déclin du dollar, le faible niveau des taux d'intérêt et les coûts modérés du pétrole progresser à un rythme exceptionnel.

Outre que la possibilité de faire du commerce avec la Corée du Sud venait à point pour alléger le fardeau que représentait la restructuration liée à la perestroïka, les Soviétiques ont très certainement pensé que l'établissement de liens d'amitié avec Séoul renforcerait leur position vis-à-vis de Tokyo.

De la même façon en Corée du Sud, le renforcement des autorités locales est à l'ordre du jour depuis la déclaration officielle émise en ce sens le 29 juin 1987. Enfin, en Chine, les provinces ont perdu une partie de leur liberté à la suite des événements de la place Tienanmen et de la répression du mouvement démocratique.

En ce qui concerne la région de la mer du Japon, la Chine et la Corée du Sud bénéficient toutes deux du premier régime, l'Union soviétique du second, et la Corée du Nord doit s'accommoder de tarifs provisoires ou du barème général. Bref les importations soviétiques, et celles de la Corée du Nord encore plus, sont soumises à un handicap.

En 1988, selon des statistiques publiées par l'Association japonaise sur les tarifs, les produits bénéficiant de ces tarifs ne représentaient que 7,4 % des importations. Leur valeur totale atteignait 1 800 milliards de yen, et la plus grosse partie provenait de trois pays : la Corée du Sud (24 %), Taïwan (20 %) et la Chine (9 %). Cette année-là, le Japon n'a accordé un traitement préférentiel qu'à 54 % des importations figurant sur la liste des articles préférentiels.

Certes une bonne part du travail incombera aux agences de l'État, mais les organisations non gouvernementales seront mises à contribution en termes d'échanges au niveau local et de compréhension entre les cultures. Les partis politiques noueront des liens d'un pays à l'autre, les organisations internationales mettront des projets en chantier, proposeront leurs conseils et encourageront les échanges culturels, tandis que les entreprises, grandes et petites, chercheront à réaliser de profits en produisant et en faisant du commerce dans la région.

En ce qui concerne l'éducation, il faudra ouvrir des instituts d'enseignement et de recherche, ainsi que des centres d'information. Sur le plan social, la promotion de programmes d'échanges culturels et l'organisation de manifestations sportives mettront à contribution les équipements publics et les bureaux consulaires, qui risquent de s'avérer insuffisants.

Dans le même temps, les questions liées à la sécurité des nations, à la réduction des armements et à l'inspection des installations nucléaires devront être prises en compte, au même titre que celle des droits de l'homme.

Le premier problème est l'ouverture. La région ne doit pas prendre le chemin de la fermeture, du repli sur soi. Elle doit chercher à faire partie intégrante du grand bassin du Pacifique et s'ouvrir uniformément à tous les pays et toutes les régions du monde.

Partout à l'ouest du Pacifique, on assiste à des changements spectaculaires. Les quatre « dragons » asiatiques : Corée du Sud, Taïwan, Hongkong et Singapour, sont en train de talonner les pays industriels, et les membres de l'Association des nations de l'Asie du Sud-Est connaissent aussi une croissance vigoureuse.

Pourtant, à l'heure où cette vague d'ouverture et de progrès économiques déferle sur l'est et le sud-est de l'Asie, un pays persiste à lui résister. L'État communiste pur et dur de la Corée du Nord continue en effet à se cramponner à son idéologie du *juche*, autrement dit à ne vouloir compter que sur ses propres forces et à se cantonner dans un isolement hermétique par rapport au reste du monde.

Pyongyang a en outre perdu l'avantage que lui procurait le schisme sino-soviétique, puisque le dégel des relations entre les deux géants communistes ne lui permet plus de jouer la Chine contre l'URSS.

Le dégel s'est amorcé en septembre 1988, lorsque la Corée du Sud et la Hongrie se sont mises d'accord pour ouvrir des missions permanentes et entamer des négociations en vue de normaliser leurs relations diplomatiques.

3. Éviter les erreurs des Américains et protéger l'industrie européenne

D'après la France, la perte rapide de compétitivité enregistrée aux États-Unis dans la première moitié des années 80 par les secteurs de l'électronique grand public, des semi-conducteurs et de l'automobile s'expliquerait par l'expansionnisme japonais. De prime abord, on serait tenté de considérer ce point de vue comme une argumentation simpliste calquée sur les critiques américaines à l'encontre du Japon.

En 1954, Thomson rejoint le groupe public Thomson (à l'époque Csf) et en 1973, il fonde Vidéocolor, une filiale spécialisée dans la fabrication de tubes pour la télévision en couleur. Le véritable objectif de cette entreprise était d'endiguer la domination japonaise dans ce domaine en permettant aux Européens de reconquérir le savoir-faire industriel nécessaire. A partir de 1981, Abel Farnoux devient membre de la puissante Direction Générale des Télécommunications (le futur Télécom) et il est chargé de la mission sur la filière électronique au ministère de la Recherche et de la Technologie, jusqu'à la nomination d'Edith Cresson à la vice-présidence du groupe Schneider Industrie Services.

En fait, Farnoux n'a cessé d'œuvrer pour la protection de l'industrie électronique européenne. Il s'est efforcé par tous les moyens d'établir des accords de coopération entre les entreprises du continent. Il a notamment tenté de marier Thomson et la société allemande Grundig, qui à eux deux auraient formé le numéro un de l'électronique grand public européenne.

La société NCE a été la première a faire les frais de la politique d'Edith Cresson. Actionnaire à 15 % de Bull HN au États-Unis en 1987, NCE devait échanger ses titres contre une participation d'un peu moins de 5 % dans la Compagnie des machines Bull (Cmb), société holding nationalisée par l'État français. Le nouveau Premier ministre a même demandé à NCE de revendre les 15 % du capital de Bull HN qu'il détenait.

Le Japonais fournit au Français sa technologie pour les gros ordinateurs. En outre, pour remettre sur pied le numéro un de l'informatique français, il fallait à tout prix de l'argent frais. La situation se complique encore lorsqu'on sait que le groupe Bull est nationalisé. Le secteur public tient en général une grande place dans les pays européens.

En Europe, en effet, l'industrie bénéficie du soutien financier de l'État et les fonctionnaires jouent souvent un rôle important.

Les adversaires de Mme Cresson

Fauroux a présidé Saint-Gobain, une entreprise nationalisée, pendant six ans. Pour lui, les entreprises françaises ont besoin d'air et de capitaux.

Edith Cresson et Roger Fauroux sont d'accord pour reconnaître que l'industrie française doit améliorer sa compétitivité d'ici à 1992, si elle veut être prête pour l'ouverture du marché unique.

Roger Fauroux et Pierre Bérégovoy, le ministre de l'Économie, des Finances et du Budget, ont des points de vue très différents. Ils considèrent que le parti socialiste manque de cohérence quand il prône de grandes idées tout en annonçant des restrictions budgétaires. Ils proposent donc de réduire l'aide gouvernementale et d'encourager activement les investissements étrangers. Fauroux et Bérégovoy souhaitent aussi voir des sociétés japonaises installer en France des usines afin de pallier le manque de capitaux.

4. La fin du gaullisme

Les réticences de l'Europe vis-à-vis du Japon semblent avoir trouvé un écho dans les sentiments nippophobes des Américains.

A la mi-mars 1991, les présidents Bush et Mitterrand se sont rencontrés à la Martinique, et en juin la France a signé le traité sur la non-prolifération des armes nucléaires.

L'Europe et les États-Unis sont donc en train de renforcer leurs liens de coopération, en particulier dans le domaine de la sécurité. La France est d'ailleurs en train de mettre la dernière main à un plan à moyen terme concernant les échanges commerciaux nippo-européens, plan qui prévoit notamment une limitation des importations d'automobiles japonaises.

La réussite du Japon semble avoir condamné la politique commerciale du laisser-faire à disparaître d'ici la fin du siècle. Mais cela ne signifie pas pour autant qu'il existe une véritable coopération entre le Japon et l'Europe.

En Europe, et en particulier en France, on accorde depuis fort longtemps une grande importance à l'intérêt général, ce qui explique l'étendue du secteur public. Après avoir décidé de se doter d'un marché unique, la Communauté européenne en est maintenant à la mise au point d'une monnaie et d'un système de sécurité communs.

On parle aussi de plus en plus d'un élargissement éventuel de la Communauté européenne qui permettrait de venir en aide aux pays de l'Est. Il est également urgent de trouver une solution pour remédier au déséquilibre entre le nord et le sud du continent.

En France et aux États-Unis, le président est seul responsable de la politique étrangère et de la Défense nationale. L'information doit être considérée comme le fondement de le sécurité.

5. Tensions dans le partenariat nippo-américain

Mais l'excès d'optimisme n'est pas non plus de mise : après tout l'être humain n'est pas toujours guidé par la raison. Longtemps obnubilés par les États-Unis, les Japonais commencent à s'intéresser à l'Asie.

Depuis les débuts de la crise du Golfe, il est beaucoup question du rôle du Japon en Asie et des critiques dont il fait l'objet dans la région. Mais quel qu'en soit le motif, il suscite au Japon le plus grand intérêt pour ses voisins, particulièrement de l'Asie de l'Est et du Sud-Est.

Depuis à peu près un an, le gouvernement japonais s'investit beaucoup dans les affaires de la région.

Dans des discours prononcés lors de voyages à l'étranger, et notamment durant sa visite en Corée du Sud en janvier 1991, le Premier ministre de l'époque, Kaifu Toshiki, a abordé d'une manière exceptionnellement franche et directe la question des responsabilités du Japon dans la dernière guerre mondiale.

Assaillis de difficultés sur leur propre territoire, les États-Unis voudront-ils, et pourront-ils, rester actifs dans d'autres parties du monde ? Il semblerait que, même dans l'intelligentsia, bien des Américains soient mal informés sur le Japon.

6. La singularité des États-Unis

Dans *The Rising Sun* (1989) qui m'a déprimé, le déclin économique des États-Unis est pratiquement irréversible. Au début du livre, il note que les industries vitales du pays se sont effondrées les unes après les autres devant leurs rivales japonaises, qui s'apprêtent à dominer l'économie mondiale et nourrissent peut-être des ambitions encore plus vastes. Il montre que l'incapacité des firmes américaines à faire face à la concurrence ne provient pas de facteurs isolés, mais de défauts structurels, systémiques.

La profonde tristesse que lui inspire ce constat montre à quel point les Américains commencent à prendre au sérieux le défi japonais. Il fait remarquer que ses compatriotes étaient tellement habitués à leur supériorité économique et technologique qu'ils la croyaient éternelle.

Cette interprétation de la menace japonaise diffère toutefois de celle avancée par l'école dite révisionniste, fort mal accueillie au Japon, où elle a alimenté une explosion d'antiaméricanisme lorsque Washington a fait une démonstration de puissance diplomatique et militaire pendant la guerre du Golfe.

L'ennui, c'est que, quand des Américains qui, comme Dietrich, sont bien placés pour apprécier l'importance des techniques de production, s'interrogent sur l'écart de productivité entre le Japon et les États-Unis, ils tombent immédiatement sur les différences entre les systèmes politiques des deux pays ou leurs philosophies et cherchent alors à tout expliquer en ces termes. Une administration aussi centralisée que celle du Japon, affirment-ils, peut faire un usage très efficace de sa politique industrielle pour orienter le développement économique, ce qui est impossible aux États-Unis, où le secteur privé a toujours éprouvé de la méfiance à l'égard de l'État et de ses interventions.

Mais alors qu'ils en concluent que le développement japonais sous la tutelle de l'État est étranger à la tradition occidentale, Dietrich, lui, fait remarquer que ce sont plutôt les États-Unis qui se singularisent, puisque des pays comme la France et l'Allemagne ont aussi une structure centralisée et de puissantes administrations. Et le saint patron de cette singularité américaine, c'est, dit-il, Thomas Jefferson, père fondateur de la tradition anti-étatiste. Le cours d'histoire des États-Unis auquel je m'étais inscrit m'avait familiarisé avec les travaux d'historiens comme Louis Hartz et Richard Hofstadter, qui critiquaient le système politique américain et ont aussi influencé Dietrich.

Ce dernier monte une attaque en règle contre le libéralisme individualiste qui est au cœur de la tradition américaine.

Durant les trois siècles et demi qui se sont écoulés depuis l'arrivée des puritains, la tradition anti-étatique s'est si bien incrustée dans la mentalité américaine qu'il est quasiment impossible d'envisager que les États-Unis se réforment, qu'ils modifient leur pensée et leur système politique pour ressembler un peu au Japon.

Pendant la guerre froide, l'impensable était l'holocauste nucléaire, mais dans le livre c'est l'avènement d'une « Pax nipponica » dans laquelle l'Amérique passe sous contrôle japonais dès l'an 2015. Je me demande toutefois si cette sombre perspective parviendra à elle seule à ouvrir les yeux des dirigeants et citoyens américains au point qu'ils mettent sens dessus dessous une tradition vieille de plus de trois siècles.

7. Les travers de la démocratie américaine et le déclin américain

Comme le fait remarquer le politologue américain Samuel Huntington, la démocratie, jadis confinée aux nations protestantes, s'est ensuite enracinée dans divers pays catholiques de l'Amérique latine — surtout depuis la Seconde Guerre mondiale — ainsi qu'au Japon. Certes, bien des pays d'Asie et du Moyen-Orient ont encore beaucoup de chemin à faire, mais Huntington ne voit dans la culture confucéenne ou islamique, par exemple, aucun obstacle fondamental à la démocratie.

Une chose est sûre : on ne saurait inverser des tendances vieilles de trente ans en l'absence d'une forte autorité, guère plus qu'on ne peut attendre une telle autorité de gens qui sont arrivés au pouvoir à la faveur de ces mêmes tendances. Là encore l'avenir est sombre.

Cela dit, il est indéniable que le bilan négatif laissé par le gouvernement Reagan, avec ses réductions d'impôts et ses réglementations frénétiques, est désormais presque impossible à redresser, étant donné que le président Bush, aussi habile soit-il en politique étrangère, a tendance à se désintéresser des problèmes intérieurs. Si les États-Unis ont conservé une supériorité militaire écrasante, ils sont en revanche devenus le plus grand débiteur du monde. Parmi les nations industrielles, ce sont eux qui présentent le plus large fossé entre les revenus supérieurs et inférieurs, et qui ont le plus grand nombre d'enfants vivant au-dessous du seuil de pauvreté. Parmi les seize plus grands pays industriels, ils arrivent quatorzièmes pour les dépenses d'éducation primaire et secondaire, et ils se classent au dix-neuvième rang mondial pour la mortalité infantile. Leur taux d'homicides dépasse de très loin celui des autres pays riches, et en 1990, il y avait plus de sans-abri — notamment 700 000 enfants — qu'à aucun moment depuis la crise de 1929. Le pays est maintenant secoué par une vague de scandales bancaires et boursiers, et il n'est pas encore au bout du tunnel. Citoyens de deux des plus grandes démocraties du monde, Japonais et Américains devraient passer moins de temps à analyser mutuellement leurs scandales, et davantage à tenter de combler le gouffre de malentendus qui les sépare. Pour que leur fameux partenariat global prenne un sens, il faudra des idées neuves de part et d'autre.

Quant aux différents niveaux de culture, il existe, pourrait-on dire, une grande asymétrie structurelle entre le Japon et les États-Unis, due aux différences historiques, culturelles, politiques et institutionnelles.

Je crois que, tant d'un point de vue scientifique que d'un point de vue pratique, le niveau auquel nous choisissons d'aborder le thème de la culture est d'une extrême importance pour le renforcement du partenariat nippo-américain. La question qui se pose est donc celle de la « cellule culturelle » étudiée.

Certaines questions exigeront des études comparées des cultures américaine et japonaise, chacune étant traitée comme une entité propre. Dans d'autres, il vaudra mieux traiter les États-Unis et l'Europe comme une seule sphère culturelle.

Plus fondamentalement, il ne faut pas négliger le niveau culturel transnational. Aussi différents soient-ils, les États-Unis et le Japon ont tous deux contribué à la formation d'une culture transnationale.

En effet, en abandonnant la thèse de l'uniformité culturelle des États-Unis, les Américains ont été amenés à rejeter leurs vieilles idées eurocentristes, leur vision traditionnelle de l'Europe comme source de la culture américaine, entachée d'eurocentrisme.

D'après eux, quand un enseignant utilise aujourd'hui un terme péjoratif à l'égard des Noirs, des femmes, des homosexuels ou de toute autre minorité longtemps opprimée, il est immédiatement mis au pilori et traîné devant les tribunaux. L'intelligentsia américaine se débat à présent avec tous les problèmes que cela implique-entre autres pour la sacro-sainte liberté d'expression — cherchant un compromis entre, d'une part, le rejet de l'eurocentrisme et des attitudes discriminatoires et, de l'autre, les réalités du développement historique des États-Unis. Il s'agit ni plus ni moins d'une tentative pour redéfinir ce que signifie le fait d'être américain.

Théorie du rite

Pour éviter dès maintenant toute confusion possible à ce sujet, il me semble absolument nécessaire de préciser le concept de « rite ». Je ne voudrais pas que l'on puisse s'imaginer que dans ces pages consacrées au rite, je veuille me référer aux rites religieux et initiatiques de l'Antiquité, à ceux des différentes confessions religieuses ou des sectes esotériques d'aujourd'hui, ou aux rites ou pseudo-rites auxquels continuent d'obéir les populations archaïques qui sont restées attachées à ce genre de « culture totémique » qui fut l'objet de tant de travaux au cours de ce siècle (Boas, Mead, Lévi-Strauss, etc...[38].

38. *Rites et cérémonies,* Bailly Edmond, « Le chant des voyelles comme invocation aux dieux planétaire » suivi d'une restitution vocale avec accompagnement, pp. 75-76.

Par « rite » j'entends l'accomplissement d'une activité motrice qui s'exprime par des moyens particuliers (pouvant être parfois parfaitement institutionnalisés) qui visent presque toujours à la réalisation d'une fonction déterminée (et d'un but déterminé : fin ou *télos*) qui pourra avoir un caractère sacré, guerrier, politique — mais qui pourra aussi être burlesque, ludique, artistique, psycho-pathologique, technologique, etc...

Les mouvements rythmiques et les itérations de certains catatoniques, les stéréotypes, les mouvements spéculaires de certains hébéphréniques entrent tous dans cette catégorie. Si on a appelé « cérémonial » tout l'ensemble des gestes et des actes imposés que le schizophrène a l'habitude d'accomplir, ce n'est pas par hasard. On peut aisément le comprendre, cette affirmation n'est exacte qu'en partie : étant donné qu'une efficacité est incontestablement liée à ces cérémonials, et pas uniquement parce que le patient leur attribue une valeur (magique) à laquelle il est disposé à croire, mais parce que l'instauration d'un rituel détermine qu'il soit authentique ou aberrant, pathologique ou « ésotérique » et toujours lié à un quelque chose d'effectivement valable. Je tenais à éclaircir ce point.

En d'autres termes : si j'ai choisi ces exemples d'extrême dégénérescence et d'aberration de l'élément rituel, je l'ai fait expressément afin de démontrer le rapport indiscutable qui existe, tant dans des conditions (normales) que dans des conditions légèrement ou fortement aberrantes, entre le comportement humain et l'aspect rituel qu'il peut revêtir, afin de démontrer, aussi, comment le rite et le geste, qui peut être considéré comme son extériorisation la plus élémentaire, entrent activement en jeu dans plusieurs manifestations de la vie quotidienne. Il faut donc les étudier avec attention pour essayer d'en tirer quelques conclusions intéressantes. Par exemple, le maître du bouddhisme et de la tradition culturelle en Corée ne peut pas donner d'indication sur l'exécution d'un geste déterminé, d'un acte déterminé, il peut seulement en constater l'apprentissage et mettre en garde le disciple sur la présence, en lui, de quelques erreurs, de quelques imperfections. La réalisation de l'acte arrive à l'improviste, presque manière fulgurante mais dès que l'immédiateté de l'acte est atteinte, le disciple s'empare du mécanisme et l'incorpore à sa propre constitution.

Nous pouvons donc considérer ce genre d'apprentissage d'une activité opérative déterminée — d'une technique motrice déterminée, si nous préférons — par la doctrine Corée, comme répondant parfaitement aux aspects de l'élément rituel dont nous essayons de préciser les limites. En effet, dans le domaine artistique, la manière d'agir du poète-peintre, du calligraphe coréen, réalisée par une immédiateté d'exécution, qui n'a rien de commun avec une improvisation (bien au contraire, car elle est souvent précédée d'une longue période d'attente), nous amène à réfléchir sur l'étrange caractéristique de temporalité inhérente à ce genre d'actes. En d'autres termes : pour que le geste approprié puisse être fait selon le mécanisme particulier donné par le rythme intérieur de l'organisme et non par un rythme imposé de l'extérieur, il faut que se vérifient ces circonstances, celles-là et pas d'autres et, surtout, que ne vienne s'interposer aucune imposition de l'extérieur, même de la part du maître lui-même. Alors le rite est comme un geste créatif.

En réalité, ce que Marx ne pouvait sans doute pas prévoir, c'est qu'après l'abolition de l'exploitation capitaliste de l'homme et avec, la suppression des motifs aliénants, inhérents aux premiers systèmes de travail industriel et imputables à la non-participation de l'individu à l'entreprise et à la plus-value que celle-ci réalisait, il n'en reste pas moins — et non moins dramatiquement — d'autres motifs aliénants, qui ont désormais détruit la structure même de notre vie quotidienne et qui impliquent non seulement l'ouvrier effectivement exploité, mais aussi le plus ou moins innocent exploiteur.

La vie quotidienne et les rituels

En Corée, on pratique trois cultes principaux : le culte confucianiste, le culte bouddhique et le culte des esprits. A mon avis, ce dernier est, de tous, le plus important, celui que tous les Coréens, depuis le haut fonctionnaire jusqu'à l'humble travailleur, accomplissent avec le plus de soin, car on peut dire qu'ils sont, avant tout, des adorateurs d'esprits. Toutes les idées, toutes les croyances religieuses, doctrine de Confucius, religion de Fô, superstitions, magie, sorcellerie, géomancie, viennent de la Chine qui fut l'éducatrice de la Corée en toutes choses. Mais cependant le culte des forces de la nature, si vivant en Corée de nos jours, repose sur un fond de superstitions populaires propres au pays et aussi anciennes que lui.

Le culte des esprits peut être regardé comme la forme première des idées religieuses, non seulement de la Chine, mais des peuples mongols en général. L'évolution s'est faite plus tard en Mongolie et en Chine, mais, à côté de la religion officielle, on constate toujours la survivance d'une catégorie de magiciens non sans prestige, parmi les tribus de la Mongolie, où ils sont appelés « chamanes ». Les Chinois, à l'aurore de leur histoire, voyaient aussi partout, dans tous les phénomènes de la vie, l'œuvre de génies bons ou malfaisants. La terre, le ciel, les mers, les montagnes, les rochers, les fleuves étaient animés pas des êtres invisibles et toujours présents et l'homme défendait sa faiblesse contre tant d'ennemis au moyen de conjurations, de prières, d'exorcismes, d'offrandes.

Dans la hiérarchie qui n'avait pas tardé à être établie entre tous les esprits, l'empereur de la Chine s'était réservé de faire des offrandes au ciel, appelé *Tien*. Du IVe au XIVe siècle, le bouddhisme régna en Corée, où il était la religion officielle. A partir du XIVe siècle, il fut remplacé par le confucianisme. En même temps que la Corée adoptait alors le calendrier et, par conséquent, la façon chinoise de compter les années, elle instituait la doctrine de Confucius comme religion officielle, et des lois sévères condamnaient ceux qui ne se soumettaient pas à ces nouveaux rites. Compris seulement par une élite de lettrés, ni le bouddhisme ni le confucianisme n'ont eu de prise sur le Coréen ; il se prosterne, il offre des sacrifices, mais sans comprendre. Seule, la croyance populaire aux esprits a dominé sur l'imagination de ces êtres foncièrement ignorants, naïfs et puérils, et elle en a fait un peuple extrêmement superstitieux. On peut dire que toutes les femmes et les trois quarts des hommes en Corée sacrifient à tous les esprits et démons dont ils ont peuplé la terre, les maisons, les arbres, le ciel, etc... Le reste suit la doctrine de Confucius, et peu ou pas sont restés bouddhistes. Et la conception religieuse de la plupart d'entre eux est assez peu précise pour qu'on les voie s'adresser à la fois à Confucius, à Bouddha et aux esprits.

Tel Coréen suit les règles d'éducation, de morale, de vie sociale de Confucius, mais il a recours à Bouddha pour formuler un souhait, soit qu'il désire un enfant, soit qu'il rêve de fortune. Enfin, en cas de maladie, avant d'entreprendre un voyage ou une affaire délicate, il ira sacrifier aux esprits. Si nous examinons le culte populaire, nous nous trouvons en présence d'un mélange de chamanisme, de démonolâtrie, de fétichisme, difficile à tirer au clair, d'autant plus que les Coréens eux-mêmes confondent le tout. Depuis les temps les plus reculés, leur crédulité a admis l'existence de démons, d'êtres surnaturels bienfaisants ou malfaisants, d'esprits de toute sorte qui circulent autour de lui, qu'il voit partout, dans l'eau, dans l'air, dans les montagnes, dans les maisons. Chaque maladie est le fait d'un démon qu'il faut se rendre propice en lui faisant des offrandes. Lorsqu'il chemine, le Coréen sait que l'esprit de la route le surveille, et certainement, sa pensée doit être absorbée, dans tous les instants de sa vie, par le souci de ne pas offenser tel ou tel de ces êtres surnaturels, dont la liste serait interminable si nous voulions la dresser.

Au hasard, nous choisirons ceux qui se manifestent le plus souvent, et qui ont des fétiches un peu partout. A chaque instant, on entend résonner le tambourin de la sorcière moutang qui vient faire des exorcismes dans une maison où se trouve un malade. C'est alors par un bruit effroyable de tam-tam, et par des offrandes de mets — dont elle profite ensuite — qu'elle chasse le démon de la maladie. Les *panesou* sont des aveugles qui prédisent l'avenir et en qui le public a une grande confiance. Ce sont encore les géoscopes qui choisissent les emplacements des tombeaux. Ils ont décidé, il n'y a pas longtemps, le transfert des restes de la reine Min, le lieu où se trouvait son tombeau n'étant plus favorable. A la cour de Corée, les géoscopes décident de l'emplacement des bâtiments nouveaux à ériger ou font abandonner tel ou tel travail commencé, sous prétexte que le lieu ou l'époque ne conviennent plus au projet.

On comprend aisément leur importance, et avec quel talent les fonctionnaires rusés et habiles utilisent les décisions au mieux de leurs intérêts. Donc, chamanisme, culte nationaliste et grossier fétichisme, telle est la religion de ce petit peuple et des femmes, surtout, dont l'imagination est hantée par les exploits de milliers de lutins, qui ne cherchent qu'à leur jouer de vilains tours. *Moutang* et *panesou* sont religieusement écoutés. Un père qui a un fils aveugle s'en réjouit car il sait que l'existence de la famille est assurée ; son enfant est un chamane.

Ces aveugles et ces sorcières constituent deux corporations importantes avec des chefs. Le gouvernement lui-même exerce une haute direction sur les corporations et les candidats ne sont admis qu'après avoir subi un examen devant la confrérie *panesou*- comme nous l'avons vu précédemment, les sorciers et géomaciens sont consultés sur le choix d'un emplacement de tombeau, de maison, de palais, même pour les affaires difficiles à conclure et dans les cas de maladie, de naissance de mariage, etc...

Ils exercent leur influence sur les démons au moyen de la magie, de rites spéciaux, d'offrandes de mets et d'un bon salaire. Exorcismes, oracles sont accompagnés de danses, de cris et de tambourinements. Comme la clientèle abonde, toujours confiante, il s'ensuit que la profession de sorcier est très lucrative. D'ailleurs, ce n'est pas une sinécure. Pour satisfaire les croyants et les démons, ils ont fort à faire.

La fortune et le bonheur d'un Coréen étant au pouvoir des esprits, suivant qu'il se les rendra propices ou non, il est assuré de la prospérité ou du malheur pour lui et les siens. Infortunes, accidents, maladies, incendies, tout enfin, est soumis à la volonté, à l'influence des démons. Voyons comment s'y prend un *panesou* pour expulser le mauvais esprit qui s'est emparé d'un malade. Grâce à quelques coups de sa petite boîte de divination, il reconnaît le caractère et la nature du démon et recherche le moment favorable pour continuer son exorcisme. Il prend ensuite en main une baguette en bois de pin de 50 centimètres de longueur, qu'il remet à un membre de la famille du malade, pour qu'il la tienne verticalement sur une pierre à battre. Il prononce alors des formules magiques jusqu'à ce que la baguette commence à s'agiter et à se soulever au-dessus de la pierre.

Moutang

Voyons à présent la catégorie féminine de cette importante corporation de devins ou chamanes. Le nom de *moutang* s'applique aux sorcières, ainsi qu'à une classe de sorciers, les *Pak-sou-Moutang* qui sont des hommes habillés en femmes, et que tout le monde considère comme des femmes, du moins dans l'exercice de leur métier.

Moutang veut dire sorcière, possédée par le démon ; celui-ci est supposé se saisir de la femme et lui imposer ses volontés. Celles qui entrent dans cette voie doivent rompre toute relation de famille et ne subir d'autre autorité que celle du démon qui les tourmente. Contrairement aux *panesous*, qui en sont les maîtres, puisqu'ils réussissent à les chasser, à les vaincre, au moyen de formules magiques, les *moutang* n'ordonnent rien aux esprits, mais elles se les rendent propices par des offrandes. Elles sont aussi très nombreuses et sont appelées partout, chez la plus humble des servantes comme à la cour, pour la reine et les dames d'honneur.

Elles exercent donc les pacifications et les propitiations de démons qui se divisent en propitiations occasionnelles et propitiations périodiques ou fêtes de démons. L'une de ces fêtes est publique et a lieu tous les trois ans. Quand le moment est venu, les habitants de chaque village forment un comité d'organisation qui dure trois ou quatre jours. Les frais sont couverts par les villageois eux-mêmes. Un sorcier choisit le jour qui doit ouvrir la réunion et il est nécessaire qu'il prenne des bains fréquents et ne mange pas de viande au moins pendant une semaine avant l'époque fixée pour le choix du jour. La *moutang* prépare ses offrandes. C'est, en un mot, la fête du démon ou esprit de la localité que l'on veut rendre propice au village.

Au jour convenu, une baraque décorée d'étoffes voyantes est dressée près de l'autel du lieu et, au bruit assourdissant des cris et du tam-tam, les *moutangs* dansent et gesticulent autour de la table des offrandes composées de mets variés. On suppose que le démon s'incarne dans la sorcière, qui prononce des oracles. Alors, les habitants lui apportent chacun leur bol de riz et lui demandent la révélation de leur avenir pendant les trois années qui vont suivre jusqu'au prochain sacrifice.

La *moutang* brûle des cornets de papier blanc dans le bol. Si le papier reste au fond, c'est un mauvais présage pour l'avenir, si, au contraire, le papier brûle, vient au bord du bol et s'envole, l'augure est bon. De même que la *moutang* est louée (car il va sans dire qu'elle ne travaille pas sans salaire) pour se rendre propice de démon d'un village, elle est louée aussi pour le démon de la maison. Pendant ses exorcismes, l'esprit délogé s'incarne en elle et lui révèle l'avenir.

C'est à elle qu'on a recours pour purifier la demeure visitée par la mort, les maladies ou toute autre cause qui est l'œuvre d'un mauvais génie, dont l'arrivée intempestive oblige l'esprit gardien du logis à quitter la place. Il s'agit de faire réintégrer le domicile au fugitif et ce sera la *moutang* qui y parviendra par ses pouvoirs magiques et ses prières spéciales pendant que résonnera le tam-tam et que l'eau pure sera versée sur le plancher de la maison. Voici, d'ailleurs, comment elle s'y prend pour faire réintégrer le logis à l'esprit tutélaire. Elle attache une bande de papier à une baguette de chêne, qu'elle tient en l'air, et elle sort à la recherche du fuyard. Quelque fois, l'esprit tient à tout prix à la maison, d'autres fois, il est très loin, mais la sorcière reconnaît sa présence parce que, lorsqu'elle le rencontre, il secoue si violemment la baguette que plusieurs hommes ne peuvent la tenir. La *moutang* le ramène alors à la maison, où il est reçu avec les plus grandes démonstrations de sympathie.

Le papier qui entourait la baguette de chêne est alors, avec quelques menues monnaies placées, plié et trempé dans du vin coréen, puis lancé contre une poutre de la maison, où il se colle. On jette ensuite contre ce papier une poignée de riz cuit, et quelques grains s'y collent ; c'est en cet endroit que l'esprit de la maison résidera désormais jusqu'à ce qu'un nouvel événement vienne provoquer sa fuite.

Les sorcières ont plusieurs procédés de divination. Tantôt elles jettent des grains de riz sur une table et observent les combinaisons formées ainsi au hasard par les grains. Tantôt elles emploient un bâton de noisetier surmonté d'un cercle garni de clochettes, et c'est alors aux sons du carillon qu'elles reconnaissent les intentions du démon. Les Coréens, qui ont une grande préférence pour leurs garçons et désirent que leur avenir soit le plus heureux possible, les consacrent à un esprit, pensant que c'est la meilleure façon de leur éviter les mauvais tours des démons.

Bien entendu, cette consécration ne peut se faire que par l'intermédiaire des exorcismes des moutangs. On ajoute au nom de l'enfant celui de l'esprit à qui il est consacré. C'est souvent à la *moutang* elle-même que l'enfant est confié. Dans ce cas, elle apprend — par un rite spécial — au démon qui la possède qu'il doit prendre l'enfant sous sa protection. Elle emporte de la maison du père un bol de riz, une cuillère enveloppée dans un morceau d'étoffe de coton et elle place ces objets chez elle, dans la chambre réservée à son démon.

Aux fêtes périodiques, elle fera des offrandes à ce dernier en faveur des enfants ainsi adoptés. Lorsque la *moutang* est appelée auprès d'un malade, elle arrive avec une aide. Celle-ci apporte un panier. Elle s'assied sur le bois, imitant ainsi le bruit d'un rat. C'est leur manière spéciale pour appeler un esprit. Pendant ce temps la sorcière danse, s'agite avec frénésie, invoque l'invisible. C'est au moment où son agitation est à son comble que l'auditoire assis tout autour de la chambre estime que le démon s'est emparé de la femme, et révèle son nom ; elle dit ce qu'il faut faire pour guérir le malade, quelle somme il faut ajouter pour que la guérison soit certaine. Ceci fait, le malin est supposé s'en aller du corps de la sorcière, et celle-ci, soudain calmée, ne laisse plus voir aucune trace de sa récente crise.

Il est même à remarquer que la crédulité de ces pauvres gens est si grossière que les sorcières, en somme habiles à les exploiter, ne se donnent souvent même pas la peine de simuler la moindre fatigue, le moindre épuisement. Enfin, nous ajouterons encore que le peuple a recours à la *moutang* pour se mettre en communication avec l'esprit des morts. Ceux-ci sont questionnés sur ce qui se passe dans ce royaume des ombres. On veut savoir s'ils ont vu telle ou telle personne morte depuis peu ou plus anciennement, et ils répondent avec d'autant plus de sang-froid qu'ils ne craignent pas d'être contredits. Dans la croyance des Coréens ignorants, l'autre monde est gouverné par un chef dont il est difficile d'obtenir des faveurs.

Il s'agit donc de faire quelque chose pour le mort en lui conciliant les hautes protections du lieu. Aussi, lorsque la conversation est terminée avec le défunt, dit-on à la *moutang* d'appeler le grand juge (il y a dix juges dans le royaume des morts) et c'est le juge suprême que l'on invoque en lui présentant des mets et en le priant de rendre l'existence dans l'autre monde facile à celui qui est parti. Généralement, le grand juge promet tout ce qu'on veut et se retire en remerciant la compagnie des mets excellents qu'elle lui a présentés. Et la séance de démonolâtrie est levée.

Nous terminerons cette longue série des services rendus par les sorcières en disant qu'une de leurs plus importantes fonctions est d'être l'intermédiaire avec le *Kwe-Yak Ta-Sin*[39] qui parle par leur bouche. C'est qu'elle est la maladie la plus redoutée, étant la plus fréquente, et trop souvent entraînant la mort. Lorsque la petite vérole a été constatée dans une famille, ses membres ne doivent plus se peigner, ni changer de vêtements, ni balayer la maison. Il ne faut pas implorer l'esprit protecteur de la maison. Les parents du malade ne doivent manger que du riz sans fèves. Enfin, aucun animal ne doit être tué, parce que le sang versé ferait gratter et saigner le malade.

Le danger de tuer des animaux pendant la petite vérole a été récemment attesté pendant la maladie du prince. Le gouvernement a défendu d'abattre du bétail pendant neuf jours... Le treizième jour est regardé comme celui où le danger est conjuré. L'esprit se retire alors, en lui présentant des mets et un petit cheval en bois confectionné dans ce but est chargé de menue monnaie et de riz, provisions de voyage du dangereux visiteur, auquel on souhaite un bon retour à sa résidence personnelle.

Les *moutang* appartiennent à la basse classe de la société. Leur profession est héréditaire. Il paraîtrait qu'elles sont aussi adoratrices du Bouddha, car leur maison renferme des images de ce dieu à côté de celles des démons. Autrefois, elles prédisaient l'avenir en observant les mouvements d'une tortue de mer, sur la carapace de laquelle elles appliquaient un fer chaud ou en observant, comme les pythonisses de Dodone, les feuilles de certains arbres.

Aujourd'hui, leur profession s'est compliquée, ce qui montre que le prestige de ces chamanes n'a pas perdu d'importance. Les filles prennent des leçons auprès de leur

39. Prononciation coréenne.

mère, en les accompagnant. Toute *moutang* doit posséder plusieurs robes, dont quelques-unes très coûteuses, un tambourin de forme spéciale, des cymbales en cuivre, une baguette en cuivre surmontée de clochettes, des bandes de soie, ces bannières qu'elle déploie quand elle danse, des éventails, des ombrelles, des baguettes magiques, des images d'hommes et d'animaux, des gants et une paire de paniers allongés employés comme nous l'avons dit précédemment pour s'emparer de l'esprit de certaines maladies, que l'on attire au moyen de grattements.

La pratique des exorcismes entraîne certains jeûnes. Il arrive parfois que les sorcières mettent une telle frénésie dans leurs danses qu'elles tombent inanimées, l'écume à la bouche, et ont besoin de soins empressés pour échapper à la mort. Les esprits et les démons qui peuplent l'univers des Coréens sont innombrables. Il faut ajouter qu'en dépit de la plus que certaine origine indigène de ce culte de la nature et de toute cette démonolâtrie, c'est sous la forme chinoise qu'il est surtout pratiqué, en ce sens que l'on retrouve, dans toutes les formules et les cérémonies qu'il comporte, les caractères et les prédictions chinoises.

Esprit de haut rang — esprit du ciel, terre... districts, Dragons, de la foi bouddhique, esprit de la maison-Esprit de la toiture, la cuisine, petite vérole les esprits de la nature font mourir les hommes par noyade...

Enfin, les esprit de la peste, du choléra, etc...

Dans ce peuple de lutins bons et méchants, tous asiatiques, certains apparaissent comme propres à la Corée. Tel est le personnage mythique appelé *Tan-Koun*, dont la légende place l'origine vers 2300 avant J.-C. Ouang-eung, fils du créateur Chisok, descendit sur la terre pour y créer un royaume terrestre (2332 av. J.-C.). Il se reposa avec ses compagnons sous un arbre, le *Pak-Tai*...

Il choisit comme lieutenants le « Gouvernement de la pluie », le « Général du vent » et le « Maître des nuages ». Il entendit un jour un tigre et un ours qui prétendaient devenir des hommes. Il leur conseilla pour cela de s'enfermer dans une grotte pendant vingt et un jours sans essayer de voir la lumière. Ils obéirent mais le tigre sortit avant la date fixée. L'ours, plus patient, resta vingt et un jours enfermé et se transforma en une superbe femme. Le *prenuler* Quang-Eung, qui passait par là l'entendit et exauça sa prière. Elle eut un fils, et c'est lui que les indigènes à demi sauvages trouveront sous l'arbre *Pak-Tai* et appelleront Tan-Koun. Nous avons une idée, d'après la liste précédente, de la variété de ces esprits des hommes tous menteurs. On leur attribue des fétiches : papier, pierre, bois, paille, vêtements, arbres, etc..., qui sont sacrés aux yeux du Coréen pour lequel une identification complète existe entre l'esprit et son fétiche. Voyons à présent ce que sont les esprits de *hantrang*.

Mais il faut également les distinguer des Tchan-Seung, qui sont, eux, réellement, des poteaux indicateurs sans caractère fétichiste, et qui sont pourtant de forme identique à celle des tous-sari. Ce sont des poteaux à face humaine que l'on trouve sur toutes les routes de la Corée, de 10 en 10 *lis* (2.5 km) ou de 5 en 5 lis. Ils sont peints en rouge et en noir, mais eux aussi tombent en ruines et ne sont pas remplacés. Ils sont la survivance, ainsi que les fétiches Tsou-Sari, d'une époque barbare qui cède le pas rapidement aux progrès de la civilisation européenne en Corée.

Voici la légende rapportée au sujet des poteaux Tchang-Seung. Au temps jadis un noble, du nom de Tchang, accusé et reconnu coupable de trahison, fut mis au pilori. Il mourut, et pour que sa mémoire fut rendue exécrable à tout le peuple, il aurait été figuré sur des poteaux de bois, et ceux-ci auraient été plantés partout sur les chemins. Il est possible que l'on ait eu l'idée d'utiliser ensuite ces poteaux comme indicateurs de distances.

Cérémonies de la majorité, du mariage, des funérailles et des offrandes pour les morts

La vie de l'homme

Les principaux événements de la vie humaine sont l'arrivée à la majorité, le mariage, les funérailles et les offrandes aux ancêtres. Il y a en dehors de cela, de nombreux événements. Le présent thème a pour but de suivre dans sa totalité la vie d'un être, de la naissance à la mort ; il sera cependant centré sur les grands événements mentionnés ci-dessus. Pour éviter de nous répéter, nous nous contenterons de traiter brièvement le processus de la vie entière.

La gestation, la naissance

Depuis l'antiquité, le mariage a pour but la procréation. En un mot, il présuppose la naissance des enfants. Quand deux jeunes gens se marient, cela doit normalement mener sans tarder à la conception d'une nouvelle vie. De la conception à la naissance de l'enfant, la mère devra faire attention ; elle doit préserver et protéger l'être qu'elle porte. Elle ne regardera, ni n'écoutera de choses ou de paroles impures ; elle évitera de s'asseoir dans un lieu malpropre. En Corée, cela porte le nom d'éducation avant la naissance et montre à quel point ce petit être qui va naître est déjà considéré comme précieux. La conception a toujours été considérée comme la volonté du ciel avant d'être le résultat de l'union de l'homme et de la femme.

C'est pour cette raison qu'il existe de nombreux éléments de la foi populaire concernant la naissance. Les coutumes coréennes ont toujours chargé la femme de toutes les responsabilités en ce qui concerne la naissance des enfants. L'absence d'enfants est la faute de la femme. Autrefois, elle n'avait rien à dire quand elle était répudiée pour cette raison ; c'était l'une des sept raisons justifiant le renvoi de l'épouse. Ne mettre au monde que des filles était un crime qu'on lui imputait. Qu'on ait reconnu à la femme un grand rôle dans la procréation, rien de plus beau, mais qu'on l'ait rendue responsable de l'absence de fils, de la naissance de filles, cela devait être la source de nombreuses tragédies.

L'enfant prend vie dans le sein maternel et naît. Dès que la mère est sur le point d'accoucher, on prépare trois bols de riz et trois écuelles de potage : c'est une offrande aux « trois esprits ». Dès que l'enfant est né, on prépare un potage qui est présenté à l'accouchée. Puis on tend au portail de la maison un cordeau appelé « corde prohibitive » ; il doit permettre de savoir si l'enfant est mâle ou non, et il interdit à toute personne étrangère l'entrée de la maison.

Le hwangap

Le mot *hwangap* signifie « retour à l'année de naissance », c'est l'année où l'on retrouve les mêmes signes qui reviennent au calendrier tous les 60 ans. Le personnage qui fête ce jubilé reçoit une table lourdement chargée. Ses enfants et descendants, ses amis viennent le fêter. Pour les 70 ans il y aura un autre festin appelé *kohui*, et ce sera le dernier événement avant la fin d'une longue vie. On pourrait ajouter les noces de diamant, après 60 ans de mariage, et sans rapport direct avec l'âge. Puis il y aura le décès et, après, les offrandes faites par les descendants. Nous n'insisterons pas davantage sur la vie de l'homme dans ses généralités.

La cérémonie qui a lieu lors de l'arrivée à la majorité symbolise le fait qu'il devient adulte. Pour cela l'enfant est coiffé du *kat*. D'enfant qu'il était, par cette cérémonie, le jeune homme devient un adulte, un membre de la société, qui prend part aux activités des grandes personnes. Le mariage, évidemment, ne pouvait avoir lieu qu'après cette cérémonie. Avec l'arrivée à la majorité, le rite voulait inculquer aussi à l'adolescent des responsabilités. Il s'agit là d'un rite autrefois de règle en Corée et en Chine, et qui correspond au rite d'initiation que l'on retrouve à cette époque de la vie dans beaucoup de pays. Il semble qu'il agisse d'une « cérémonie de passage », commune aux tribus primitives, aux peuplades non civilisées, mais aussi aux peuples de haute culture.

Le rite se compliqua sous l'influence chinoise, alors qu'il existait depuis longtemps. Pour citer un exemple, il semble que les *Hwarang* de *silla* étaient en relation avec ce rite. Il est impossible de dire à partir de quelle époque il fut observé dans la société antique. Tout comme, après s'être faite de façon purement naturelle, l'union de l'homme et de la femme finit par être codifiée, de même les changements physiques et physiologiques chez le jeune homme finirent par être censurés par un rite. La coiffure, le *Kwan*, étant le symbole de l'adulte, l'arrivée à la majorité fut symbolisée par l'imposition de cette coiffure. D'où le nom de *Kwallge*. A quel moment de l'histoire la cérémonie de style chinois fut-elle introduite en Corée ? On en trouve pour la première fois mention dans l'histoire de Koryo en la 16e année du roi Kwangjong. « La 16e année, au second mois, on revêtit le prince des habits (rituels) et l'établit prince héritier », rapportent les chroniques. Les habits dont il est question concernent d'abord la coiffure. Plus tard, on trouve dans les règles détaillées du roi Uijong un article intitulé : « composition des habits du prince héritier », avec de nombreuses précisions. Malheureusement, il est difficile de savoir à quelle époque la coutume se répandit dans la société. Sous la dynastie des Yi, au chapitre des cérémonies joyeuses qui se trouve dans le livre des cinq cérémonies, on découvre non seulement le rite pour les princes, mais aussi pour les fils de fonctionnaires civils et militaires. Nous pouvons donc en déduire que la coutume était répandue dans la famille royale et la noblesse.

Le rite se déroulait, en principe, à l'âge où le jeune homme devenait adulte physiquement et moralement. Cet âge allait de 18 à 20 ans. Cependant, vers la fin de la dynastie, en conséquence de la coutume des mariages célébrés en très bas âge, le rite avait souvent lieu vers l'âge de 10 ans. La cérémonie se divisait en trois rites principaux. Lors du premier, on réunissait en une seule les deux tresses de cheveux du jeune homme puis on les relevait. Ensuite, on le coiffait de la coiffure de rigueur, après avoir posé sur ses cheveux une sorte de serre-tête en crin. En même temps il quittait l'habit qu'il avait porté jusqu'alors pour revêtir le costume à larges manches des lettrés. Lors du second rite, on lui ôtait la coiffure reçue précédemment pour lui imposer le *samo*. Il quittait aussi l'habit reçu pour revêtir le *chosam* ; il mettait une ceinture de cuir et des chaussures appelées *kyehye*. Au troisième rite, la coiffure devenait le *Poktu* et le vêtement le *nansam*, tenue officielle des candidats admis à l'examen des fonctionnaires, avec la ceinture et les chaussures mentionnées.

Ces trois rites se déroulaient selon des règles précises et avec solennité, et chaque fois le président de la cérémonie prononçait des vœux. La cérémonie terminée, on se rendait au mausolée familial pour « annoncer » l'événement aux ancêtres, puis le jeune homme allait saluer les adultes de la famille. Pour les jeunes filles, la cérémonie équivalente portait le nom de *Ke*.

A 15 ans même si la jeune fille n'était pas fiancée, le rite était obligatoire. Le mot *Ke* signifie qu'on relève la chevelure et qu'on y met une épingle.

Le mariage

Le mariage se déroulait suivant un processus comprenant quatre étapes : la décision du mariage, l'envoi d'une lettre à la famille de la fiancée, l'envoi de cadeaux à la famille de la fiancée et la cérémonie de mariage. La dernière étape était la plus importante. La décision de contracter le mariage a lieu, aujourd'hui comme autrefois, le plus naturellement du monde. Jadis la décision appartenait exclusivement aux parents. Depuis un certain temps, il arrive que les intéressés se fréquentent librement ; il n'en reste pas moins que le consentement des parents est nécessaire pour contracter le mariage.

En ce qui concerne l'âge, autrefois on était persuadé que le jeune homme devait être marié avant 30 ans et la jeune fille avant 20 ans. Mais ces règles n'étaient nullement coercitives. Dans le code relatif aux « quatre cérémonies », au chapitre traitant du mariage, on trouve des prescriptions compliquées sur les échanges de lettres, l'envoi des cadeaux, mais la plupart du temps on ne les suivait guère et on se contentait d'une formule simplifiée. A l'origine, la famille du fiancé envoyait une lettre de remerciements à celle de la fiancée qui envoyait une réponse.

Le rite au cours duquel les deux familles « annonçaient » la nouvelle au mausolée familial était un événement important. Très souvent l'ensemble se limitait à l'envoi de la date de naissance du fiancé (année, mois, jour, heure) à la famille. Dans le mariage moderne cela est remplacé par les fiançailles et le mariage de style chrétien introduit vers 1900 a provoqué de nombreux changements. L'échange de la date de naissance et le choix du jour de la cérémonie restent en vigueur. L'envoi de cadeaux, à l'origine, avait lieu avant le mariage et était accompagné d'une lettre. De nos jours, il est commun qu'il se fasse la veille ou le jour même : généralement il s'effectue par les amis du fiancé.

Il existe des variantes suivant les régions et c'est parfois une personne de basse condition. Le dernier rite est la cérémonie de mariage ; elle est compliquée. Ce jour-là le fiancé se lève tôt, va « annoncer » son mariage au mausolée familial et salue son père. La coutume exige que le père dise à son fils : « Accueille ton épouse et continue la lignée familiale ». Le jeune homme répond : « Je ferai selon vos ordres ». Il met les habits de cérémonie et se dirige vers le village de la fiancée. Il porte la coiffure appelée *samo* et les habits des fonctionnaires, une ceinture, et est chaussé de chaussures noires. Dans certaines régions et selon les traditions familiales, on trouve parfois le *Pokkon* comme coiffure le jour du mariage. En général, le fiancé se déplace à cheval ; dans certaines régions, c'est en palanquin.

La fiancée utilise ce jour-là un palanquin différent. La personne qui l'accompagne est en général un oncle paternel ou, à défaut, un proche parent adulte ; c'est « l'invité de marque ». Le fiancé est suivi par des domestiques. Dans la famille de la jeune fille aussi, « l'annonce » a été faite au mausolée et les parents lui ont bien rappelé qu'elle se doit de « faire très attention à sa conduite pour éviter de ternir la chambre conjugale ». Arrivé au village de la fiancée, le fiancé ne se dirige pas directement chez elle ; il entre d'abord chez un voisin et s'y repose. De nos jours, c'est souvent là qu'il met ses habits de cérémonie. L'heure venue, il est conduit par le « porteur des canards » qu'il devra offrir en arrivant chez la fiancée. Les canards seront reçus par la mère de celle-ci, qui les enveloppera dans les pans de sa jupe et les portera dans sa chambre. Ce rite est très important.

Dans le livre traitant des rites et cérémonies, il est prescrit qu'aussitôt après le jeune homme doit saluer son futur beau-père ; après quoi il emmène la jeune fille chez lui. Et la cérémonie a lieu dans la famille du fiancé. Mais la réalité est différente : toutes les cérémonies ont lieu dans la famille de la jeune fille, puis on va chez le nouveau marié pour le festin. Que l'offrande des canards ait lieu dans la famille de la fiancée ou dans celle du fiancé, le rite se déroule actuellement comme suit : les canards sont apportés par le jeune homme et son futur beau-père se présente dès que le fiancé arrive avec les canards. Le beau-père est debout, tourné vers l'ouest ; le jeune homme monte les marches situées à l'ouest ; il dépose les canards sur le parquet après s'être tourné face au nord. La personne qui accompagne le futur beau-père prend les canards (de nos jours c'est souvent la future belle-mère). Le fiancé se prosterne deux fois pour saluer son futur beau-père qui ne répond pas par une révérence.

Ce rite terminé, on procède à la cérémonie au cours de laquelle les fiancés se saluent mutuellement et boivent tous deux la coupe de vin qui symbolise l'union pour le meilleur et pour le pire. Les jeunes gens deviennent désormais des époux devant la société entière. Pour le rite des salutations mutuelles, on a mis une table haute ; le fiancé est du côté ouest, tourné vers l'est, et la fiancée lui fait face. Sur l'ordre du maître de cérémonie, ils se font réciproquement une profonde révérence. On verse alors du vin dans une coupe à laquelle sont accrochés des fils de soie bleus et rouges et ils boivent une gorgée à tour de rôle. La fiancée est en habit de cérémonie, avec une petite couronne appelée *choktori*. La cérémonie terminée (dans le cas où elle a lieu chez la fiancée), le nouveau mari part à cheval et sa femme en chaise à porteurs. C'est le départ pour la famille du jeune homme. La jeune femme est accompagnée par une tante (femme du frère du père). En tête marche un domestique, portant une lanterne, et suivi du marié puis de la mariée. Le lendemain matin, la jeune femme ira saluer ses beaux-parents et les adultes de sa belle-famille. Le jour suivant, elle sera conduite par son beau-père au mausolée familial pour la visite rituelle. Le troisième jour, le fiancé retournera dans la famille de sa femme pour saluer ses beaux-parents et les adultes. Ainsi prennent fin les six rites de la cérémonie de mariage. Ils ne se trouvent guère que dans les documents et n'ont jamais été mis en pratique dans leur totalité ; en général on se contentait des rites mentionnés ci-dessus.

En dehors de ces rites en six étapes, il existe une autre forme simplifiée en quatre étapes. Ce sont : la décision du mariage, qui se fait par un intermédiaire, l'envoi de lettre à la famille du fiancé, l'envoi des cadeaux et le mariage lui-même. Le processus est voisin du précédent et on y retrouve les mêmes éléments principaux. Les deux familles traitent sur un pied d'égalité, mais l'initiative est laissée à la famille du jeune homme. Dans tous les cas, la relation avec les ancêtres, les salutations aux parents, l'avertissement aux jeunes gens donné par les parents restent importants. Cette formule simplifiée est une coutume rationnelle qui a cherché à supprimer les conséquences fâcheuses de l'ancienne formule et des frais exagérés pour la famille du jeune homme.

Offrandes saisonnières

Les offrandes rituelles de chaque saison ont lieu un jour dit *Haeil* « jour du cochon ». Elles sont faites devant les tablettes des ancêtres des générations. La date fixée, l'événement est annoncé au mausolée familial trois jours avant. La veille, on prépare un autel dans la grande salle de la maison où seront déposées les tablettes. Les rites sont les mêmes pour les offrandes des anniversaires dont il sera question plus bas. Il peut y avoir de légères différences, mais en gros le rituel est le suivant :

1. Installation des tablettes. Toute la famille prend un bain rituel et prépare la place des tablettes contre le mur nord de la grande pièce, face au sud. A l'ouest, on mettra les tablettes des ancêtres de la quatrième génération et les autres en ordre décroissant. L'ouest est considéré comme plus noble : la tablette de l'homme est toujours à l'ouest de celle de la femme. Devant chacune sont placés une petite table avec un chandelier, un brûle-encens du côté ouest et une boîte à encens du côté est.
2. Préparation des offrandes. Devant chaque table, on dépose un coffret contenant des baguettes, des légumes, des fruits, de la viande séchée, une carafe d'eau, une coupe de vin rituel et une écuelle remplie de sable.
3. Transfert des tablettes. A l'aube, la famille s'habille de façon rituelle et se rend au mausolée. Le maître de maison offre l'encens devant les tablettes des ancêtres les plus anciens et lit le rituel ; une personne, également désignée lit un texte rituel et une autre, également désignée lit un texte exprimant les louanges de circonstance et c'est le transfert des tablettes. Il s'organise une sorte de procession guidée par le maître de maison. Dans la grande salle, celui-ci dépose les tablettes dans l'ordre, devant le nom de chaque ancêtre et il en ouvre le coffret.

4. Prosternations. Après s'être mise en ordre, toutes la famille se prosterne deux fois.
5. Descente de l'âme. Le maître de maison fait l'offrande d'encens devant l'ancêtre le plus important, se prosterne deux fois et va s'asseoir. Une personne désignée, chargée des rites, vient s'agenouiller à sa droite avec une carafe de vin rituel, une autre à sa gauche, avec une coupe. On la remplit et le maître de maison, tenant le pied de la coupe de la main gauche et la coupe elle-même de la main droite, en verse à trois reprises le contenu dans l'écuelle de sable et la rend vide. La coupe est remise à sa place, et le maître de maison se prosterne deux fois. Le même rite se répète devant toutes les tablettes, puis le maître de maison reprend sa place.
6. Offrande de nourriture. Après cela, il dépose du poisson, de la viande et du potage devant la première tablette ; sa femme y dépose des gâteaux et du riz. On fait de même pour tous les ancêtres.
7. Première offrande de vin. Le maître de maison s'avance alors vers la première tablette, tournée vers l'ouest, et présente une coupe qu'on remplit. La coupe déposée devant la tablette, on recommence pour les autres, toujours dans le même ordre. Ensuite on prendra chacune des coupes à tour de rôle et on versera la moitié dans l'écuelle de sable. On dépose alors de la viande et du poisson cuits et on enlève les couvercles des bols de riz et de potage. Puis la famille entière se prosterne pendant la lecture d'un texte rituel. Le maître de maison se lève, et se prosterne deux fois avant de revenir à sa place. Le rite se répète pour tous les ancêtres.
8. Seconde offrande de vin. Elle est faite par la maîtresse de maison ou, à défaut, par le frère du maître de maison.
9. Dernière offrande de vin. Elle est faite par le fils aîné ou par le second frère du maître de maison.
10. Offrande de riz. Le maître de maison va remplir la coupe devant la première tablette ; il se tient debout du côté sud-est de la table. Pendant ce temps, sa femme va planter les baguettes dans le bol de riz et se tient de-

bout au sud-ouest de la même table. Enfin, tous les deux font face aux tablettes ; le mari se prosterne deux fois et la femme quatre. Le même rite se répète comme ci-dessus par tous les ancêtres.

11. Fermeture des portes. Toute la famille sort ; on ferme les portes et on attend un moment.

12. Ouverture des portes. Le responsable du cérémonial tousse trois fois, ouvre les portes et la famille reprend sa place. L'homme et la femme retirent les bols de riz et déposent à la place de l'eau de riz. On retire les bâtonnets et les coupes ; on fait de même pour tous les ancêtres.

13. Partage des offrandes. Le maître de maison se tient face aux tablettes et le responsable du cérémonial lui remet la coupe de la première tablette ; il s'agenouille et en boit une gorgée. Puis on prend une cuillère de riz dans chaque bol pour le déposer à gauche du maître de maison. Il se lève, se prosterne deux fois et se remet à genoux. Il mange un peu de riz avant de se relever. Ce rite symbolise l'aide apportée par les ancêtres à leurs descendants qui s'acquittent de leurs devoirs de piété filiale.

14. Annonce de la fin de la cérémonie. Le responsable du cérémonial se tient à gauche du maître, face à l'est, et annonce la clôture de la cérémonie. Le maître de maison répond et tout le monde se prosterne deux fois. On enlève alors les baguettes et recouvre les bols de riz.

15. Retrait des tablettes. La famille se prosterne deux fois ; on brûle le papier du texte rituel. Les coffrets des tablettes sont refermés et reportés au mausolée. L'autel lui-même est enlevé.

Offrandes sur la tombe

Pour les quatre dernières générations d'ancêtres, les offrandes se font à la maison ; mais pour les ancêtres plus éloignés, la famille se réunit une fois par an pour les honorer. Les offrandes sont préparées par le ménage qui cultive les terres rattachées aux tombes et dont le produit est destiné aux offrandes.

Offrandes des jours de fêtes

Il n'est pas question de ces offrandes dans les règles des cérémonies d'autrefois, mais dans la région de Séoul, au Hansik, à Ch'usok et à l'occasion de certaines fêtes, on va sur les tombes des ancêtres pour y faire des offrandes. Tous les ancêtres directs en sont l'objet et il n'est pas nécessaire d'être l'héritier principal de la lignée familiale.

Offrandes pour les anniversaires de la mort

Ces offrandes commencent au troisième anniversaire de la mort et se font le soir de la veille du jour anniversaire. Elles n'ont lieu que pour les quatre dernières générations. Pour l'anniversaire du grand-père, par exemple, on aura aussi la tablette de la grand-mère et réciproquement.

Disposition des offrandes

Les offrandes doivent être disposées selon des règles précises, en cinq ou sept rangées selon la quantité. Dans le cas de cinq rangées, dans la première (près de la tablette) on mettra la coupe de vin, puis le riz et le potage, la viande et le poisson cuits, les autres plats, puis les fruits. Il existe encore un certain nombre de règles.

1. Le rouge à l'est, le blanc à l'ouest. Pour les fruits, la partie rouge est tournée vers l'est, la partie blanche vers l'ouest. Les pommes seront à l'est, les poires à l'ouest.
2. Le poisson à l'est, la viande à l'ouest.
3. La viande séchée à gauche, la boisson à droite. En dehors de cela, le coffret contenant les cuillères et les baguettes est déposé aussitôt après la ligne de la coupe de vin. La viande séchée et la boisson sont déposées devant la ligne des fruits.

Les cérémonies du culte chamanique exécutées par les *moudang* en Corée peuvent être divisées, *grosso modo*, en quatre catégories selon le but recherché :
1) éliminer les calamités,

2) prier pour le bonheur,
3) prévoir,
4) consoler les esprits.

Mentionnons, pour terminer, la cérémonie qu'on faisait pour demander la pluie aux esprits en cas de sécheresse. La Corée étant un pays agricole, cette prière pour la pluie était une des cérémonies les plus importantes. Les Coréens croyaient que la sécheresse était provoquée par la colère des esprits du ciel ou de la montagne. Par conséquent, le roi, qui représentait le peuple, ou les fonctionnaires chargés d'une région en tant que représentants de leurs administrés, organisaient ces prières pour demander la pluie en s'accusant eux-mêmes afin d'apaiser la colère des esprits. Comme on croyait que la sécheresse était l'effet de la colère des esprits du ciel ou de la montagne, il était tout naturel qu'une personne capable de communiquer avec ces esprits incorporels se charge de les prier de daigner envoyer la pluie. Le *moudang* se lève, se prosterne deux fois et se remet à genoux. Il mange un peu de riz avant de se relever.

Musique de cérémonie (art populaire Coréen)

1. Musique des cérémonies du temple de Confucius

Le *Munmyo* est un temple dédié à Confucius et à ses principaux disciples, Yen-tseu, Seng-tseu, Jeusseu, Mencius, et aux confucéens coréens célèbres que l'on vénère, tels que Sèl cheng et Ch'oi chiwon.

La musique qui est exécutée au cours de la cérémonie célébrée dans ce temple deux fois par an, au printemps et à l'automne, est extraite du Sokjonakpo de Lin Yu, de l'époque des Yuan. C'est l'unique musique qui se soit conservée jusqu'à nos jours sans modifications, depuis la première année du règne de Sejong (1419) où elle a été exécutée pour la première fois.

Un des airs de cette musique de cour d'origine chinoise est constitué de huit phrases musicales à quatre temps à un rythme lent, heptanique (do, ré, mi, fa dièse, sol, la, si). Cela différencie des airs de musique traditionnelle coréenne. qui se limite à 12 *yal* (do, do dièse, mi, fa, fa[40] dièse, sol, sol dièse, la, la dièse, si) et à 4 ch *ongsong* (do, do dièse, ré, ré[41] dièse). Elle ne peut être complète que pour les instruments suivants, *pak*, *kim* (cithare chinoise à 7 cordes), *sül* (cithare chinoise à 25 cordes), *T'ukjong* (cloche), Tukkyong (phonolite), *pyonjong* (carillon), *pyongyong* (jeu de phonolithes), *chuk, O, Hun, Un, Yak, Chok, So, Pu, Nogo* et *Nodo*. La danse *p'alimu* (64 danseurs disposés par 8 sur 8 rangs) est associée à l'exécution de cette musique[42]. Cette danse comporte deux genres[43] : danse des lettrés (*munmu*) et danse des militaires (*munu*)[44].

2. Musique des cérémonies du temple des ancêtres

Cette musique est exécutée d'une part au cours des cérémonies des ancêtres royaux de la dynastie Yi, et d'autre part au Yongyongjoir. Elle comprend l'air des *pot, aip'yong* et l'air de *chongdui'op* composés sous le règne de Séjong pour les festivités de la cour. Elle fut adoptée la dixième année du règne de Sèjo (1464) pour les cérémonies du temple des ancêtres royaux, et nous a été conservée religieusement depuis 500 ans. Le *pet'aip Yong* célèbre les vertus du lettré fondateur de la dynastie. Cette pièce est en *ongbong p'yong jo*, c'est-à-dire en « sol » avec pour degré fondamental « do ». Le chongduiop par contre glorifie des hauts faits militaires du fondateur de la dynastie. Cette pièce est composée en *chonghwang jong Kyenjongongs*, c'est-à-dire en « la » avec également pour degré fondamental « do ». L'exécution du *pot'aip'yong* est accompagnée de la danse des lettrés, celle de chong deu'op de la danse des militaires.

Ces deux danses appelées *yukilmu* sont exécutées par 36 danseurs disposés par 6 sur 6 rangs ; elles sont moins importantes, pour la durée et le nombre d'exécutions, que le

---

40. Se dit aussi.
41. 12 *yul* : 12 tons déterminés essentiellement dans l'échelle utilisée pour la musique de chœur d'origine chinoise.
42. *Chong song* : 4 tons subdivisés, déterminés uniquement dans la musique de chœur d'origine chinoise.
43. *Pak* : claquette à 6 planchettes.
44. *Chuk* : instrument en forme de caisse en bois avec un pilon.

p'alilmü, danse de la cérémonie célébrée au temple de Confucius.

Chant et danse de cérémonies bouddhiques

D'après le calendrier solaire utilisé en Occident, 1985 est une année ordinaire, mais selon le calendrier lunaire en usage en Extrême-Orient, c'est une sorte d'année bissextile, non pas au sens de ce terme en Occident, qui désigne une année de 366 jours en lieu 365, mais parce que, l'un des mois étant redoublé, elle comporte 13 mois au lieu de 12. L'année 1974 comprend deux quatrièmes mois lunaires.

Le mois qui est ainsi rajouté s'appelle en coréen youn-dal. Notons aussi que ces années « bissextiles » du calendrier lunaire tombent tous les trois ans, et non pas une année sur quatre comme dans le calendrier solaire.

Alors, c'est dans le but que moines et nonnes sont invités à participer à cette cérémonie, qui se prolonge pendant six jours et est célébrée à grand renfort de drapeaux, de bannières et de lanternes. On chante des soutras avec l'espoir d'attirer la faveur de Yama sur les fidèles qui paraîtront en sa présence après leur mort. On espère que les défunts obtiendront ainsi un karma bienheureux, qui les récompensera pleinement de leurs bonnes actions. D'autres cérémonies importantes sont célébrées durant le *youn-dal* : le *Yong-san-jai* qui est une espèce d'office des morts pour aider les âmes des défunts à entrer paisiblement et en toute sécurité dans le paradis, le *Sou-Kyonk-Ja*, « cérémonie de l'Eau et de la Terre », célébré pour attirer les faveurs du Dragon, Roi des Océans, sur les personnes mortes par noyade.

Au cours de cette cérémonie, qui a lieu le 18e jour du youn-dal dans un petit temple près de Walker Hillet sur le fleuve Han aux environs du Kwang-na-rou, on jette dans le fleuve des tortues et des poissons vivants ainsi que des aliments offerts en sacrifice.

De nos jours, à cause des grosses dépenses qu'elles entraînent (le *Yong-Sang-Jai*, par exemple, dure normalement de trois à six jours), ces cérémonies sont généralement abrégées. Cette simplification des rites a pour conséquence que beaucoup de bonzes, en particulier les novices, ne sont plus entraînés à exécuter l'ensemble des cérémonies. Aussi nombre d'entre eux, même parmi les anciens, commencent à oublier ou ont déjà oublié une grande partie des danses et des chants exécutés au cours de ces cérémonies. Outre ces offices propres aux années lunaires « bissextiles », des chants et des danses bouddhiques sont aussi exécutés à l'occasion des cérémonies du 49e et du 100e jour après un décès, qui sont appelées *Sang-jou Kwon-gon-gui* ; ces cérémonies peuvent être célébrées à n'importe quelle période de l'année.

On peut entendre un certain nombre de chants rituels bouddhiques au cours des offices célébrés dans les temples desservis par des bonzes célibataires, les *pi-gou-seung* ; mais, de nos jours, le répertoire complet de chants et de danses accompagnés de musique instrumentale n'est donné que dans les temples tenus par des bonzes mariés, les *Te-Ch'o-Seung*.

Les chants exécutés au cours de ces cérémonies, appelées *pom-p'ai*, sont des louanges en l'honneur du Bouddha ; ils ont pour but d'apaiser l'esprit tout en le détachant du monde extérieur. On peut rapprocher les *pom-p'ai* du chant grégorien occidental, car ils sont utilisés dans des circonstances analogues, sont apparus vers la même époque (vers le IXe siècle ap. J.-C.) et sont chantés également à l'unisson, sans accompagnement.

En Corée, le genre musical *pom-p'ai* est encore subdivisé en *tchit-so-ri* et *hot-so-ri*. Les *tchit-so-ri* appelés aussi *poém-lum*, qui est une transcription du mot sanscrit signifiant « mélodie », sont plus longs (15 à 20 minutes) et plus difficiles à chanter ; Les *tchit-so-ri*, en raison de leur longue durée, risquent de disparaître complètement par suite de la simplification des cérémonies bouddhistes. De nos jours les bonzes capables de chanter des *tchit-so-ri* ne se souviennent plus que de treize mélodies de l'ancien répertoire, qui en comptait soixante-douze.

En Corée, tous les *pom-p'ai*, à quelques exception près, sont transcrits en caractères chinois, mais par exemple le *ch'on-sou* qui est exécuté en accompagnement de la danse des cymbales, est chanté d'après le texte original écrit en sanscrit. On distingue trois sortes de textes de *pom-p'ai* : en vers chinois de cinq ou sept pieds qui sont désignés dans le titre par *gyé*, en prose chinoise sans mention spéciale dans le titre et en sanskrit — signalés par le mot *chin-on* qui signifie

« paroles véritables ». Les *hot-so-ri*, qui constituent la grande majorité du répertoire du *pom-p'ai*, sont des quatrains de poésie chinoise formés de vers de 5 ou 7 pieds. Les deux premiers vers s'appellent « moitié intérieure » (*an-ttchak*) et les deux derniers « moitié extérieure » (*pakkat-ttchak*). Parfois l'une des moitiés du quatrain est comme balayée, c'est-à-dire chantée très rapidement, l'autre moitié seulement étant chantée normalement.

La cérémonie se poursuit avec l'exécution en « sol » d'un *hot-so-ri pom-p'ai*, intitulé *Hap-ch'ang-gye*, dont voici la traduction :

> « Ma salutation est comme une fleur ; mon corps comme un calice ; mon esprit, fixé sur la vérité et l'éternité chante les louanges de la fumée d'encens qui s'accumule ».

Un autre *hôt-so-ri Gatha*, le *to-ryang-gye* où *Gatha* de *Bodhimandala* est chanté non seulement au cours du *Yong-San-Jai*, mais aussi à l'occasion d'autres cérémonies. Il est accompagné par une danse rituelle appelée *Tchakpop*, c'est-à-dire « instituer le Pharma », ou plus communément *Na-ki-tch'oum*, qui signifie « Danse du Papillon ». En voici la traduction :

> « Le Bodhimandala est pur et net, sans souillure aucune. Triratna et Devas descendent en ce lieu. Je récite maintenant les admirables paroles de vérité. Veuillez me protéger par votre immense Miséricorde ».

Le chant du *to-ryang-gye* achevé, deux ou parfois quatre bonzes exécutent la Danse des cymbales, qui est accompagnée par un *pom-p'ai* intitulé *Ch'on-Gou*, c'est-à-dire le Dharami du compatissant suprême.

Voici la traduction du texte sanskrit de ce chant :

> « Namak au Triple Trésor Namak à Avalokitesvara, le Bohisattra-Mahasattra qui est le Compatissant suprême !
>
> Om à celui qui exécute le chant sans crainte aucune !
>
> M'étant soumis à lui, que je puisse pénétrer dans le cœur de celui dont le cou est bleu et qui est connu de tous. Le nom noble et adorable d'Avalokitesvara ! Om, le voyant, celui qui transcende le monde ! Au terrifiant dont le cou est bleu, salut ! Au Bienfaisant dont il est question dans ce Dharamni qui commence par Namak, salut ! Namak au triple trésor ! Namak à Avalokitesvara ! Salut !

Puissent ces prières être exaucées ! A cette formule magique, salut ! « .

Le répertoire des *pom-p'ai* comporte aussi des phrases brèves chantées en solo, appelées *na-yong* ou *ho-dol-pum*, qui servent de préludes ou d'interludes dans les tchit-so-ri. Elles remplissent une double fonction : allonger la durée du chant et permettre au chœur de se reposer un peu. Il ne nous reste que trois *ho-dol-p'oum* ; l'un d'eux le *po-rye* ou « adoration universelle » est chanté comme interlude de *tchit-so-ri*. En voici la traduction :

> « J'adore universellement, dans les quatre directions, celui qui est honoré sans égal : c'est le Bouddha ».

Mentionnons un dernier genre de chant bouddhique, le *hwa-chong*, dont il existe des textes en coréen faciles à comprendre et dont la mélodie, d'après certains documents, dériverait des chansons populaires de la région de Séoul. Le *hwa-chong* se chante au cours d'une cérémonie ou, plus souvent, après à la demande de la personne qui la célèbre, pour attirer sur elle des bénédictions. Les paroles, au contenu didactique, dérivent, pense-t-on, d'une tradition de chants en langue vernaculaire de l'époque silla, appelée *hyang-chan*, qui a elle-même donné naissance sous la dynastie Koryo à un genre de chansons populaires, le *ch'anga* ou longues chansons. De là proviennent enfin les récits épiques de l'époque des Yi, chantés dans toutes les classes de la société, qui visaient à propager le bouddhisme pour susciter des conversions.

On estime que le bouddhisme a été introduit en Corée, par la Chine du Nord, vers 371 ap. J.-C, mais il semble, d'après plusieurs documents, que le genre *pom-p'ai* ne soit pas apparu en Corée avant 645. On rapporte aussi qu'un bonze du royaume de Silla, le maître Zen Tchin-Sam Kouk-sa aurait, au retour d'une mission officielle auprès de la dynastie chinoise des T'ang, enseigné *le pom-p'ai* à de nombreux bonzes. Par la suite, le *pom-p'ai* présenta beaucoup d'analogies avec son homologue japonais, le *pom-bai*.

On peut donc dire que le *pom-p'ai* constitue, avec le *ka*-goh, qui est un long poème lyrique, et le *p'an-so-ri*, récit épique dramatique, l'une des grandes traditions de la musique vocale en Corée.

Formes et caractéristiques de la religion populaire coréenne (village, vie quotidienne et rituels).

Les hameaux n'ont pas d'existence administrative. A la tête de chacun des quatre *li* qui forment le village de Hyeon tong, il y a un chef de *li*, et à leur tour les *li* sont divisés en pan avec un chef de *pan*. En général, un hameau compte deux, trois *han* ou même davantage comme le nom de rue. A intervalles fixes ou selon les nécessités, le chef de *li* réunit les chefs de *pan* ou même tous les chefs de famille du *li*. La fréquence varie de plusieurs fois par mois, pour les réunions de chefs de *pan*, à une ou deux fois par an, pour les réunions des chefs de famille. Parmi les associations qui existent à Hyeon-tong, on peut distinguer les associations « modernes » et les associations « traditionnelles » appelées *kyeoi* en coréen. Les premières ont surtout une existence nominale et ne sont guère actives. Au niveau d'un *li*, elles regroupent les jeunes hommes, les femmes, les vieillards ou les jeunes de 14 à 20 ans comme c'est le cas des associations 4H qui sont celles dont l'existence est la plus réelle.

Par contre les *kyeoi* jouent un rôle important dans la vie sociale. Ils regroupent en général plusieurs personnes (plus souvent des hommes que des femmes) d'un même hameau. Ils jouent un rôle d'entraide mutuelle et en même temps créent des liens entre les membres. La plupart se réunissent régulièrement chaque mois. Un certain nombre a pour but la prise en charge partielle des frais des obsèques lorsque les parents de l'un des membres meurent ; d'autres ont davantage le caractère de groupes d'amis. Les habitants d'un même *li* sont astreints à une dizaine de jours de corvée qu'ils doivent fournir une fois par an.

Par ailleurs, lors des travaux des champs (surtout repiquage du riz et moisson), les paysans travaillent en groupe à tour de rôle chez l'un ou l'autre selon les besoin de chacun, c'est ce qu'on appelle le « *Phum-as-i* ». Enfin, comme travail fait en commun, on peut citer aussi les travaux de réfection du temple de l'esprit du village. Comme chef-lieu moyen, Hyeon-tong compte un certain nombre d'administrations, il y a aussi une école primaire et une école secondaire moyenne. Il n'y a ni médecin ni dispensaire mais une pharmacie « occidentale » et une pharmacie « chinoise ». Le village de Hyeoi-tong ne compte guère de moyens modernes de communication sociale. Si les postes de radio sont nombreux, par contre les journaux sont assez peu lus. Il n'y a pas de cinéma dans le village.

A leurs heures de loisir, les hommes se réunissent dans les *suljip*, *solé* de tavernes ou encore ils se retrouvent chez l'un ou l'autre pour bavarder. Les jours de repos sont peu fréquents ; on ne compte guère que quatre ou cinq jours chômés qui correspondent aux principales fêtes traditionnelles. Parmi celles-ci, il y a deux dates qui rassemblent dans chaque hameau tous les habitants (ou du moins tous les hommes) pour une journée de détente. Il s'agit du quinzième jour de la première lune, cette réunion étant liée directement au sacrifice du village, et de la fête du *plukut* qui est une fête paysanne ayant lieu l'été pendant la septième lune. Cette dernière se trouve ainsi être située après la fin des gros travaux agricoles et avant la moisson du riz.

Vie religieuse

Le village de Hyeoi-tong ne compte pas moins de vingt et un lieux de culte qui se répartissent de la façon suivante : un ermitage bouddhique, un temple protestant, un sanctuaire appartenant à une nouvelle secte religieuse, où sont vénérés les esprits protecteurs de chaque hameau, un petit temple consacré à l'esprit de la montagne et quatre sanctuaires privés que l'on peut rattacher aussi à la religion populaire. L'ermitage bouddhique est situé dans le village de Yang-jimal.

Le bonze âgé qui l'a fondé il y a une vingtaine d'années y habite avec sa famille. Les fidèles qui le fréquentent seraient une quarantaine, essentiellement des femmes de Hyeon-tong ou des villages voisins. En fait, les gens s'y rendent surtout pour les huit jours qui suivent le début de la quatrième lune (anniversaire de la naissance du Bouddha), pour une ou deux autres fêtes bouddhiques et au début de l'année. En dehors de cela, on s'y rend aussi pour demander une faveur bien précise.

Le temple protestant, par sa taille, est le plus grand bâtiment du village. Il n'y a pas de pasteur, mais un catéchiste y réside. Le nombre des fidèles s'élève à environ 80 personnes.

La presque totalité de ceux-ci habitent le hameau central ou Un-Kor-tong qui lui est contigu et où se trouve le temple. La secte religieuse dont le sanctuaire se trouve à côté du temple protestant se rattache à un des nombreux mouvements religieux éclos en Corée ces cent dernières années et qu'on désigne sous le nom générique de « nouvelles religions ».

Le mouvement religieux dont se réclame cette secte est celui de Jeung-san du nom de son fondateur qui vécut au début de ce siècle. La secte elle-même porte le nom de « Religion de la loi de la doctrine de l'est ». On y enseigne une doctrine formée d'éléments empruntés au bouddhisme et au taoïsme. Les fidèles se réunissent régulièrement pour une cérémonie inspirée des rites confucéens. C'est le seul sanctuaire de cette secte dans tout le Pong-hoa-kw, celle-ci compterait une quarantaine de familles pour l'ensemble du Kun, mais seulement sept ou huit à Hyeai-tong même.

La religion familiale

Il semble qu'on puisse distinguer dans la religion populaire telle qu'elle se présente en Corée, ce qu'on pourrait appeler « le culte des esprits » et d'autre part « les moyens magiques de protection ». Les cérémonies qui composent le premier s'adressent à des esprits assez nettement déterminés et leur but ainsi que celui des pratiques qui s'y rattachent est d'obtenir la protection de ces esprits pour que l'ordre qui existe ne soit pas troublé. Les seconds ont pour but la protection contre un mal précis déjà présent ou considéré comme imminent ; dans ce cas l'accent porte beaucoup plus sur la protection contre le mal que sur l'esprit à qui on s'adresse et qui reste souvent assez indéterminé. Il ne s'agit évidemment que de tendances. Dans chaque culte ou cérémonie, on peut découvrir des éléments appartenant aux deux mais cependant avec une prédominance plus ou moins nette des unes ou des autres selon chaque cas.

Le culte des esprits Seong-Ju

Le *Seong-ju* est l'esprit protecteur de la maison. Il est en général considéré comme un esprit masculin. Il est symbolisé par un papier blanc fixé par du fil à un des piliers ou à une des poutres de la cuisine. Ce papier est fixé lorsqu'on bâtit la maison, au moment où l'on pose la poutre maîtresse du toit. La plupart des familles lui offrent chaque année un sacrifice qui consiste en une offrande de quelques mets très simples (un peu de viande, quelques légumes, quelques fruits, de l'alcool, du riz) que l'on dispose dans la cuisine et qu'on accompagne d'une courte prière pour les membres de la famille.

Dans la plupart des cas, cette offrande est faite soit pendant le premier mois lunaire, soit à la date où le *seong-ju* a été attaché pour la première fois. C'est en général le chef de famille qui répond à l'enquête par questionnaire. La moitié seulement, soit 45, ont dit « avoir » le *Seong-Ju* chez elles, mais sur ce nombre, sept ne lui font jamais d'offrande.

Sam-sin

Le *Sam-sin* est un esprit féminin qui est chargé de la protection de l'enfant pendant sa gestation, au moment de sa naissance et pendant les premières années de son enfance. Cet esprit est symbolisé par une calebasse ou un panier en osier recouvert d'une toile et qui contient en général du riz, un morceau d'étoffe et quelquefois un petit écheveau de fil. On place le tout sur l'étagère qui se trouve dans la chambre intérieure, c'est-à-dire là où vit la femme. Il n'y a pas de sacrifice proprement dit, offert en son honneur, mais à la naissance d'un enfant ou quand celui-ci est malade, on prépare une soupe d'algues, un bol de riz et un bol d'eau que l'on dépose devant l'esprit à qui l'on adresse une prière. Sur 90 familles, 30 avaient le *Sam-Sin* chez elles.

Grand-mère Yeong-Tong

C'est un esprit du vent à qui l'on demande d'apporter des récoltes abondantes. Il n'est chez vous que du premier au vingt de la deuxième lune. On se contente pendant ce temps de mettre dehors un bol d'eau qu'on renouvelle chaque matin.

Autres esprits

Dans certaines maisons, on trouve aussi le culte de l'esprit du terrain de la maison, celui du pot des ancêtres ou encore celui de la Grande Ourse, cette dernière étant surtout invoquée pour les enfants. Sur 90 familles, celles qui pratiquent le culte d'un ou de plusieurs esprits représentant l'ensemble ne rendent un culte qu'à un ou deux esprits.

Tang privé ou familial

Il y en a quatre à Hyeon-tong. L'un appartient à un ménage de chamans, les trois autres appartiennent à de simples particuliers. Dans chacun de ces temples, on rend un culte à plusieurs esprits, mais alors que trois d'entre eux sont consacrés aux esprits traditionnels de la loi populaire (esprit de la montagne, Grande Ourse, etc...) dans le quatrième, c'est au Bouddha que l'on s'adresse surtout.

Pok-yeoi

Le mot *sam-pok* qui veut dire les trois *pok*, désigne une période de l'été. A cette époque, les paysans font une offrande de nourriture au Dragon qui est l'esprit des eaux et à qui l'on demande de donner l'eau nécessaire à la croissance du riz. Pour cela, chaque paysan choisit une de ses rizières, plante un bâton en forme de fourche dans la digue et y dépose un peu de nourriture, puis il fait une courte prière. Parmi les 51 familles d'agriculteurs soumises à l'enquête, 20 pratiquaient ce rite.

Les pu-jeok

Il s'agit de petites feuilles de papier sur lesquelles sont écrits à l'encre rouge des caractères chinois ou des figures censés repousser les mauvaises influences ou mauvais esprits. On peut s'en procurer auprès des bonzes ou des chamans et on les colle au-dessus de la porte d'entrée ou dans une des pièces de la maison. Sur 90 familles, 27 avaient des *pu-jeok* chez elles.

Le jeom

Le *jeom* se rattache par sa nature aux moyens de prédiction de l'avenir. Pour le pratiquer, il faut être professionnel ou du moins avoir des connaissances spéciales dans ce domaine. Cela consiste à faire tirer à la personne qui consulte des petits bâtonnets et à prédire l'avenir en se basant sur leur nombre. Cependant les gens ont recours au *jeom* principalement en cas de maladie pour savoir ce qu'ils doivent faire. C'est ce qui autorise à le considérer comme un moyen magique de protection. Sur les 143 sujets de l'enquête, 57 y ont eu recours.

Bien que tous ces moyens soient employés dans des circonstances assez diverses, la maladie est de loin la principale raison de leur utilisation. Lorsqu'on compare le hameau central aux trois autres hameaux où l'enquête par questionnaire a été conduite, on s'aperçoit en ce qui concerne les trois derniers moyens décrits ici, que le premier est plus pratiqué dans les trois hameaux que dans le hameau central alors que c'est le contraire pour le *kut* et le *jeom*. Dans les hameaux habités par une forte majorité de paysans, on a tendance à utiliser des moyens simples et peu coûteux, plutôt que d'avoir recours à un professionnel.

Pour terminer, on dira quelques mots des moyens de prédiction de l'avenir et des professionnels qui habitent Hyeontong. Dans le village ou le questionnaire a été distribué, les deux moyens les plus employés sont le *kung-hap* et les secrets de Thojeong. Le premier permet de savoir si deux jeunes gens sont aptes à se marier, et on y arrive en comparant les caractères chinois de leur date de naissance.

Seo-nang

Le mot de *seo-nang* désigne à la fois l'esprit protecteur du village et le lieu où il est censé résider. Dans ce dernier cas on dit aussi *seo-nang-tang* ou simplement *tang*. Comme cela a été dit, on compte treize de ces emplacements à Hyeontong. Dans la plupart des cas, l'esprit *Seo-Nang* ne porte pas d'autres noms que celui de *Seo-Nang* de tel hameau. Seul, celui du hameau central porte un nom propre, pourrait-on dire, et est désigné comme étant le *Seo-Nang* du mont Thai-paik, personnifié dans le roi Tan-jong (mort en exil dans cette région) ou, selon d'autres dans Tan-kun, le fondateur mythique de la Corée.

Sacrifice du village

Les officiants sont choisis parmi les hommes du hameau. Deux conditions sont requises pour devenir officiant : être pur et avoir une date de naissance qui s'accorde avec celle du sacrifice. La première condition suppose, en premier lieu, de n'avoir eu ni décès ni naissance dans sa famille pendant l'année et de ne pas avoir de femme enceinte chez soi — le *tang* de l'esprit de la montagne au col du No-lu.

A la limite sud-ouest du territoire de Hyeon-tong, il y a un col où passe la route qui vient de Pong-hoa et va vers Ul-jin. A quelques mètres du col, il y a un petit temple bâti en planches et où l'on peut lire au-dessus de la porte l'inscription suivante : « Temple de l'esprit de la montagne ». A l'intérieur, sur une tablette suspendue à la paroi du fond, est inscrit le nom de l'esprit qui réside dans ce temple : il s'agit de l'esprit de la montagne du Thai-paik.

Finalement, dans les cérémonies, rites et pratiques l'accent est mis d'abord sur le résultat : obtenir la protection d'un esprit, repousser un mal. Pour cela, on mettra tout son cœur pour que les chances de réussite soient les plus grandes possibles. Dans cette perspective, la cérémonie ou le rite lui-même apparaît surtout comme un moyen pour obtenir ce résultat. On l'accomplit de son mieux afin qu'il produise son effet. Il s'ensuit qu'on attache assez peu d'importance à ce qu'on pourrait appeler la doctrine. Le nom et la nature des différents esprits restent vagues parce que cela n'intéresse pas les gens.

VI

Conception de l'ordre social et temporalité

Le système populaire et l'ordre social

L'audacieux qui se lancerait dans une telle entreprise risquerait fort de jouer le rôle de ces aveugles des écritures bouddhiques qui prennent l'éléphant tantôt pour un serpent, tantôt pour une colonne, selon qu'ils en ont caressé la queue ou une patte.

Les Européens qui pénétrèrent secrètement en Corée vers le milieu du XIXe siècle afin d'y répandre la religion chrétienne, et bien d'autres Occidentaux après eux, éprouvèrent de très grandes difficultés quand ils se trouvèrent confrontés avec la culture et la pensée coréennes.

En découvrant un monde aussi différent de celui qu'ils connaissaient jusqu'alors, en se trouvant en contact avec une société où tout leur semblait à l'envers, ils ne pouvaient que se trouver décontenancés. Un des missionnaires venus en Corée à cette époque pour travailler à l'œuvre de la propagation de la foi chrétienne écrivait :

> « Quiconque arrive en Extrême-Orient dans un but ou dans un autre se trouve immédiatement devant une barrière presque infranchissable. Même s'il lui est relativement aisé de produire une certaine impression sur les esprits et d'obtenir l'amitié et la confiance de la population du pays où il se trouve, dès qu'il est confronté avec ce qui fait le fond même de la conscience et du mode de pensée

de l'Extrême-Orient, il ne peut que se trouver dans le plus grand embarras. »

Cette remarque concerne l'Extrême-Orient dans son ensemble, mais la Corée ne saurait être considérée comme une exception ; l'Occidental qui s'y aventure connaîtra les mêmes difficultés et rencontrera les mêmes obstacles pour en pénétrer la pensée. Le présent sommaire n'a nullement la prétention de procéder à une comparaison exhaustive de la pensée ou du mode de pensée entre l'Orient et l'Occident.

Il est tout simplement écrit dans le but de montrer l'un des multiples aspects d'une question extrêmement complexe. Conformément à leur formation et à leur esprit rationnel et analytique, les Occidentaux ne sont pleinement satisfaits que lorsque les questions philosophiques ou religieuses se démontrent aussi clairement que les données scientifiques ou les théorèmes mathématiques, et ils risquent d'éprouver des difficultés presque insurmontables dans leur démarche destinée à saisir la pensée, les doctrines religieuses ou philosophiques de l'Extrême-Orient et de la Corée.

Les concepts mêmes, le cheminement de la pensée seront quelque chose de nouveau et d'étonnant pour eux : de plus, la barrière linguistique ne fera que compliquer la question. Le problème inverse existe d'ailleurs de la même façon : alors qu'ils jugent le mode de pensée occidental direct, tout simple et facile à comprendre, les Orientaux commettent de nombreuses erreurs dans leurs traductions des ouvrages occidentaux. Cela prouve qu'ils ont, eux aussi, beaucoup de mal à saisir le sens profond d'une pensée dont les voies sont différentes de la leur.

Que les Occidentaux peu familiarisés avec la pensée orientale et peu préparés à l'étudier la trouvent mystérieuse, il n'y a là rien que d'absolument normal. Malheureusement, il arrive qu'incapables d'en saisir la grandeur, la richesse et la profondeur, ils s'empressent de conclure qu'il n'y a là que pauvreté et illogisme, comme si cette pensée dans sa totalité se réduisait aux parcelles de l'écorce qu'ils ont à peine effleurée.

Pour citer une seconde fois l'ouvrage du missionnaire auquel il a été fait allusion plus haut, les lettrés et les savants coréens y sont présentés comme de beaux parleurs dont les argumentations sont dépourvues de toute base logique. Qu'il nous soit permis d'émettre quelque doute au sujet de la profondeur de la compréhension du missionnaire en question dans le domaine de la pensée et de la logique des lettrés coréens en particulier, et de l'Extrême-Orient en général. Les jugements portés aujourd'hui sont généralement différents. Cependant, les Occidentaux arrivés en Corée il y a 80 ou 90 ans semblent avoir été persuadés que seul le mode de pensée occidental était logique, scientifique et correct. Ils en étaient arrivés à la conclusion que, pour humaniser les Orientaux, il fallait avant tout leur faire accepter la foi chrétienne.

Nous touchons ici à un domaine où l'Occident a commis envers l'Extrême-Orient une grave erreur, lourde de conséquences dans le cours de l'histoire humaine. Une religion étrangère, quelle qu'elle fût, en Corée pas plus qu'en Chine, ne pouvait trouver moyen de s'implanter en méprisant une pensée et un système de valeurs traditionnelles, qu'on ne cherchait même pas à comprendre. Un Oriental, un Coréen devaient-ils donc renier toutes leurs traditions pour devenir chrétiens ? On en arriverait à une sorte d'impérialisme de la pensée, à une véritable colonisation de l'esprit.

Puisqu'il se présente comme le sauveur de l'être humain dans sa totalité, le christianisme n'a-t-il pas le devoir d'assumer avec l'homme, l'héritage culturel, moral et spirituel de ces âmes qu'il veut sauver ? La structure et le mode de pensée d'un peuple ne sont nullement des choses toutes faites, données dès l'origine. Au contraire, il faut y voir le résultat de multiples influences intérieures et extérieures qui ont agi sur ce peuple : les doctrines et institutions religieuses, philosophiques et politiques, les relations internationales ont joué leur rôle dans la formation de cette pensée. Il suffit d'étudier l'histoire de la péninsule coréenne pour comprendre tout cela.

Nous sommes devant le résultat de siècles, de millénaires d'histoire, devant l'aboutissement de toute une longue tradition de pensée et d'une tradition vécue. Le peuple coréen de Silla ou de Koryo devait être différent, penser et agir différemment, mais peu à peu de nouvelles influences sont apparues. Avec la dynastie des Yi, le confucianisme a fait son entrée comme idéologie politique et est devenu la règle implacable qui devait régir la société coréenne pendant plusieurs siècles.

Avant de prendre la moindre décision, le roi de Corée et son gouvernement devaient scruter l'opinion de la Chine. De même, les grands du royaume devaient prévoir les réactions du roi. Quant au peuple dans son entier, il devait compter avec les réactions de la classe dirigeante, les Yangban, et des lettrés imbus des idées confucianistes. D'une façon analogue, la femme était tenue à une soumission totale à l'autorité du mari et les enfants n'avaient aucune ressource devant l'autorité, si arbitraire fût-elle, de leur père.

Aussi une habitude de soumission totale dans le cadre rigide d'un système absolu de structures politiques, sociales et intellectuelles a fini par faire du peuple coréen ce qu'il est, et à lui imposer un mode de pensée. Pour les Occidentaux qui n'ont pas connu la même expérience, il reste évidemment difficile de le comprendre. En ce qui concerne la structure de la pensée coréenne, pour nous limiter à un simple exemple, il semble impossible d'en parler sans traiter du sens de l'appartenance à une classe sociale et de celui très aigu de la hiérarchie sociale. De notre point de vue, il y a là un élément fondamental de l'âme et de la pensée coréenne.

Ce sens aigu d'une hiérarchie des classes sociales dépasse probablement tout ce qu'on peut imaginer parmi les autres peuples du monde. Pour comprendre une telle mentalité dans un peuple, le meilleur moyen est de remonter à ses origines. La réponse n'est d'ailleurs peut-être pas aussi simple qu'on pourrait l'imaginer. Les documents historiques anciens nous prouvent que ce sens aigu d'une société hiérarchisée, d'une classe à laquelle on appartient, était déjà ancré dans les esprits à l'époque du royaume de Silla.

Le système des classes sociales de cette dynastie était très strict et ne laissait guère de place aux exceptions. Influence de la Chine ? On ne saurait répondre avec certitude. Bien que le bouddhisme fût devenu religion d'État et que l'esprit bouddhique influençât la politique et les relations sociales pendant plus de 1000 années. Puis, quand apparut la dynastie des Yi, en 1392, la pensée et la doctrine confucianistes furent adoptées comme idéologie de l'État et principes directeurs dans les domaines politique et social, et imposées avec une autorité absolue à tout le peuple coréen.

On peut affirmer sans exagération qu'à partir de cette époque, le sens d'une société divisée en classes bien distinctes se confond avec la destinée même de l'État et devient vraiment la seconde nature d'un peuple. Quand on examine l'histoire coréenne du point de vue religieux, on peut se rendre compte de l'influence profonde du bouddhisme ; par contre, du point de vue social et du point de vue de la pensée, l'influence la plus profonde reste sans aucun doute celle du confucianisme. En Corée, l'enseignement et la doctrine du confucianisme n'ont jamais été considérés en tant qu'objet de recherche éthique, comme un système dans lequel il eût été possible de faire un choix. Jamais personne n'a pensé que le confucianisme était une base de départ susceptible de mener vers des idées nouvelles ; bien au contraire, pour la Corée de la dynastie des Yi, la classe dirigeante s'était empressée de l'accepter dans son ensemble de la façon la plus aveugle et de le réaliser tel quel, sans la moindre souplesse. Prenons le cas de la piété filiale. Rien de plus normal et de plus beau que des fils et des filles reconnaissants des bienfaits reçus de ceux qui leur ont donné la vie ; mais le jour où ces enfants seraient trop inféodés à leurs parents, leur liberté et leurs droits humains risqueraient d'être piétinés. Le résultat serait une impossibilité d'épanouissement pour toute une jeunesse, d'où une dépravation morale plutôt que la réalisation de l'idéal proposé par la morale du plus fondamental. Élaboré en Chine, où il avait fini par devenir un système au service du pouvoir, l'enseignement du confucianisme fut reçu en Corée avec une ferveur et une dévotion inconnues même en Chine. Et les lettrés s'empressèrent de s'en servir de base pour édifier un système socio-politique d'une rigueur extrême.

Pour se rendre compte des abus auxquels ce système devait aboutir, il suffit de jeter un coup d'œil sur la situation du pays au cours des deux derniers siècles de la dynastie des Yi. La société du XIXe siècle, par exemple, était le triste résultat d'un tel système fondé sur ce confucianisme travesti. N'eussent été la doctrine et le mouvement du Tonghak lancé en 1860 par Chioe Che-U, le commun du peuple coréen et la population paysanne auraient continué à vivre dans la résignation, malgré l'oppression, et personne n'aurait pensé à une révolution pour tenter de restaurer un minimum de liberté et de préserver les droits humains les plus fondamentaux. Ainsi, l'éducation aidant, le peuple était persuadé que sa situation ne pouvait être différente, qu'il n'y avait pas d'autre moyen de vivre que de se résigner à son sort, si triste fût-il.

Les représentants du pouvoir pouvaient exiger les choses les plus insensées, le peuple n'avait qu'un solution : se taire et obéir. Il serait bien impossible de découvrir dans cette société, qui se réclamait directement des principes de Confucius, ne fût-ce que l'ombre d'une justice susceptible de garantir la liberté et les droits de l'homme. On objectera qu'il y avait le *sin mun go*, cette institution permettant, en principe, aux gens du peuple d'exprimer leurs désirs, leurs revendications et leurs doléances, qui devaient ensuite être portées à la connaissance du roi, appelé à prendre une décision. Aussi que l'on recherche la fréquence des syllabes *sang* (supérieur, haut) et *ha* (inférieur, bas) dans les expressions concernant les relation sociales. Cela suffira à prouver l'importance du sens de la hiérarchie sociale dans la structure de la pensée de la conscience et du subconscient du peuple coréen.

Des termes comme *Pyeha* (Majesté) ou *Chonha* (Altesse, Éminence) ne sont plus guère de mode, mais *Kakha* (Excellence), *Songha* (Saint-Père), *Yeha* (Révérendissime), *kwiha* (Monsieur), *chokha* (à monsieur), *kweha* (à monsieur), *chwaha* (à monsieur) et d'autres restent couramment employés et décrivent d'une façon remarquable, et presque cruelle, les relations sociales. Qui a pénétré le sens profond de ces mots, qui prosternent littéralement les petites gens devant les personnes plus importantes, se rend compte qu'il existe une distance incommensurable entre « Excellence » et le commun du peuple. Ce sont des termes où l'on peut apercevoir l'ombre d'un peuple opprimé se prosternant devant ses maîtres, censés posséder le science de la vertu et, par là, une autorité sans limites.

Il existe quantité de mots décrivant la conduite des supérieurs envers les inférieurs ; on y retrouve le même caractère, « ha », qui nous dit qu'ils acceptent de s'abaisser jusqu'à... (on trouve les mots équivalents dans l'autre sens, avec le caractère « sang », qui nous dit que ces inférieurs « osent » aller jusqu'à....).

Donnons quelques exemples. *Hagam* : lecture de la lettre d'un inférieur ; *hagyo* : directives données à des inférieurs ; *hagyo* : fréquentation des inférieurs ; *hanyom* : souci à l'égard des inférieurs ; *hadal* : transmission aux inférieurs ; *hadap* : réponses à un inférieur ; *hamun* : question posée à un inférieur ; *haso* : lettre à un inférieur ; *hasa* : don à un inférieur, etc... On pourrait allonger la liste sans difficulté. Tous ces mots sont utilisés par les Coréens d'aujourd'hui évidemment ; la plupart du temps on les emploie sans penser à leur origine et à leur sens profond, mais l'accoutumance est telle que les supprimer et les remplacer par des mots exprimant des relations d'égal à égal sont des choses impensables.

Ainsi, il est indéniable que le peuple coréen a été profondément marqué par une idéologie qui lui a inculqué ce sens d'une société hiérarchisée, composée de supérieurs et d'inférieurs. Si les classes de la fin du XXe siècle ne sont plus héréditaires, il n'en reste pas moins qu'elles existent. La toute nouvelle société, qu'elle ait le pouvoir ou qu'elle se montre autoritaire et méprisante parce qu'elle a réussi dans le domaine économique, est une réalité. Le commun du peuple, trop facilement servile, est aussi une réalité. A moins d'une démocratisation des relations, ces deux classes risquent, l'une comme l'autre, d'être un obstacle qui retardera l'avènement de cette société démocratique véritable à laquelle aspire sincèrement la grande majorité du peuple coréen.

Le système populaire et l'ordre social en Corée

Aujourd'hui, la conscience, la réalité et les tendances du peuple font l'objet de notre attention. Tout particulièrement en Asie, en Amérique latine... où s'intensifie l'inégalité sociale, ces questions sont étroitement liées à des problèmes. La mentalité du peuple est différente en Corée et en Occident, parce que son rôle est très marqué par les circonstances sociales. Si nous cherchons à définir le peuple dans le contexte de l'histoire, nous pouvons dire que c'est « la majorité dominée, consciente de sa situation et de ses conditions de vie réelles ».

Dans les supérieurs l'histoire de la Corée ancienne, le dominateur désignaient le peuple par les termes de *paekong*, *minin* ou *inmin*. Dans les temps modernes, on utilise plutôt le mot *minjing*, dans lequel *min* signifie « homme ordinaire » et *juing* « multitude ». Étymologiquement *minjung* n'a pas une signification très différente de *inmin* ; mais ce mot comporte un nouveau sens, du fait qu'il s'agit d'une époque différente où le peuple prend conscience de sa situation.

C'est à partir du VIIe siècle, à l'époque du Silla unifié, qu'il est question du peuple dans des documents historiques de Corée. Les historiens désignent souvent l'époque du Silla unifié comme étant une société d'esclaves et celle de Koryo qui l'a suivie comme une société d'aristocrates. On pourrait être tenté de penser qu'une telle société, divisée en une classe noble et une classe d'esclaves entre lesquelles se trouvait la masse des gens du peuple, pouvait conserver un certain équilibre autour de l'axe que constituait cette dernière, dans un système rigide où les esclaves ne pouvaient pas devenir nobles.

Aussi trouve-t-on de fréquents mouvements de résistance des esclaves à l'époque du Silla unifié et à celle de Koryo. A l'époque Choson (1392-1894), ils viennent du fait que le système des positions sociales était encore plus différencié et les privilèges octroyés par l'État plus assurés qu'aux époques précédentes.

On peut relever deux raisons que la dynastie Choson a évoquées pour se justifier lorsqu'elle renversa la dynastie Koryo. La première a été, au point de vue social et économique, la confiscation et la redistribution des terres par l'État pour supprimer la possession exclusive des terres par la famille royale, les moines bouddhiques et les nobles, chose qui était pratiquée vers la fin de la dynastie Koryo. La deuxième a été, au point de vue de la politique extérieure, le passage d'une politique pro-Yuan à une politique pro-Ming et, du point de vue religieux, d'un État bouddhique à un État confucianiste. De fait, dès qu'elle fut établie, la dynastie Choson confisqua toutes les terres pour les nationaliser et les redistribuer en fonction du nouvel ordre social institué par la dynastie.

Dans un pays traditionnellement agricole comme la Corée, les terres étaient à la fois les biens les plus fondamentaux et des sources de recettes financières pour l'État. En conséquence, la possession de terres était un critère de position sociale, de même que les postes de dignitaires. Et comme le confucianisme faisait le plus grand cas de l'agriculture, à mesure que la dynastie Choson devenait un État confucianiste, la signification économique des terres augmentait.

Aussi la distribution des terres manquait — elle de plus en plus d'équité, augmentant les possessions de la classe dominante privilégiée et mettant la classe dominée dans une situation de plus en plus précaire. Le *Kyonggwk taejon* (code administratif), datant de la fin du XVe siècle, nous donne des informations concrètes sur les classes inférieures à la noblesse. Suivant cet ouvrage, on distinguait, d'après la classe sociale, les « nobles », les hommes de la classe moyenne, les hommes du peuple et les hommes de basse condition. En réalité, chaque classe se subdivisait encore davantage. La législation concernait surtout la distinction entre fils légitimes et fils naturels, pour la classe noble, et devoirs des esclaves, pour la basse classe.

Même issus de famille noble, les fils naturels étaient classés plus bas que les fils légitimes et étaient soumis, pour l'accès aux dignités à des restrictions plus nombreuses que les gens de la classe moyenne ; et, parmi les gens de la basse classe, les esclaves étaient soumis à divers règlements coercitifs les maintenant dans une soumission absolue aux nobles et étaient traités avec discrimination.

Les fils naturels des nobles, qui étaient considérés comme des gens à part, et les hommes de la classe moyenne, qui avaient des emplois particuliers, formaient héréditairement presque un même groupe.

D'autre part, les *kisaeng*, qui étaient chanteuses et danseuses de profession, les bouchers, qui faisaient un travail vil interdit aux nobles, et les esclaves qui étaient utilisés par les nobles pour des travaux productifs, formaient un autre groupe de par leur situation concrète. Aux différentes classes correspondaient des professions respectives. Quand on parle de profession, en Extrême-Orient, on distingue, en général, lettrés, paysans, artisans et marchands. Les lettrés appartenant à la classe noble, formaient une force dominatrice en puissance car, tout en donnant une certaine instruction aux gens des campagnes, ils pouvaient accéder à une fonction publique dès que l'occasion s'en présentait.

Les paysans constituaient la classe essentielle dans une société agricole ; il ne s'agit pas ici des serfs qui travaillaient directement pour les nobles afin de leur permettre d'accumuler des biens, mais des cultivateurs qui exploitaient pour leur compte des terres dont ils étaient propriétaires ou qu'ils avaient en fermage. L'agriculture n'était nullement considérée comme un métier vil et les gens de toutes les classes pouvaient s'y adonner.

Quant aux artisans et aux marchands, leurs métiers étaient considérés comme non productifs, puisqu'ils ne produisaient pas de céréales, base indispensable à la vie, et ils étaient donc considérés comme des gens de basse classe.

Parmi les gens des quatre classes distinguées au point de vue de la profession, tous, à l'exception des lettrés, entraient dans la catégorie du peuple, dont nous parlons ici. On pourrait cependant classer aussi dans cette catégorie les membres de l'École des sciences pratiques, appartenant à la classe noble, qui participaient d'une façon habituelle au mouvement du peuple pour promouvoir sa condition et défendre ses droits et ses intérêts.

VII

Conception de la temporalité

1. Théorie de la temporalité

La physique moderne a confirmé de façon spectaculaire l'une des idées de base de la spiritualité extrême-orientale : tous les concepts que nous employons pour décrire la nature sont limités ; ce ne sont pas des caractéristiques de la réalité, comme nous avons tendance à le croire, mais des créations de notre pensée rationnelle devenues évidentes et nous devons modifier, voire abandonner, certaines de nos conceptions. Nos notions d'espace et de temps figurent au premier plan de notre carte de la réalité. Elles servent à ordonner les choses et les événements dans notre environnement et revêtent par conséquent une importance souveraine non seulement dans notre vie quotidienne, mais aussi dans notre effort pour comprendre la nature par l'entremise de la science et de la philosophie. Il n'existe pas de loi physique qui ne requière, pour sa formulation, les concepts d'espace et de temps. La profonde modification de ces concepts de base complétée par la théorie de la relativité fut par conséquent l'une des plus grandes révélations dans l'histoire des sciences.

Durant des siècles, la géométrie grecque continua d'exercer une forte influence sur la science et la philosophie occidentales. Les éléments d'Euclide étaient un manuel classique dans les écoles européennes jusqu'au début de ce siècle, et, pendant plus de trois mille ans, on considéra la géométrie euclidienne comme la représentation exacte de l'espace. Il fallut un Einstein pour que les scientifiques et les philosophes comprennent que la géométrie n'est pas inhérente à la nature mais lui est imposée par la pensée.

La philosophie orientale, à la différence de celle des Grecs a toujours soutenu que l'espace et le temps sont des constructions de l'esprit. Les mystiques orientaux les considèrent comme les autres concepts intellectuels, relatifs, limités et illusoires. Dans un texte bouddhiste par exemple, nous trouvons ces mots : il faut enseigner par le Bounddha, les moines, que le passé, l'avenir, l'espace physique et les individus ne sont rien que des mots, formés de la pensée, fermés du sens commun, seulement des réalités superficielles.

Ainsi les anciens philosophes et hommes de science extrême-orientaux adoptaient déjà l'attitude qui est à la base de la théorie de la relativité, à savoir que nos notions géométriques ne sont pas des propriétés absolues et immuables de la nature, mais des constructions intellectuelles. Selon les termes d'Arhvaghosha :

> « Même s'il est compliqué l'espace n'est rien d'autre qu'un mode de spécification et il n'a aucune existence réelle en lui-même ».

L'espace n'existe que relativement à notre conscience spécifique. Il en va de même de notre idée du temps et des états particuliers de la conscience. Einstein découvrit que les spécifications temporelles, elles aussi, sont relatives et dépendent de l'observateur. Dans la vie quotidienne, l'impression que nous pouvons disposer les événements autour de nous en une séquence temporelle unique est produite par le fait que la vitesse de la lumière — 300 000 kilomètres par seconde est si élevée, comparée à n'importe quelle autre vitesse, que nous pouvons supposer l'espace quand nous observons les événements à l'instant où ils surviennent.

La théorie de la relativité a donc révélé que toutes les mesures mettant en jeu l'espace et le temps pendant les notions classiques d'un espace et d'un temps absolu. L'importance capitale de ce fait nouveau a été clairement exprimée par Mendel Sachs dans les termes suivants. « Puisque l'espace et le temps sont désormais réduits au rôle subjectif d'éléments du langage qu'utilise un observateur particulier pour décrire des phénomènes naturels, chaque observateur décrira les phénomènes d'une façon différente. Afin d'observer quelques lois naturelles universelles de ces descriptions, il doit des formuler de telle sorte qu'elles revêtent la même, c'est-à-dire pour tous les observateurs dans des positions arbitraires et des mouvements relatifs. La théorie de la relativité a révélé que l'espace n'est pas tridimensionnel et que le temps n'est pas une entité distincte. »

Tous deux sont intimement et inséparablement reliés et forment un *continuum* quadridimensionnel nommé « Espace-Temps ».

Cette notion d'espace-temps fut introduite par Hermann Minkovski dans sa célèbre conférence de 1908, dans les termes suivants : « Les conceptions de l'espace et du temps que j'aimerais vous exposer sont nées sur le terrain de la physique expérimentale, et c'est en cela que réside leur force. » Elles sont radicales. Désormais l'espace en soi et le temps sont condamnés à s'évanouir comme des ombres, et seule une sorte d'union des deux gardera une réalité indépendante.

Les concepts d'espace et de temps sont si fondamentaux pour la description des phénomènes naturels que leur modification entraîne une altération de toute la structure que nous utilisons en physique pour décrire la nature[45].

Dans ce cadre nouveau, l'espace et le temps sont traités sur un pied d'égalité et inséparables. En physique relativiste, nous ne pouvons jamais parler de l'espace sans parler du temps, et réciproquement. Cette nouvelle structure doit être utilisée chaque fois que sont décrits des phénomènes impliquant des intensités élevées. Ceci est vrai des longueurs du système de référence mais, contrairement aux distance, spatiales, il augmente. Cela veut dire que des aiguilles de montres en mouvement tournent plus lentement, le temps ralentit. Ces horloges peuvent être très variées : pendules mécanique, électronique, ou le battement d'un cœur humain. Les mystiques orientaux semblent capables de parvenir à des états de conscience non ordinaires dans lesquels ils transcendent le monde à trois dimensions de la vie quotidienne pour faire l'expérience d'une réalité multidimensionnelle plus élevée.

---

45. Dans A. Einstein *et al.*, *Le principe de relativité* (*The Principle of Relativity*) pp. 75-79.

Ainsi Aurolindo parle-t-il d'un « changement subtil qui donne au regard la vision d'une sorte de quatrième dimension[46]. »

Les dimensions de ces états de conscience peuvent ne pas être les mêmes que celles dont nous traitons en physique relativiste, mais il est frappant qu'elles aient conduit les mystiques à des notions de relativité. Dans la spiritualité orientale, il semble exister une intuition du caractère spatio-temporel de la réalité. Le fait que l'espace et le temps sont inséparablement liés, si caractéristique de la physique relativiste, y fut souligné maintes et maintes fois.

Cette notion intuitive de l'espace et du temps a, peut-être, trouvé sa plus claire expression et son élaboration de plus longue portée dans le bouddhisme, et en particulier dans l'illumination. La conscience d'une « interpénétration de l'espace et du temps » — une parfaite expression pour décrire l'espace temps — est soulignée a plusieurs reprises dans les sutras et considérée comme une caractéristique essentielle de la condition de l'illumination.

A cause de la conscience que l'espace et le temps sont liés et s'interpénètrent intimement, les conceptions du monde de la physique moderne et de la spiritualité sont toutes deux des vues intrinsèquement dynamiques qui approchent le temps et l'espace en tant qu'éléments essentiels. Les sages orientaux parlent, eux aussi, d'une expansion de leur expérience du monde à des niveaux plus élevés de conscience et ils affirment que ces états impliquent une expérience radicalement différente de l'espace et du temps. Ils soulignent non seulement que la pratique de la méditation leur permet de transcender l'espace tridimensionnel ordinaire, mais également — et même avec plus de force — que leur conscience ordinaire du temps est dépassée. Au lieu d'une succession linéaire d'instants, ils font l'expérience, disent-ils, d'un présent infini, éternel et cependant dynamique. Dans les passages suivants, trois maîtres spirituels orientaux parlent de l'expérience de ce « maintenant éternel ».

---

46. S. Aurobindo, *La synthèse du gogu* (*The Syntesis of Gogu*).

2. Le temps dans la vie

L'endurcissement, le temps étalé et mortel de l'indifférence constituaient une défense plus ou moins définitive contre l'angoisse des regrets et des remords. Ce temps aboli est coextensif d'une conscience annulée. Et cette conscience issue de la faute, née de la transgression, aurait été entièrement centrée sur elle, monoidéique, fascinée, parvient pas a éloigner. L'instant de la faute est toujours devant les yeux de l'homme en proie au remords. Son passé le capte tout entier ; il marche vers l'avenir à reculons. La culpabilité, tant réelle que névrotique, engendre cette anachronie du temps inversé.

L'homme, en proie au remords, n'est agité que par lui « comme le paravent que pourchasse le vent » ; il obéit à sa seule loi, s'affole de n'en point trouver d'autre. Inconscient de sa loi intérieure, le névrosé vit comme lui à reculons, le regard fixé sur une obscurité infondée dans laquelle il recherche l'objet perdu.

Et il est frappant de voir que la pensée grecque, si profondément marquée par la loi du mythe œdipien, « concept nucléaire des névrosés », structure ainsi le temps selon une métaphore spatiale qui tout naturellement rive le regard de l'homme au passé et lui fait tourner le dos à l'avenir. En grec, en effet, le mot – et ses dérivés –, qui signifie spatialement ce qui est derrière, en arrière, désigne temporellement l'avenir. Cette étrange phénoménologie du temps correspond bien à celle de l'homme frappé par le regret et le remords. Il vit dans un temps inversé ou seul le passé lui fait face. L'avenir est bouché par sa propre carrière et il ne prend pas conscience de ce que son développement dépend peut-être d'une simple volte-face qu'en langage moral on appellerait conversion…

Ainsi, considérons le poids attribué, dans les langues néolatines, aux « temps » simples et composés qui sont employés pour exprimer toutes les muances de l'événement passé ou futur, devant l'importance revêtue par les « aspects »[47].

47. Georges Mathé, *Le temps d'y penser*, pp. 89-110.

Considérons les différents comportements que les expressions linguistiques revêtent par rapport à la composante temporelle et ils nous apprendront l'importance que peut avoir, pour l'ensemble de la vision du monde de l'homme, les manières différentes d'affronter la constante temporelle.

Parmi les multiples aspects propres à la temporalité et qui se révèlent comme « spécifiques » de notre époque, il y a un facteur auquel je voudrais consacrer quelques lignes, c'est la « vitesse », c'est-à-dire l'accélération du temps qui est devenue un des plus grands thèmes d'aujourd'hui — et aussi une des plus grandes » réalités ».

VIII

Impact de l'occident sur la culture coréenne (rationnel, scientifique) et apport de la Corée à un renouvellement de la culture occidentale

1. La situation internationale en Asie du Nord-Est

Jusqu'à l'époque où, surtout sous la pression extérieure, ils furent obligés de s'ouvrir à la culture et à l'influence occidentales en ouvrant leurs portes au pays occidentaux les plus développés aux points de vue technique et scientifique, les pays d'Asie — Corée, Chine et Japon — menèrent une politique isolationniste, à l'intérieur de la sphère culturelle centrée sur la Chine. L'ouverture se fit au XIXe siècle. L'Asie du Nord-Est a toujours formé le centre politique et culturel de l'Asie, le continent le plus étendu du monde ; la Corée se trouve située au centre même de cette région. Sa situation, extrêmement importante du point de vue stratégique et du point de vue géographique, a souvent causé à la péninsule des problèmes compliqués et lui a valu bien des difficultés. La Chine fut l'un des pays qui virent naître la culture humaine ; c'est là que le confucianisme apparut et c'est aussi de là que le bouddhisme *nahayana* se répandit dans le monde.

Ce fut toujours une région du monde possédant une haute culture, une politique remarquable et un force créatrice étonnante. La Chine et la Corée ont toujours connu un régime politique considéré comme une « politique de sages ».

Ainsi si l'on en croit les documents historiques, de l'époque de la fondation des trois royaumes, il y a 1000 ans, jusqu'au XIXe siècle, moment de l'ouverture des portes aux pays d'Occident, la péninsule coréenne a toujours suivi la culture et l'organisation chinoises. La Corée a fait connaître ces valeurs chinoises au Japon, tout en créant et développant une culture coréenne propre et indépendante. Cependant, dans le domaine de la politique internationale, la péninsule coréenne dut subir de nombreuses guerres et invasions venant de l'Asie du Nord-Est. Aussi, dans cette région, à cause de sa situation stratégique importante, la Corée devait être victime des grandes puissances et, finalement, tomber pour un temps sous la domination étrangère. Du point de vue religieux, les missionnaires chrétiens ont apporté la civilisation scientifique et l'Évangile, mais les oppositions entre cultures, entre tradition et changement, entre religions, entre famille et individu, entre culte des ancêtres et religion, entre le respect dû au soi et le culte s'adressant à Jésus-Christ finirent par soulever de graves et complexes problèmes. Toutes ces questions eurent des retentissements sur les plans politique et social et ne cessèrent de se compliquer, aussi bien sur le plan national que sur le plan international.

2. La régence de Taewongun et les relations avec l'étranger

En janvier 1864, au moment où Taewongun prenait le pouvoir, la Corée était dans une situation des plus critiques aussi bien sur le plan intérieur que dans le domaine des relations avec l'étranger. Pour les questions intérieures, à la mort du roi CHol jong, le fils de Taewongun accéda au trône à l'âge de 12 ans, au moment où la dynastie des Yi commençait sa décadence. Décadence d'ailleurs accélérée par les abus d'une politique d'influence des familles des reines, qui provoquait le désordre dans tous les domaines du gouvernement. La Russie, au nord, envahissait la Chine et menaçait le royaume de Choson ; la France, qui avait échoué lors de sa première expédition, menaçait de revenir à la charge d'un jour ou l'autre.

D'un autre côté, les problèmes posés par l'expansion du catholicisme s'étaient révélés insolubles par le moyen de la persécution. On sentait le besoin de l'aide et de la protection de la Chine, mais celle-ci était elle-même très affaiblie et en proie à l'invasion des pays occidentaux. Profitant de ces circonstances, l'Église catholique envoyait davantage de missionnaires et réussissait à accroître le nombre de ses adeptes : les 9 000 fidèles de 1839 avaient doublé en 1864. Certaines personnalités de haut rang et même des personnes de la cour royale avaient adhéré à la nouvelle croyance. L'Église avait même des imprimeries et continuait son travail de pénétration dans le peuple.

Voyant la Corée et la Chine en train de courir à la ruine devant la pression croissante des Occidentaux et l'expansion du catholicisme en Corée, Taewongun tenta une réforme intérieure et une politique isolationniste. Par là, il voulait faire face aux nombreux problèmes qui se posaient. C'est ainsi qu'il mit en œuvre une politique de reconstruction nationale. Afin de redonner son influence au pouvoir central, le régent fit fortement pression sur la famille des Kim, liée aux anciennes reines. De nombreux fonctionnaires qui avaient trempé dans les abus du passé et de non moins nombreux lettrés confucianistes tombèrent sous le coup de la répression et finirent en exil. On vit la suppression d'un très grand nombre de centres où se réunissaient les lettrés imbus du confucianisme.

Dans le domaine militaire, le régent mit sur pied une armée sous un commandement unique, soumise à des règlements sévères : il fit le nécessaire pour la doter d'armes nouvelles. Au point de vue économique, le système de l'impôt fut réformé : les Yangban furent soumis à l'imposition comme tout le monde.

Cette époque connut un grand effort visant à la suppression des abus, de la corruption et de toutes sortes de désordre. Il faut ajouter que Taewongun restaura le palais Kyonbok, qui avait été détruit au moment de l'invasion de Toyotomi Hideyoshi ; il contribua ainsi à redonner à la dynastie sa dignité et sa grandeur. Sur le plan international, le régent suivit une politique isolationniste, refusant l'ouverture du pays et persécutant le catholicisme. Il fit tout son possible pour conserver les traditions et rester fidèle aux relations traditionnelles avec la Chine. Une telle politique devait amener un grand nombre de problèmes et de difficultés. Les travaux de restauration du palais Kyongbok devaient peser très lourd sur le peuple et soulever le mécontentement. D'un autre côté, la suppression des familles influentes, des fonctionnaires corrompus, des factions de la noblesse devait lui attirer les critiques de toute une partie de la population et tout particulièrement des lettrés confucianistes. La réforme économique soulevait l'opposition des Yangban tandis que la politique isolationniste et la persécution des chrétiens attisaient la pression des pays occidentaux et les menaces d'invasion. Un certain nombre de spécialistes prétendent que l'isolationnisme de Taewongun et sa politique retardèrent la modernisation de la Corée et accélérèrent la ruine de la dynastie des Yi. Mais le parti pro-japonais qui voulait moderniser à tout la révolte du Tonghak, destinée à amener une réforme fondée sur le peuple lui-même, et l'Association de l'indépendance avec son mouvement de modernisation par la démocratisation, tous ces mouvements devaient aboutir à un échec.

D'un autre côté, parmi les missionnaires et les catholiques désireux d'accélérer la propagation de l'Évangile (qui promettait le ciel), un certain nombre de personnes coopéraient avec l'étranger et trempaient dans des projets (d'expéditions et) d'invasion de la Corée. Taewongun avait de bonnes raisons pour suivre une politique isolationniste et pour massacrer les catholiques. Il aurait suffi d'ouvrir les portes du pays pour que les Occidentaux et leur culture fissent leur entrée ; l'ordre du pays eût été troublé et il serait survenu un grand désordre dans les domaines de la culture, de la religion et du système social. Il était persuadé, pour sa part, que cela finirait un jour par conduire à l'invasion et à la domination étrangères. Il faut faire remarquer que les événements survenus en Chine à la suite de l'ouverture des ports ne faisaient que confirmer une telle crainte.

Du point du vue de Taewongun, les Occidentaux étaient des barbares (envahisseurs) et il considérait leurs diplomates, les missionnaires, les militaires et les marchands de ces pays, quelle que fût leur nationalité, d'une seule et même façon méprisante. Il était de plus bouddhiste de croyance et assez peu ouvert aux autres idées ; il se croyait donc obligé de s'opposer à l'expansion du catholicisme. Celui-ci avait été introduit par des lettrés dissidents du confucianisme, qui était la religion d'État de la dynastie des Yi.

Cette religion nouvelle représentait la culture et la religion occidentales ; elle s'opposait au culte des ancêtres exigé par les rites confucéens.

Cette nouvelle croyance, substituant Dieu au roi et aux parents, remplaçait la famille par l'individu ou par l'Église. Enfin, elle supprimait les classes sociales pour établir une société fondée sur l'égalité des hommes et promettait un ciel éternel. D'un autre côté, le catholicisme, directement ou indirectement, donnait de bonnes raisons à certaines puissances occidentales pour envahir la Corée ; et les fidèles coréens se permirent parfois d'apporter leur concours à de telles entreprises. C'est pourquoi Taewongun en arriva à considérer le catholicisme comme une religion perverse qui ruinait l'ordre social traditionnel et amenait l'envahisseur dans le pays. Bouddhiste et ayant reçu une éducation basée sur les principes du confucianisme et de s'opposer avec violence à l'ouverture des ports. Il voulut par là repousser la « religion fausse » qu'il voyait dans le catholicisme, mettre fin aux tentatives de mainmise sur le pays par l'Occident et assurer la sécurité du pays en maintenant la culture et l'ordre traditionnels de la société coréenne.

Cette façon d'agir lui apparaissait comme le meilleur et le seul moyen de (se) préserver et de sauver la nation. En 1866 devait survenir un événement qui ne fit qu'ancrer Taewongun encore plus profondément dans ces idées. En 1865, des navires de guerre russes apparurent dans la baie de Yonghung et des Russes pénétrèrent dans le nord du pays. Au moment où le régent cherchait un moyen de les refouler, les catholiques lui présentèrent un projet. Le contenu proposait qu'un certain nombre de fidèles, avec l'aide des missionnaires étrangers, fassent des démarches pour une alliance Corée-Angleterre-France qui permettrait de faire face à la Russie. Taewongun se montra d'abord favorable au projet et demanda même une entrevue avec l'évêque français ; puis, il changea brusquement d'attitude pour déclencher contre l'Église catholique de terribles massacres.

Pourquoi donc le régent refusa-t-il le projet qui lui était proposé et déclencha-t-il cette violente persécution ? Son but fondamental était de repousser les Russes et non de conclure une alliance qui aurait favorisé le catholicisme. Tandis que les pourparlers étaient en cours, les navires russes se retirèrent et la situation devint moins critique ; de leur côté les catholiques, trop contents, avaient divulgué le projet. Au même moment, des nouvelles arrivèrent de Pékin ; elles annonçaient l'occupation de la Chine par les armées occidentales et l'interdiction du catholicisme. Ce fut l'occasion pour le régent de redonner libre cours à sa haine du christianisme et de réviser ses idées isolationnistes.

Peu à peu, les puissances occidentales arrivées en Extrême-Orient occupèrent toute l'Asie du Sud-Est à l'exception de la Thaïlande. Elles réussirent aussi à obtenir l'ouverture de ports chinois et japonais mais la Corée, le pays ermite, continua longtemps sa politique isolationniste. Dès le début, la plupart des tentatives faites par les puissances occidentales pour obtenir l'autorisation d'établir des relations commerciales furent mêlées à des intentions politico-religieuses.

Ce fut le cas des expéditions françaises et américaines ; ce fut aussi le cas de la descente des navires russes. Il faut ajouter que l'entrée des missionnaires soulevait des problèmes politiques, culturels et sociaux et ce fut pour ces raisons que le pays se mit à penser qu'il fallait à tout prix enrayer l'expansion du christianisme et s'opposer à l'ouverture des ports. Dans ce sens, on peut citer la politique très dure de Taewongun et sa persécution contre le catholicisme, qui sont souvent critiquées dans les milieux savants comme ayant été excessives. Les résultats : tout comme le régent l'avait craint, la Corée finit par ouvrir ses portes, l'influence étrangère devint prépondérante et ce furent l'invasion et l'occupation.

Les tendances opposées au régent et désireuses de modernisation ainsi que l'aide étrangère finirent par provoquer les troubles de 1882, de 1884 et la guerre sino-japonaise ; la culture traditionnelle s'en trouva bouleversée et l'ordre social détruit. Il y eut les guerres d'hégémonie entre la Chine, le Japon et la Russie, liées à une lutte d'influence continuelle entre les États-Unis, la Chine, le Japon, l'Angleterre et la Russie dans la région de l'Asie du Nord-Est. Quand, 100 ans plus tard, nous regardons la situation d'aujourd'hui, nous pouvons nous rendre compte que la Chine populaire, le Japon et l'URSS, les superpuissances continuent à rivaliser autour de la péninsule coréenne ; et les États-Unis, qui eurent autrefois une grande influence sur la Corée, sont aujourd'hui son allié.

Ces quatre puissances sont les plus grandes au monde. Elles appartiennent à la région du Pacifique et elles portent toutes un vif intérêt à la péninsule coréenne. Par sa situation, celle-ci est importante pour la paix et la sécurité non seulement de l'Asie du Nord-Est, mais du monde entier. Tout changement de politique sur le continent chinois à l'avenir encore aura d'importantes répercussions sur cette partie de l'Asie. Avec la guerre russo-japonaise, la Corée perdit définitivement son indépendance et son gouvernement autonome.

Le mouvement lancé par l'Association pour l'Indépendance, influencé par les États-Unis, échoua aussi sans avoir obtenu la modernisation et la démocratisation auxquelles il visait. Même en supposant que Taewongun ait ouvert le pays plus tôt on peut se demander si la Corée aurait réussi comme le Japon. Au contraire, il semble que la politique du régent ait permis de prolonger la vie de la dynastie des Yi. Étant donné les circonstances de l'époque, on pourrait penser que la politique du régent fut la meilleure solution pour la dynastie et pour lui-même ; mais le royaume de Choson était au bord de la ruine et il était déjà trop tard.

La pression du Japon et des partisans de la reine Min se faisait du plus en plus forte. Taewongun était un homme courageux, un homme de décision et un patriote. Par contre, il ignorait la politique internationale, il manquait d'expérience et son entêtement l'empêcha toujours de composer avec les influences et les pressions qui se faisaient sentir à l'intérieur comme à l'extérieur. Il fut obligé de quitter le pouvoir en 1873. Avec lui disparaissaient le symbole de la fidélité à la tradition et la tendance conservatrice ; avec lui, encore, disparaissait l'esprit d'indépendance. Trois ans plus tard, la Corée ouvrait ses portes au Japon et six ans plus tard, aux États-Unis. Ce fut, dès lors, l'ingérence du Japon et des puissances occidentales dans l'économie et la politique du pays qui ne tarda pas à se transformer en marché pour les pays étrangers, en attendant de devenir un champ de bataille, puis une colonie.

3. La rencontre du confucianisme, de la culture coréenne et du catholicisme occidental en Corée

Toute véritable vie humaine est une rencontre, a dit Martin Büber. En effet, la vie humaine elle-même est une rencontre, à travers laquelle elle mûrit et s'enrichit. Cependant, cette rencontre est accompagnée de tensions et de conflit. Ceci n'est pas vrai seulement pour celle qui a lieu entre les individus, mais aussi entre les idées et les civilisations. Aussi, la rencontre en Chine et en Corée de la pensée-idéologie de l'Occident et de la pensée-idée de l'Orient aux XVIIIe et XIXe siècles a-t-elle une grande signification, non seulement pour l'une et l'autre doctrine, mais aussi pour l'histoire de la pensée universelle. La rencontre et la confrontation de l'Orient et l'Occident en Corée sous la dynastie Choson (XVIIIe et XIXe siècles), vers la fin du XVIIIe siècle, a produit un grand bouleversement dans l'histoire et la politique de la civilisation et des idées de notre pays. Or la rencontre de ces deux doctrines, qui avait provoqué des discussions et des conflits en Chine, en causa de plus sérieux en Corée, où elle finit par avoir des conséquences sanglantes.

Quelles en ont été les causes ? Il y en a eu certes, d'ordre social et politique, mais la cause principale tient au fait que ces deux civilisations — deux cultures hétérogènes — se sont rencontrées sans qu'aucune des deux ait été préparée à accueillir l'autre. Ces deux cultures, qui avaient chacune sa méthode et son système de pensée, prétendaient être orthodoxes et étaient pleines de fierté et d'un sentiment de supériorité. Le confucianisme insistait surtout sur la morale ordinaire de l'homme, car la voie se trouve, pour lui, dans la morale journalière. Il était caractérisé par l'idée de l'« imminence de l'autre monde sur ce monde, selon laquelle la voie du ciel se réalise de sorte que la morale et la religion « étaient deux tout en étant une, et une tout en étant deux. »

Le catholicisme est occidental mais, en tant que religion et philosophie révélées, il éclaire toutes les réalités humaines, comme la morale et la vie sociale, à la lumière de la révélation. Il se caractérise en cela par l'idée de la « transcendance de l'autre monde par rapport à ce monde », en raison de laquelle il attache plus d'importance à la foi de l'homme en Dieu qu'à la vie morale des hommes entre eux.

Par conséquent, pour ce qui est des relations de l'homme avec le ciel, le confucianisme mettait l'accent plutôt sur l'imminence du ciel dans l'homme que sur sa transcendance, tandis que le christianisme occidental insistait sur la suprématie transcendante de Dieu et sur la foi en lui ! D'autre part, le confucianisme, qui avait établi son orthodoxie sur la base de l'idée de la doctrine d'après le Chun Chiu, mis au point par Confucius, maintenait une attitude nettement anti-hétérodoxe, qualifiant d'hétérodoxe toute pensée hétérogène.

Quant au catholicisme occidental, il se prétendait seul orthodoxe dans la conviction qu'« il n'y a pas de salut possible en dehors de l'Église », selon l'expression du concile de Trente. La rencontre de ces deux doctrines était donc certainement difficile. Il y avait tout de même des possibilités de dialogue. Or, l'Église catholique les bloqua par son rejet et son interdiction des sacrifices aux ancêtres, qui constituent le fond du système idéologique du confucianisme. Les confucianistes, de leur côté, interdirent le catholicisme occidental et opprimèrent ses adeptes. Cet antagonisme entraîna un conflit qui dégénéra en lutte à mort. On peut donc dire que ces deux doctrines manquèrent à leur devoir de religions en s'attachant étroitement au maintien de leur orthodoxie et de leur parité au lieu de s'efforcer de mûrir par une rencontre.

Dans cette étude, je vais essayer d'examiner les raisons pour lesquelles le catholique a interdit les sacrifices aux ancêtres et les répercussions de cette interdiction, et également de dégager la signification fondamentale de ces sacrifices et des tablettes des ancêtres dans le confucianisme en vue de faciliter le dialogue et un accord dans l'avenir.

4. Controverses sur les cérémonies du culte en Chine et interdiction des sacrifices aux ancêtres

Les contacts entre l'Orient et l'Occident ont commencé dès l'antiquité et se sont poursuivis sans répit. Mais la rencontre des deux idées représentatives de l'Orient et de l'Occident — le christianisme en Occident et le confucianisme en Chine — n'a eu lieu que dans la seconde moitié du XVIe siècle, par suite de la venue en Chine de Matteo Ricci et de ses compagnons, des missionnaires jésuites avec l'impérialisme politique. Les missionnaires jésuites des premières années étudièrent le mandarin et les classiques chinois, s'efforcèrent de s'adapter aux coutumes chinoises[48] et entreprirent de compléter le confucianisme, qu'ils toléraient, et de changer le bouddhisme des lettrés de l'époque. Cependant, ils se heurtèrent à la difficile question de savoir comment accepter la civilisation confucianiste, dont l'histoire était deux fois plus longue que celle de la civilisation occidentale et qui avait une conception particulière de l'homme et de la morale ainsi que de ses cérémonies culturelles propres, pour pouvoir s'harmoniser avec elle.

En d'autres termes, ils étaient confrontés à la question de l'indigénisation, liée directement à celle de l'évangélisation. Cette question se posait en particulier pour deux problèmes pratiques :

1) par quel mot chinois traduire le mot Dieu des chrétiens ?

2) pouvait-on tolérer les cérémonies du culte à Confucius et aux ancêtres ?

Les missionnaires jésuites ne pouvaient pas ne pas s'étonner de ce que les Chinois possédassent plusieurs termes pour désigner l'Être absolu, tels que (Empereur d'en haut), (ciel), (Esprit), (Principe de toutes choses), et de ce que ces termes avaient différentes significations. En effet, les termes qui servaient à désigner l'Être transcendant et personnel dans les anciens classiques confucianistes avaient une autre signification métaphysique dans le néo-confucianisme.

---

48. Feng yu lan, *The spirit of chinese philosophie*, traduit en anglais par E. R. Hudges, Boston, 1967.

De plus, ces termes étaient couramment utilisés par le peuple, mais avec des sens tellement différents qu'il était même possible de les comprendre comme des expressions de croyances animistes ou polythéistes, influencées par le bouddhisme ou le taoïsme. Les missionnaires jésuites qui, dans la ligne de leur fondateur Ignace de Loyola cherchaient à évangéliser surtout la classe instruite adoptèrent une attitude de tolérance culturelle et choisirent pour désigner Dieu le terme Maître du ciel, employé dans les classiques confucianistes ; mais ils estimaient que les mots *Sangje* et *Chon* pouvaient également être employés pour désigner Dieu, dominateur de toutes choses.

Ils considéraient que l'interprétation des néo-confucianistes selon lesquels *Chon* et *Sangje* désignaient le ciel purement matériel, n'était pas fondée sur les classiques. Aussi acceptaient-ils d'aplanir les difficultés qu'avaient les Chinois à adhérer au christianisme en autorisant les néophytes à se servir des termes *Chon Ju, Chon* et *Sangje*, qui leur étaient tous familiers. Pour ce qui est des cérémonies du culte à Confucius et aux ancêtres, les jésuites pensèrent aussi qu'elles n'étaient certainement pas de l'idolâtrie, ni non plus, probablement, des actes de superstition.

En effet, même si au cours de ces cérémonies on se prosternait, on faisait des offrandes et on brûlait de l'encens devant les tablettes des ancêtres, ils considéraient qu'il s'agissait d'expressions du culte traditionnel des morts, analogues à celles des cérémonies que faisaient les lettrés et les fonctionnaires à l'égard de leurs maîtres. En somme, ils toléraient ces cérémonies, qu'ils considéraient comme une expression du respect et de la gratitude que les enfants et les disciples doivent à leurs parents et à leurs maîtres défunts, analogue à celles qu'ils leur témoignaient de leur vivant[49].

Cette ligne de conduite, soucieuse de tolérance et d'adaptation, des missionnaires jésuites dans leur œuvre d'évangélisation contribua beaucoup à attirer l'intérêt et la sympathie des Chinois instruits à l'égard du christianisme et entraîna la conversion d'un grand nombre d'entre eux. Par contre les missionnaires dominicains et franciscains qui arrivèrent en Chine un demi-siècle plus tard (en 1631 pour les

---

49. Wang Ch'ih-hsin, *Précis d'histoire des religions de Chine Taipei*, pp. 2-5.

dominicains et en 1633 pour les franciscains)[50] adoptèrent une ligne de conduite opposée à celle des jésuites, qu'ils accusaient d'opportunisme.

Les dominicains et les franciscains exerçaient leur activité missionnaire dans les campagnes des provinces du Fo et de Santens parmi des gens peu instruits, chez qui les sacrifices à Confucius et aux ancêtres étaient[51] indéniablement empreints d'éléments superstitieux. Ils estimaient que les Chinois étaient athées et que Confucius préconisait l'agnosticisme au sujet de l'au-delà et de l'Être absolu, et donc que leur conception du *Chon* était matérielle. Ils soutenaient que la notion chinoise de Taeguk, qui correspond à celle de « cause première », n'avait qu'une signification purement matérielle et que la notion de *Sangje* était encore inférieure à celle de Taeguk et, par conséquent, qu'il n'était pas permis aux chrétiens d'employer les termes *Sangje* ou *Chon* pour désigner le vrai Dieu[52].

De plus d'après eux, Confucius n'était pas sauvé parce qu'il avait ignoré l'Être absolu, les anges, l'immortalité de l'âme et la récompense ou la punition après la mort, et les ancêtres des Chinois n'étaient pas sauvés non plus parce qu'ils n'avaient pas connu ces vérités et n'avaient pas été baptisés. Par conséquent, d'après ces missionnaires, les prosternations, les encensement et les offrandes qu'on faisait pour les cérémonies du culte à Confucius et aux ancêtres étaient de l'idolâtrie et des actes de superstition. Cela posait la question grave et épineuse de savoir comment et dans quelle mesure les chrétiens, qui professaient leur foi au Christ, pouvaient s'adapter à la société et à la civilisation où ils vivaient.

---

50. Julia Ching, *Confucianisme and christianity*, New York, 1977, pp. 15-17, Fang Hao, *Histoire des communications entre la Chine et l'Occident*, vol. 52 Taipei, pp. 124-125.

51. Samuel Couling, *The encyclopaedia sinica*, Shanghai, 1917, p. 485 : Julia Ching, *op. cit.*, pp. 19-23.

52. Sur la question des cérémonies du culte, les missionnaires jésuites n'étaient pas tous d'accord : Ainsi, U Longobardi, successeur de Matteo Ricci, s'opposa à la ligne de conduite de celui-ci. Cependant, les jésuites adopteront en général la ligne de conduite de mutation (Eeng hao, *op. cit.*, pp. 139-140 : K.S. Le Latouretta, *A history of christian missions in China, Taipei*, 1973, p. 135.

Comme il s'agissait d'une question de vie ou de mort pour l'Église en Extrême-Orient, les missionnaires furent amenés à en référer au Saint-Siège à Rome. Mais ces discussions s'envenimèrent par la suite de jalousie entre les ordres religieux et de dissension entre les États, ce qui entraîna l'intervention non seulement des ordres religieux dans les missions, mais du Saint-Siège lui-même. Cette « querelle des rites » fut déclenchée par la présentation au Saint-Siège de 17 articles par un dominicain, qui s'opposait à la ligne de conduite de tolérance et d'adaptation des jésuites. Troublés par une ordonnance prise en 1645 par le pape Innocent X, les jésuites envoyèrent à Rome Martino Martini pour expliquer leur position.

Après mûr examen, le pape Alexandre VII publia en 1656 une ordonnance par laquelle il acceptait la ligne de conduite des jésuites. D'après cette ordonnance les chrétiens étaient autorisés à participer à toute cérémonie de caractère social, à faire les cérémonies du culte des morts exemptes d'éléments superstitieux, et même à participer à des cérémonies superstitieuses si elles ne causaient pas de préjudice à leur foi et s'ils risquaient de provoquer des sentiments d'hostilité en n'y participant pas.

De plus en 1659, la congrégation Sacrée de la propagation de la Foi donna aux missionnaires les instructions suivantes pour qu'ils adoptent une ligne de conduite d'adaptation : « Les missionnaires ne devront jamais penser à changer ni conseiller de changer les cérémonies et les coutumes propres aux peuples qu'ils évangélisent, excepté dans le cas où elles seraient clairement opposées à la foi et à la morale chrétienne. L'homme préfère instinctivement à toutes choses ce qui lui est propre et surtout ce qui est particulier à sa race, par conséquent toute tentative destinée à changer les usages d'un peuple ne peut que provoquer une forte haine et une profonde réaction ; il en est de même surtout quand on tente de changer les coutumes jugées blâmables ; il faudra s'y opposer par la maîtrise de soi et par le silence plutôt que par des paroles, en attendant une occasion favorable »[53].

En effet, dans ces sociétés traditionnellement confucianistes, les chrétiens qui refusaient les sacrifices aux ancêtres

---

53. Feng hao, *op. cit.*, p 139.

étaient accusés de manquer de piété filiale et chassés de leur famille. Cette interdiction des cérémonies du culte eut pour résultat de faire obstacle à la conversion non seulement des gens cultivés, mais aussi des gens du peuple. De plus, cette attitude de refus des cérémonies était considérée comme un acte de destruction de la discipline morale et de l'ordre social, qui étaient les fondements de la société coréenne, et offusquait d'une façon fâcheuse l'amour propre des Chinois et Coréens, qui considéraient que les chrétiens manquaient de patriotisme ou même étaient à la solde des puissances étrangères[54].

En revanche ces controverses stimulèrent en Europe les études sur la Chine et la Corée et exercèrent une grande influence sur les philosophes du XVIIIe et du XIXe siècle[55]. Au contact de la « science occidentale », ces Coréens prirent une attitude objective, comportant à la fois acceptation et refus. Ils étaient positifs pour recevoir la civilisation technique de l'Occident, mais vis-à-vis de la doctrine chrétienne, tout en acceptant son aspect rationnel, ils maintenaient une attitude sceptique à l'égard de son aspect de foi surnaturelle. Tout en reconnaissant que Dieu, assimilé à *Sangje*, gouverne l'univers, ils critiquaient les théories de la création, de l'immortalité de l'âme, du paradis et de l'enfer après la mort, de la précarité de ce monde, de l'incarnation et de la rédemption, du célibat du clergé, etc... et rejetaient le christianisme comme une hétérodoxie irréaliste, anti-sociale, immorale et pessimiste.

Mais certains lettrés, qui avaient d'abord étudié la religion occidentale comme une science, finirent par adhérer au christianisme en tant que foi, posant ainsi les fondements du catholicisme en Corée, sans qu'il y ait eu de prédication de missionnaires. Ils tentèrent de compléter le confucianisme par le christianisme ou de l'ingérer en harmonisant les deux doctrines. Dans la société de l'époque, où le culte des ancêtres était presque la religion nationale[56], cette attitude fut con-

---

54. A.H. Rowhotam, *Missionary and Mandario*, Presses de l'Université California, 1942, pp. 128, 129, 130.
55. Collection, *Congresationis di propaganda tide*, vol. 1, 1907, pp. 130-145.
56. *New catholic encyclopaedia*, vol. 3, Université catholique des Etats-Unis 1967, p 613, K.S. Latouretta, *op. cit.*, p 140, 141.

sidérée comme « le percement des pupilles des gens de toutes les classes et eut un retentissement considérable »[57]. Le roi ChongJo, qui était plutôt favorable à l'Église catholique et ne voulait pas que l'affaire prît de l'envergure, ne pouvait pourtant pas laisser impunis des gens qui avaient violé le principe de la politique nationale. Il les fit donc mettre à mort et donna, en outre, l'ordre d'interdire le christianisme et de mettre au feu les livres de « science occidentale ».

On peut considérer sous trois aspects le choc provoqué par la demande de l'église catholique d'abolir les sacrifices aux ancêtres et de détruire les tablettes par le feu.

1) Dans cette société traditionnellement confucianiste, dont la morale et le système social étaient fondés sur le culte des ancêtres, les chrétiens furent traités d'enfants ingrats « sans père » et de bande d'animaux qui manquent aux devoirs de l'homme, ce qui porta un grand coup à la prédication du catholicisme.

2) Au niveau de la société et de l'État, ces actes furent considérés comme le reniement et la destruction de l'ordre moral et du système social établis, et les chrétiens furent accusés de manquer de patriotisme ou d'être à la solde des puissances occidentales agressives comme nous l'avons déjà dit.

3) Au sein de l'église chrétienne catholique, l'Église catholique de Corée devint un corps dont le centre était le clergé (et plus particulièrement les missionnaires étrangers), ce qui l'orientait vers une tendance négative et passive. Dans ces conditions, son indigénisation devenait presque impossible et il en est résulté que jusqu'à aujourd'hui, le christianisme est connu comme étant une religion occidentale hétérogène[58].

Quelles étaient donc les raisons de la demande de l'abolition des sacrifices aux ancêtres et de la destruction de leurs tablettes, qui causèrent un si grand choc et eurent une grave influence sur l'Église catholique en Corée ? Au cours

---

57. A. Thomas, *Histoire de la mission de Pékin*, Paris, 1923, pp. 243-251, Joseph Krohl, *China, Missions in Crisis*, Rome, 1964, pp. 29-35.

58. Alexandra de Gouvea, *Tractam epistolae excelles Tissimi admodumque reverendi episcopi pekininnis, ad illustrissimum episcopum cavadinsem : chosen gakuho*, vol. X, 1956, pp. 220-224.

de son procès[59], Yun chiung déclara qu'il n'avait pas offert de sacrifices et avait détruit les tablettes parce que l'Église le demandait[60].

5. Les sacrifices dans le confucianisme

Voici, en gros, les rites du culte des ancêtres et leur signification symbolique. L'officiant sort la tablette du mausolée et fait devant elle des révérences, comme il en ferait devant une personne vivante. Puis il allume des bâtonnets d'encens pour appeler l'énergie de l'âme ; ensuite, il verse de l'alcool de riz dans un récipient contenant des aiguilles de pin liées ensemble pour appeler l'énergie du corps, provoquant ainsi l'union de l'énergie de l'âme et de celle du corps.

C'est l'expression d'un vœu ardent, suppliant le défunt de se rendre présent. Éprouvant la présence du défunt, l'officiant offre de l'alcool de riz et de la nourriture, symbole de la sincérité de son respect. Puis vient la lecture d'une prière, par laquelle on supplie le défunt d'accepter l'offrande que l'on fait d'un cœur sincère pour exprimer autant qu'on le peut son affection. Cependant, les modes d'expression de cette reconnaissance des bienfaits peuvent varier selon le climat, le mode de pensée, la culture, l'histoire, etc. Il en va de même, par exemple, pour les langues, dont les modes d'expression varient, en dépit de l'identité de la nature de l'homme.

Par conséquent, il faudrait examiner comment une autre religion philosophique exprime la nature de l'homme et quelles sont ses qualités, et avoir le courage d'accepter toute vérité, quel qu'en soit le détenteur, avec la conviction que toutes les vérités ont une source commune. Ce n'est qu'ainsi qu'on pourra non seulement atteindre sa propre maturité mais aussi contribuer à la maturité de son partenaire. Le christianisme surtout, qui comprend toutes les choses dans l'histoire du salut des hommes par la grâce de Dieu, devrait

---

59. Ch. Dallet, *op. cit.*, pp. 344-360, vol. 3, rubrique *main*, du IIe mois lunaire de la 15e année.
60. A. Thomas, *op. cit.* pp. 365-374.

avoir l'humilité de reconnaître, dans la culture d'une autre religion, les providences mystérieuses du salut.

En rejetant les autres religions, le christianisme peut peut-être conserver son orthodoxie et sa pureté, mais il ne peut pas devenir une bonne nouvelle pour tous. Quant au confucianisme, il doit aussi se moderniser, sans s'obstiner dans son orthodoxie. Il pourra atteindre sa maturité, surtout dans le domaine religieux, par le dialogue et par des contacts avec le christianisme, comme il développa par le passé une métaphysique, grâce à ses contacts avec le taoïsme et le bouddhisme. Je souhaite que cette interdiction des sacrifices aux ancêtres et la tragédie historique qui en résultat deviennent une *felix culpa* (heureuse faute) pour l'indigénisation du philosophe en Corée, pour la maturation du peuple coréen et pour le dialogue avec les autres religions et philosophies.

6. L'apport de la Corée à un renouvellement de la culture occidentale

Lorsque l'idéologie occidentale (catholique) fut introduite en Corée vers la fin du XVIIIe siècle, la société coréenne était en train de passer à une structure moderne. On voyait à cette époque plusieurs symptômes qui annonçaient une nouvelle société. Dans de telles circonstances sociales, le catholicisme a pénétré en Corée et a pu y remplir un rôle de promoteur pour la formation d'une société moderne. Du point de vue social, la situation catholique favorisa la modernisation surtout en répandant l'idée de l'égalité entre les hommes, qui s'opposait à la structure hiérarchique de la société d'alors.

La première préoccupation catholique, lorsqu'elle fut introduite dans la société coréenne dont la structure était strictement hiérarchique, fut de mettre en pratique la pensée égalitaire :

– expansion des droits de la femme ;
– protection des enfants ;
– catalyseur pour la formation de la culture moderne.

Le catholicisme fut aussi un catalyseur pour l'utilisation de la langue et de l'alphabet coréen. Ce dernier était une arme intellectuelle pour le peuple, un moyen important pour le développement d'une culture populaire. Or, ceux qui avaient introduit en Corée les sciences occidentales « au moyen de traductions en langue chinoise étaient des hommes de très grande culture ». Ils n'avaient donc aucune difficulté pour comprendre les écrits en chinois. Mais les catholiques de ce temps ne constituaient pas une communauté réservée uniquement aux intellectuels ; bien au contraire, ces premiers croyants s'efforçaient de diffuser la doctrine chrétienne dans le peuple. C'est précisément dans cet objectif qu'ils ont revalorisé l'alphabet coréen ; ainsi décidèrent-ils de traduire en coréen des œuvres de la doctrine chrétienne, pour qu'elles puissent être largement diffusées.

7. Nouvelle conception des structures politiques et de la loi

La société coréenne de cette époque était sous un régime dynastique traditionnel. L'ordre politique y était établi sur le principe hiérarchique. La classe privilégiée, comprenant le roi, les aristocrates, les lettrés et les militaires, régnait sur le peuple. Dans une telle société où la domination d'une classe était légitimée, l'Église s'opposait résolument à la structure même de cette société, en insistant sur l'égalité. En résumé, il est très probable que les livres religieux parus dans la première moitié de la dynastie Choson ont aidé quelques personnalités à envisager une nouvelle perspective politique, dans laquelle le dirigeant de la société serait choisi par élection.

D'autre part, l'Église a diffusé la conception de la loi naturelle et éveillé la conscience des gens ; par cela même, elle a incité les gens à découvrir leur véritable moi pour qu'ils soient capables d'affronter des lois promulguées par le souverain. Dès l'ouverture du pays, l'Église a joué un rôle important pour familiariser le peuple avec les lois qui concernent sa vie quotidienne. Nous pensons que cette activité de l'Église a contribué à développer la culture coréenne.

8. Le caractère ouvert de la culture

Dans la société de la fin de la dynastie Choson, les valeurs fondées sur le confucianisme prévalaient sur toutes les autres. La culture, conforme à l'orthodoxie néo-confucianiste, était défendue par la classe dirigeante. Bien entendu, outre les éléments culturels néo-confucianistes, il y avait des éléments provenant du bouddhisme ou du taoïsme. Il y avait aussi des mouvements de pensée qui s'efforçaient de modifier cette culture néo-confucianiste.

Mais les autorités de l'époque avaient une attitude rigide pour soutenir la légitimité de la pensée néo-confucianiste. La position de la cour se raidit davantage sous la Régence, durant laquelle la classe dirigeante sentait le besoin de réagir énergiquement contre le peuple, dont la conscience commençait à s'éveiller. Il en résulta, naturellement, que la culture coréenne se referma de plus en plus sur elle-même. Or, les actes religieux accomplis par les fidèles depuis la fondation de l'Église catholique en Corée constituaient une protestation contre la fermeture de la culture à cette époque ; c'étaient des actes qui proclamaient l'ouverture de la culture.

Mais la cour s'opposait strictement à ces activités et les fidèles n'avaient aucune liberté pour pratiquer leur religion. Ils vivaient dans une anxiété constante, comme s'ils commettaient des crimes impardonnables ; on les traitait avec haine et dédain, comme des criminels odieux. Ils ne pouvaient conserver leur foi et proclamer ouvertement la légitimité de leur religion qu'en risquant leur vie. Dans leur apologie, ils proclamaient fortement l'ouverture de la culture et son caractère cosmopolite. Nous le constatons avec Yi to-gi, martyrisé en 1798, et Chong ha-sang, martyrisé en 1839. Le premier nous fait savoir que les fidèles d'origine populaire comprenaient bien « l'aspect cosmopolite de la culture » et le second nous fait connaître l'option qu'avaient à ce sujet les croyants lettrés, qui avaient déjà reçu une éducation confucianiste. Par là, nous pouvons constater le sens que les fidèles de cette époque avaient du cosmopolitisme de la culture et de l'universalité de la vérité. Contrairement à la majorité des Coréens, qui se refusaient à faire une distinction entre la culture chinoise et celle de la Corée, ils n'hésitaient pas à dire avec insistance que la Chine aussi est un pays étranger. Ils affirmaient par exemple que les caractères chinois sont une écriture étrangère, et les ouvrages chinois des livres étrangers. Le principe qu'ils avaient adopté était qu'il faut admettre tout ce qui est bon et juste, même si cela provient de l'étranger.

L'attitude et les déclarations des croyants catholiques de ce temps nous montrent, d'une part, qu'ils avaient conscience de l'universalité de la vérité et de la culture et que, d'autre part, ils aspiraient à voir se former une culture ouverte qui accepterait cette vérité universelle. En résumé, la religion catholique, introduite dans la société coréenne à la fin de la dynastie Choson, a contribué à développer le sens du caractère universel de la vérité et de la nécessaire communication entre les hommes. Se fondant sur cette notion, l'Église catholique s'est attaquée au phénomène de la culture fermée, en insistant sur la nécessité d'une culture ouverte.

Beaucoup de fidèles ont sacrifié leur vie pour cet objectif. Nous pensons que, par de tels actes, ils ont joué un rôle indispensable pour former une culture coréenne ayant un caractère ouvert. Cependant, ils n'étaient pas capables d'exposer avec précision les caractéristiques de cette culture ouverte, ni de découvrir les moyens efficaces pour développer la culture du peuple coréen. Malgré ces limites, il est certain qu'ils ont contribué à la naissance d'une culture ouverte en Corée. Mais il faudrait se demander si l'Église catholique de ce temps a fait tout ce qu'elle pouvait et si elle était capable de répondre d'une façon satisfaisante aux besoins du peuple de cette époque. Si la réponse à ces questions est négative, l'action de l'Église catholique à cette époque n'aura aucune signification du point du vue de l'histoire nationale. Nous nous trouvons alors devant une autre question, celle de savoir quelle aurait été la cause de cette signification restreinte.

Cette prière exprime des sentiments d'amour et de respect que l'on portait à ses parents, de leur vivant. Après cette prière, l'officiant offre un deuxième, puis un dernier verre d'alcool ; après quoi, toute l'assistance sort de la salle pour laisser le défunt goûter à l'offrande. Par cette cérémonie, les enfants ont la conviction que leur offrande est agréée. Un instant après, on rentre dans la salle, et l'officiant offre du thé, après avoir retiré le bol de potage. Enfin, on fait des prosternations en signe d'adieu, on réinstalle la tablette dans le mausolée et on brûle une feuille de papier sur laquelle sont inscrits les noms du mort. Après la cérémonie, on se partage l'alcool, le riz et la nourriture qui ont été offerts ; on les consomme pour symboliser l'union des membres de la famille avec le défunt et entre eux. Il s'agit d'une sorte d'agapes. On voit par là que le culte des ancêtres du confucianisme consiste à exprimer la piété filiale, la reconnaissance et la gratitude aux parents après leur mort, parce que c'est un devoir de l'homme, et à voir que l'esprit agrée l'offrande, ni à demander du bonheur.

Cependant, le confucianisme ne nie ni ne rejette le bonheur, car on dit que l'offrande d'un sage amène sans faute le bonheur : « L'offrande d'un sage amène sans faute le bonheur en retour ». Ce bonheur n'est pas celui dont les gens parlent, il signifie s'adapter à tout. En d'autres termes, l'adaptation à tout signifie qu'on a au-dedans un cœur rempli de sincérité et qu'on remplit tous ses devoirs au dehors... Un sage n'aspire pas à un autre bonheur, et tel est le cœur d'un fils dévoué à ses parents.

Le bonheur dont il s'agit dans le confucianisme étant l'accomplissement fidèle de tous les devoirs d'un homme, il y a un bonheur immanent au culte des ancêtres, puisque c'est accomplir fidèlement ses devoirs d'homme que de célébrer ce culte avec sincérité. Bref, on peut dire que dans le confucianisme, du point de vue psychologique, les enfants réalisent par les sacrifices aux ancêtres l'union avec leurs morts, en même temps que, du point de vue moral, ils accomplissent leurs devoirs en exprimant leur bonté et leur piété filiale, et que, du point de vue religieux, ils étendent leur piété filiale au ciel.

Il me semble que l'interdiction des sacrifices aux ancêtres par l'Église catholique, pour le motif que la nourriture matérielle ne peut être celle d'une âme et que c'est une vaine formalité que d'offrir à manger à un mort, vient de ce qu'elle jugea ces offrandes simplement d'après l'apparence de cérémonies symboliques qui lui étaient étrangères, au lieu de les considérer selon le sens fondamental des cérémonies confucianistes. Ceci apparaît clairement dans le dialogue suivant entre Mgr Gouvea et Yan Yu-il.

Yuil demande :

« Offrir un sacrifice aux ancêtres ; c'est servir un mort comme s'il était en vie ; alors, si quelqu'un qui suit la religion catholique ne peut pas faire d'offrande aux ancêtres, il se mettra dans une situation ennuyeuse. N'y aurait-il pas quelque moyen pour éviter cela ? »

A cette question l'évêque répondit :

« La religion catholique (idéologie occidentale) attache la plus grande importance au problème de sincérité ; or servir à manger à un mort, c'est manquer au principe de sincérité. »

9. Origine des tablettes des ancêtres et leur signification

Les tablettes des ancêtres ont pour origine le *shi*, qui désigne un enfant représentant l'esprit du mort que l'on ne peut pas voir directement et qu'on appelait aussi *shidong*, enfant représentant un mort. Comme il n'y avait pas autrefois de portrait ni de photographie, on ne disposait pas d'images des parents décédés permettant à leurs enfants de fixer leur attention. C'est pourquoi, en guise d'image de l'esprit du mort, on plaçait un enfant à qui l'on faisait des offrandes avec sincérité et respect.

L'ouvrage intitulé *Péhut ung* explique l'origine de l'institution du *shi* par la condition naturelle de l'homme, à savoir par la psychologie humaine qui a besoin d'une représentation visible. Voici pourquoi on installe un *shi*. Les esprits des parents n'ont pas de voix pour qu'on puisse les entendre, ni de forme pour qu'on puisse les voir. On a beau monter sur une échelle pour les chercher au plafond, on a beau examiner la natte, on ne voit que les objets dont ils se servaient de leur vivant. Troublé par un sentiment de frustration et de solitude et rempli d'affection de respect, on installe un *shi* pour qu'il goûte aux offrandes.

Si celles-ci sont consommées un peu ou même seulement dérangées, on est heureux comme si le mort s'en était rassasié. Si l'enfant qui remplace le mort devient ivre, on est satisfait comme si l'âme du mort s'était enivrée. Le *shidong* était choisi parmi les petits-enfants du mort, donc liés à celui-ci par le sang ; c'était un garçon pour un mort et une fille pour une morte. Ce choix du *shidong* parmi les descendants d'un mort découle de la croyance en la continuité de la vie et de l'esprit des ancêtres dans leur postérité. Le *shidong* permettait de mieux se représenter le mort et de concentrer son attention plus facilement. Il était revêtu d'une veste appartenant mort. On peut dire qu'il s'agit là aussi d'une manifestation de la piété filiale, car on essaie de mieux se représenter le mort pour le servir avec plus d'affection.

Toutefois, après l'époque Chu, il n'y eut plus de shi pour les femmes ; plus tard, il disparut même complètement et fut remplacé par une tablette. Celle-ci a une double signification :

1 — C'est une représentation de l'esprit du mort, qui est invisible. Étant donné la situation naturelle de l'homme, on a besoin d'une image visible pour exprimer son respect à un mort. On voit des choses analogues dans d'autres religions ; ainsi, les bouddhistes vénèrent des bouddhas, qui représentent *Çakyamuni* et les catholiques font des crucifixes et des images représentant Jésus, pour se recueillir et témoigner leur respect. De même, les confucianistes installaient autrefois un *shidong* lors de leurs offrandes, à une époque où il n'y avait ni portrait ni photographie, et plus tard on a fait des tablettes pour représenter l'esprit des ancêtres, comme nous l'avons vu plus haut. La tablette est donc une image de l'esprit, un signe visible qui permet d'exprimer la sincérité et l'affection des descendants à l'esprit invisible d'un mort.

2 — La tablette est aussi ce lieu où réside l'esprit du corps, et, pour les vivants, c'est manquer à leurs devoirs que de laisser vagabonder sans demeure une âme séparée de son corps. Aussi, aussitôt après la mort de quelqu'un, on lui fait une tablette en soie appelée *honbaek*, qui sert de demeure à son esprit ; et, après l'enterrement, on en fabrique une autre en bois dur de châtaignier, qui sert de résidence à son âme. On doit dire, cependant, qu'une tablette a plus de signification comme image de l'esprit qu'elle n'en a comme résidence de l'âme du mort. On peut le voir par son ori-

gine et par le fait qu'elle est en papier, et qu'on la brûle après les offrandes.

3 — L'idée traditionnelle et le catholicisme

Finalement, l'interdiction, énoncée par l'Église catholique, des sacrifices aux ancêtres des confucianistes comme un acte superstitieux venait d'un mode de pensée occidental, d'après lequel un aliment matériel ne peut pas nourrir l'âme et que c'est une vaine formalité que de servir une personne entrée dans un sommeil éternel, puisqu'on ne sert pas à manger à quelqu'un qui dort. Ceci signifie que le christianisme considérait la tablette ancestrale comme la résidence de l'âme plutôt que comme l'image de l'esprit.

On peut déceler à l'arrière-plan de cette interdiction des sacrifices aux ancêtres et des tablettes, un sentiment de supériorité et un manque de compréhension des autres civilisations et des autres conceptions, considérées comme inférieures et anti-chrétiennes par le christianisme européanisé. Mais l'abolition des sacrifices aux ancêtres et la destruction des tablettes furent jugées comme constituant une négation ou une destruction de la morale et du système des idées traditionnelles ; aussi les catholiques furent-ils accusés de manquer de piété filiale et de négliger leurs devoirs à l'égard de leur pays. Ceci a provoqué une sanglante tragédie et empêcha l'évangélisation et l'indigénisation du catholicisme. De plus le christianisme, qui se dit universel, est encore considéré par les orientaux comme une religion européenne[61]. Tirant la leçon historique de cette interdiction des sacrifices aux ancêtres et des tablettes, nous devrons dorénavant, lors de la rencontre avec une autre religion, faire des études plus approfondies et prendre une attitude plus humble. Puisque l'homme tire son origine du ciel et que sa nature est bonne et identique pour tout le monde, il est naturel qu'il rende leurs bienfaits au ciel et à ses parents, qui en sont le principe[62].

---

61. C. Cary Clwes, *China and the coss*, New York, pp. 160, 162 : M. Hay, *op. cit.*, pp. 166-170 : A. H. Rorberotham, *op. cit.*, pp. 126-127.
August Fangen, traduction en coréen par Che soc o, *Histoire de l'église*, Education rundo, Séoul, 1982, pp. 370-375.

62. K.S. Latouretta, *op. cit.* pp. 147, 148 : E.R. Hashes, *The invasion of China by the western world*, Londres, 1937, pp. 59-60.

10. Impact de la science, de la technologie, de la consommation à l'Occidentale (1960-1980)

La Corée a connu un essor économique exceptionnel au cours de ces vingt dernières années. La crise et la récession de ces deux dernières années ne sauraient faire oublier le caractère spectaculaire de sa croissance. Mais avant de tirer les leçons de cette expérience, il convient de la situer dans son contexte national et international. Société homogène de grande lignée culturelle et d'ancienne tradition agricole, la Corée avait un développement analogue à celui du Japon du milieu du siècle dernier. Alors que celui-ci s'est ouvert à l'Occident durant l'ère Meiji, la Corée est demeurée l'État ermite de l'Asie. L'économie coréenne n'a pas saisi la chance qui s'offrait alors et ce repli lui a été préjudiciable.

La Corée n'était pas dépourvue de base industrielle lorsqu'elle s'est lancée à partir de 1962 dans un processus d'industrialisation intensif. Elle a su tirer parti de cet acquis pour construire une économie moderne en s'appuyant sur l'ensemble des savoir-faire existants. L'attention a pu être attirée par les grandes réalisations coréennes, la sidérurgie de Pohang, le gigantesque chantier naval d'Ulsan, le plus grand du monde, mais il faut savoir que ces entreprises couronnent de très longues maturations. Le succès de la grande sidérurgie est dû à l'expérience acquise par la sidérurgie de taille plus modeste, tandis que l'essor du chantier naval d'Ulsan s'appuie sur le savoir-faire des ouvriers des petits chantiers. La construction d'une industrie automobile a su intégrer et promouvoir le réseau préexistant de sous-traitants et de petits réparateurs. Cette démarche progressive est peut-être une leçon à tirer de l'expérience coréenne. L'économie coréenne s'engage maintenant dans la construction d'une industrie à plus haut niveau technologique.

Elle doit réussir à obtenir de nouveaux « avantages comparatifs »[63] en investissant dans la recherche et en assurant une meilleure intégration de son tissu industriel. Cette transition s'opère dans un contexte de récession mondiale qui

63. Pour reprendre l'expression de I Braudel in *Civilisation matérielle, économie et capitalisme au XVe-XVIIe siècles*, Armand Colin, Paris, 1979.

affecte particulièrement une économie très ouverte sur l'extérieur. Il n'y a pas eu non plus de miracle social coréen car l'État et les entreprises se sont contentés d'une comptabilité rudimentaire des coûts sociaux : les dépenses d'éducation, de santé ont été supportées par les ménages.

C'est seulement à l'occasion du nouveau plan de développement que le gouvernement a manifesté son intention de prendre en charge les dépenses sociales. La croissance, qui a certes entraîné une élévation rapide du niveau de vie, a permis aux ménages de suppléer aux créanciers d'un État entièrement absorbé par l'industrialisation, mais elle n'a été possible qu'au prix d'une discipline quasi militaire et de l'exclusion de 5 % de la population qui vivent en dessous du seuil de pauvreté absolue.

La croissance coréenne sera probablement moins forte dans les années à venir : aussi est-il important que l'État se montre plus soucieux de la satisfaction des besoins et capable de répondre aux exigences de démocratisation exprimées par la population. La croissance industrielle a été l'élément moteur du développement économique coréen. De 1962 à 1979, l'industrie a progressé à un rythme annuel de 17 % et l'emploi manufacturier s'est développé à un taux de 10 % par an. Cette croissance a été planifiée, l'État définissant les grandes orientations stratégiques qui se sont succédées au cours de quatre plans quinquennaux. La croissance extrêmement rapide des échanges a eu un impact certain sur l'essor de l'industrie coréenne. Mesurées en valeur courante, les exportations manufacturées ont véritablement explosé : leur taux de croissance annuel a été de 50 %, et elles ont été multipliées par mille environ en dix-sept ans.

Pourtant, aussi spectaculaire soit-elle, la croissance des échanges ne suffit pas à expliquer l'industrialisation coréenne et à définir la stratégie qui la sous-tend. La Corée a su profiter de son insertion dans l'économie mondiale en s'appuyant sur son avantage comparatif de salaires moyens, pour construire un système industriel de plus en plus cohérent. Elle est parvenue à mettre en place une industrie de biens intermédiaires qui assure la satisfaction des besoins intérieurs et participe de plus en plus aux exportations : elle entreprend actuellement de créer une industrie de biens d'équipement qui couvre déjà la moitié de ses besoins.

Il est remarquable que l'industrialisation de la République de Corée qui fait partie des économies dites semi-industrialisées ne se soit pas faite aux dépens de l'agriculture. La sidérurgie coréenne se caractérise aujourd'hui par une très forte concentration, par des rendements qui figurent parmi les meilleurs du monde et par une ouverture de plus en plus prononcée sur les marchés extérieurs, y compris le marché japonais. Ce constat ne doit pas faire oublier le rôle joué par les entreprises sidérurgiques de taille plus modeste dans la conquête du marché intérieur au cours des années soixante et soixante-dix, ni la remontée technologique qui a permis à la sidérurgie coréenne de s'affirmer sur les marchés étrangers.

Consommation et production d'acier par habitant (1962-1979)

Année	Consommation d'acier par habitant (en kg)	Production d'acier par habitant (en kg)
	11	5.4
1967	13.6	9.4
1965	28	15.9
1967	48	32.9
1969	50	45.9
1971	87	57.4
1973	99.5	80.2
1975	141.8	116.5
1979	172	263,3
1981	173	202
1992 (prévision)	202	318

Source : *Korea iron and stell association*, cité par Korea Development Bank New, avril 1982.

La consommation d'acier a longtemps été dominée par celle des ronds en béton : 50 % des produits laminés en 1962, 40 % en 1976. Cela correspond à la croissance rapide des infrastructures industrielles et, plus récemment, à la construction (58 % de la production de produit laminés).

La presse économique s'est largement fait l'écho des succès enregistrés à l'étranger par les grands groupes coréens. Des entreprises comme Samsung, Hyundai, Daewoo, Lucky ont désormais une notoriété mondiale. Le renom de ces entreprises, qui forment en Corée, le Jae Bull, provient de leur organisation. Ce sont en fait de vastes conglomérats qui gravitent autour d'une importante société de commerce internationale. L'ensemble de ces maisons de commerce est responsable d'une part croissante des exportations coréennes : 32 % en 1978, plus de 40 % en 1979. Comme leurs homologues japonaises, ces sociétés non seulement organisent les échanges mais appuient les investissements coréens à l'étranger. Longtemps modestes, ces derniers ont cependant connu une croissance rapide ces dernières années ; ils totalisent, fin 1979, 250 millions de dollars répartis en 287 projets, soit le quart du montant investi en Corée par les entreprises étrangères (cf : *supra* : De l'investissement aux crédits internationaux).

Ces entreprises, qui soutiennent la comparaison avec bien des entreprises européennes ou américaines, si l'on se réfère à leur chiffre d'affaires ou à leur nombre de salariés, dominent un tissu industriel particulièrement dense. L'urbanisation est un phénomène récent en Corée ; jusqu'en 1930, 95 % de la population vivaient dans les zones rurales et les activités agricoles occupaient 90 % de la population active.

Population urbaine (1915-1975).

année	Population urbaine
1915	3.1
1925	3.5
1935	7.4
1945	14.5
1955	24.4
1965	33.9
1975	50.9

Source : Edwin Lills et Byuang-nak song, *op. cit.*

L'industrialisation a été un phénomène urbain. En 1970, 80 % des emplois du secteur manufacturier étaient concentrés dans des agglomérations de plus de 20 000 habitants. Pusan est le centre de l'industrie lourde et plus de 30 % de sa population active est engagée dans le secteur industriel. Séoul concentre les emplois administratifs et le pourcentage d'emplois industriels y est moins élevé que dans les autres villes. L'urbanisation et l'industrialisation ont provoqué des problèmes de pollution.

Contrairement aux pays industrialisés où les moyens de transport sont les principaux responsables de la pollution atmosphérique (50 % aux États-Unis et au Japon), ce sont l'industrie (40 %) et le chauffage domestique au charbon (30 %) qui sont les principaux facteurs de pollution de l'air. Le taux de pollution a triplé depuis 1975 et on estime à 14 tonnes par km^2 les émissions de polluants (22 tonnes par km^2 aux États-Unis). Les réseaux d'égouts étaient traditionnellement absents des villes coréennes : les excréments étaient récupérés pour être utilisés comme engrais. Des infrastructures ont dû être construites à grands frais et les stations d'épuration des eaux font souvent défaut : la pollution des principaux fleuves (le Han à Séoul) est devenue préoccupante.

Année	République de Corée (sud)	République Populaire Démocratique de Corée (nord)
1949	20267	97940
1960	24954	10030
1970	31433	13890
1980	38124	(18000)

Source : Edwin S. Mills et Byung-nak Song, *Urbanization and urban problem*, Harvard university press 1979

Indicateurs de la situation sanitaire

	Nombre de personnes		
Année	Par médecin	Par infirmier	Ayant accès à l'eau potable
1960	3540	3220	
			71 %
1977	1890	550	
Rappel			
France :			
1977	620	170	
			33 %
Inde :			
1977	3620	6430	

Avec le Tiers-Monde et l'Europe, les succès économiques remportés par la Corée sont ses meilleures lettres de créances vis-à-vis des pays du Tiers-Monde. Il est difficile de distinguer son offensive politique de sa stratégie de redéploiement des échanges. Depuis la première réévaluation du prix du pétrole en 1973, la Corée s'est attachée à développer ses échanges avec les pays pétroliers du Moyen-Orient. L'Arabie Saoudite est devenue le troisième marché à l'exportation de la Corée. C'est à partir d'elle que les entreprises ont rayonné dans l'ensemble du Moyen-Orient et ont fait des percées vers l'Afrique du Nord (Libye, Tunisie, Maroc). Elles sont devenues les premières entreprises de travaux publics au Moyen-orient, où séjournent en permanence 10 000 Coréens.

La Corée essaie, en outre, d'attirer directement des investisseurs du Moyen-orient. L'ouverture vers l'Europe répond à un impératif d'ordre économique. Il s'agit pour la Corée d'échapper à l'emprise du Japon, principal fournisseur de technologie et de réduire sa dépendance envers le marché américain. Les Coréens sont bien conscients qu'il ne leur sera pas possible de renouveler l'expérience japonaise, aussi s'efforcent-ils de montrer aux investisseurs européens les potentialités offertes par le marché de leur pays. Les entreprises européennes ont peu investi en Corée (188 millions de dollars, montant cumulé 1962-1980 soit 14,9 % des investissements étrangers).

Cependant, le gouvernement coréen a plusieurs fois fait part de son désir de voir les entreprises européennes participer à l'industrialisation du pays. L'essor des exportations coréennes est freiné par la politique protectionniste de la Corée. Les pays européens représentent environ 18 % des exportations coréennes, mais 9 % seulement de leurs importations. Il est donc essentiel pour la Corée d'établir des liens économiques avec l'Europe, si elle veut diversifier ses partenaires. Le marché coréen offre notamment à la France des perspectives intéressantes.

Ainsi en est-il de deux centrales nucléaires construites par la France et d'une première usine marémotrice de 400 MW (800 millions de dollars) qui pourrait être suivie de deux autres dans les années 90. Séoul et Pusan devraient être reliés par un train à grande vitesse sur un parcours de 500 km environ : deux techniques sont mises en concurrence pour ce projet de 5 milliards de dollars : le TGV français et le *shinkansen* japonais. Pour l'un et l'autre, la Corée sera le premier marché d'exportation. Mais, au-delà de ces contrats du siècle, il faut rappeler que la Corée est un des pays qui importent le plus de biens d'équipements ; il a été le dixième importateur de machines outils en 1979, le onzième en 1980. La balance commerciale coréenne est toujours déficitaire et les importations, hors pétrole, de la Corée sont équivalentes aux importations totales de l'Arabie Saoudite et du Koweït, ou de l'ensemble des pays africains d'expression française.

A propos des exportations de travaux de construction réalisées par la Corée semi-industrialisée, l'enquête a révélé les éléments suivants. La république de Corée est devenue le deuxième exportateur mondial de travaux de construction après les États-Unis, avec un chiffre d'affaires de 6,2 milliards de dollars. Au Moyen-Orient qui constitue le marché le plus important du monde pour ce type d'exportations, la Corée a pris en 1978 la première place devant l'Italie, la RFA, le Japon et la France, alors qu'en 1975 et 1978, elle n'était encore qu'en septième position. Pour la Corée, le Moyen-Orient représente le marché le plus important : 90 % en 1975-1976 et 75 % en 1978. Les activités des constructeurs coréens dont le plus important est Ayundat constructeur emploient sur leurs chantiers étrangers près de 40 000 travailleurs, techniciens et ingénieurs coréens[64].

Il faut noter que les constructions industrielles représentent une proportion non négligeable des exportations coréennes de travaux de construction d'usines clé en main signés en 1978 ; ils ont été estimés à un milliard de dollars (soit environ 15 % du total des exportations de travaux de construction). La participation de la Corée à la construction d'usines clé en main a augmenté très rapidement ; durant la période 1973-1977, elle avait réalisé six usines clé en main pour une valeur de 14 millions de dollars. Au cours de la seule année 1977, elle avait en cours de réalisation dix usines clé en main d'une valeur totale de 374 millions de dollars, dont une cimenterie en Arabie Saoudite de 235 millions de dollars. D'autres projets d'usines clé en main étaient réalisés au Soudan (usine de pneus et usine de galvanisation), en

64. P. Judet, *Les nouveaux pays industriels*, coll. « Économie et humanisme », Éd. ouvrières, Paris, 1981.

Thaïlande (fonderie de zinc), au Kenya (usine de polypropylène).

D'autres pays semi-industrialisés réalisent des travaux de construction à l'exportation, la Grèce par exemple, qui devance la Suède et la Belgique, ainsi que l'Inde, la Malaisie, les Philippines, l'Argentine, le Brésil, le Pakistan dont les exportations respectives de travaux de construction varient de 200 à 700 millions de dollars par an. Les pays semi-industrialisés réalisent ainsi environ 20 % des exportations mondiales de travaux de construction. En outre les entreprises et organismes coréens commencent également à exporter leur savoir-faire. Les firmes coréennes ont en effet accumulé[65] au cours des vingt dernières années une expérience importante dans la production et la commercialisation de produits textiles, au Ghana par exemple, d'où les firmes coréennes peuvent accéder plus facilement au marché de la communauté économique européenne.

Les firmes coréennes exportent également, après les avoir améliorés et adaptés, des procédés autrefois acquis auprès de firmes américaines ou japonaises, des savoir-faire pour la production de fil synthétique, de pneus exportés à Taïwan et en Thaïlande. Par exemple les firmes coréennes vendent de l'assistance technique à l'Inde où elles collaborent à la construction et à la gestion d'un chantier naval, à la Malaisie, à l'occasion de l'édification d'une usine sidérurgique. La Corée participe enfin, à travers les services d'organismes publics de développement agricole, à la mise en œuvre de programmes d'irrigation au Népal, au Bangladesh, en Indochine, etc.

65. W. Rhee, L. R. Westphal, *A note on export of technology from the republics of Chine and Korea*, Banque mondiale, 1978.

Exportations de biens d'équipement et de travaux de construction à partir de quelques pays industrialisés et semi-industrialisés

(1)	(2)	(3)	(4)
États-Unis	14 2070	32 516	17 296
France	74 585	13 255	6 400
Japon	85 320	21 338	4 500
RFA	13 8530	36 338	9 400
Royaume uni	08 552	36 390	7 966
Argentine	6 399	14 594	385
Brésil	12 472	220	3 000
Grèce	2 988	944	1 295
Inde	5 410	75	425
Rép. Corée	12 712	1 060	6 218

Source : Banque mondiale
Légende :
(1) : Pays
(2) : Exportations de marchandise en 1972 en millions de dollars.
(3) : Exportations de machines en 1977 en millions de dollars
(4) : Exportations de travaux de construction en 1978 en millions de dollars

IX

Étude comparative de l'idéologie politique et de la culture

1. L'idée de socialisme et l'utopie en Europe

Nul ne conteste aujourd'hui que le socialisme n'est véritablement apparu sous sa première forme utopique qu'au début du XIXe siècle avec les conséquences intellectuelles, politiques et sociales de la grande révolution industrielle. S'il est par conséquent impropre de vouloir faire remonter le socialisme à l'aurore des civilisations antiques et d'accorder un tel qualificatif à l'œuvre d'écrivains utopistes de la Renaissance ou du XVIIIe siècle, il n'en reste pas moins que les écrits des premiers réformateurs sociaux, inspirés le plus souvent par des préoccupations philanthropiques ou moralisantes annoncent sur bien des points ce que seront les utopies sociales des XIXe et XXe siècles. Il peut être évoqué mais seulement pour cause de tyrannie. Il n'est donc pas inutile de s'arrêter sur le rôle de ces précurseurs dans la genèse de ce courant de pensée[66].69) Parmi tous les peuples de l'Antiquité, ce sont les Grecs qui ont eu le mérite d'avoir poussé le plus loin l'effort de réflexion sur le pouvoir, sur le cadre et les formes de la cité. La science politique est née des recherches de leurs philosophes et des débats publics sur l'Agora.

66. C'est à tort que Kautsky (Thomas More et son utopie) a voulu voir en Thomas More un ennemi de la monarchie. Il était seulement hostile aux mauvais monarques.

Aussi n'est-il pas surprenant de constater l'apparition en Grèce d'utopies communautaires, formelles ou informelles, à des époques reculées[67]. Une des premières est la république d'Antisthène dont on ne connaît les idées que par l'intermédiaire de ses disciples, les cyniques[68]. Ces sages affichaient le mépris des jouissances matérielles, des richesses et de la propriété privée. Ils imaginaient un monde d'où seraient effacées les distinctions de race et de nationalité[69], où les hommes, égaux entre eux, vivraient dans un rigoureux ascétisme dont Diogène a donné une célèbre illustration. Cet ambitieux programme, les cyniques envisageaient de le réaliser sans violence, par la parole et par l'exemple.

Dans son dialogue intitulé « la République », Platon prétend proposer un modèle de cité propre à rendre les êtres humains parfaitement vertueux. Pour atteindre ce but louable il est indispensable de séparer le pouvoir politique et la puissance économique.

Il faudrait toutefois se garder de croire que le « communisme des femmes » débouche chez Platon sur la liberté sexuelle ou la débauche. Toutes ces dispositions permettent de mesurer le communisme de Platon et d'en fixer les limites.

Il s'agit d'abord et avant tout d'un régime aristocratique, réservé à une élite de femmes et d'hommes parfaits voués au service de la cité. L'égalité n'existe qu'au sein des classes supérieures. Comme dans tous les systèmes de l'Antiquité, l'économie repose sur la présence d'une abondante armée d'esclaves. D'autre part, le communisme platonicien est ascétique de nature. Platon est spartiate de cœur dans cette Athènes démocratisée par les sophistes, où les discours tiennent lieu d'actes, où la rhétorique fait office de gouvernement.

« Il faudrait, dit-il, pour le bonheur des États, que les philosophes fussent rois ou les rois philosophes ». On a parlé à son sujet de « sophocratie », c'est-à-dire de gouvernement de la sagesse. A la même époque, la Cité du soleil de Jambulos -

---

67. Ce fut, à notre connaissance, le premier essai de communauté utopique dans le monde, (à moins, évidement d'assimiler les monarchismes...)
68. A. Sudre, *Histoire du communisme*, Paris, 1850.
69. J. Russ, *Pour connaître la pensée des précurseurs de Marx*, Bordas, 1973.

titre que reprendra au XVIIe siècle le moine Camparella — offrait la description de sept « îles fortunées », sorte de paradis terrestre communiste où l'on ne connaissait ni les désagréments des villes ni les malheurs des civilisés.

A la base de la réflexion politique de Saint-Simon se trouve l'affirmation maintes fois répétée de la nécessité d'une véritable science de l'homme[70], fondée sur une observation positive des réalités politiques et sociales. On a là l'embryon d'une théorie qui sera systématisée par Marx, le matérialisme historique. L'extension des connaissances scientifiques a joué pour Saint-Simon un rôle démystificateur. Le savoir national a contribué à détourner l'homme de ses angoisses métaphysiques ou de ses préoccupations religieuses pour l'insérer tout entier dans cette grande et exaltante œuvre collective de l'humanité qu'est la production.

Le système industriel, appelé à devenir la forme unique de la société de demain, est porteur d'une dynamique qui doit le conduire à bouleverser les rapports sociaux et à faire voler en éclats les structures politiques de la France de la Restauration qui ne sont que de simples survivants de la civilisation militaire et féodale d'autrefois[71]. Aussi il n'y a pas en Italie de courant utopiste au XIXe siècle[72].

On retrouve là l'optimisme rationaliste des grands penseurs utopistes du siècle précédent, tous persuadés que la vérité s'imposera d'elle-même et suffira seule à mobiliser les énergies[73].

Cette redistribution du pouvoir s'accompagne, dans son esprit, d'un changement complet des modes de pensée des philosophies, des religions. Dans l'étape ultime de l'humanité, nous l'avons vu, la science de l'homme remplacera la vieille théologie et les métaphysiques de l'irréel. Telle est l'ambition du « nouveau christianisme », religion

---

70. On consultera les œuvres de François-Joseph l'Ange présentées par P. Leutrat, Édition sociales, 1968. *Sur les rapports entre l'ange et le fouriénisme F. Rude, Genèse et d'un mythe historique. Le préfourierisme de l'Ange*, Topique, 4, 5, octobre 1970.
71. Anthime Corhon, *Le secret du peuple de Paris*, 1807.
72. Colins, *Sciences sociales*, t. V. Nous évoquerons plus loin les rapports de l'utopisme et de l'anarchisme.
73. René Dumont, *L'utopie ou la mort*, Éditions du Seuil coll. « Politique », 1974.

d'amour ayant pour but de rassembler les hommes dans un même élan de foi créatrice, religion panthéiste, adaptée à la morale positiviste et industrielle, directement liée au culte prométhéen d'exploitation rationnelle des richesses terrestres. Les savants régiront le pouvoir spirituel en prenant la place des prêtres tandis que les industriels maîtriseront la plénitude du pouvoir temporel ; le néo-christianisme de Saint-Simon exprime la nostalgie de la théocratie unitaire du Moyen Age, d'une théocratie transposée à l'ère industrielle. C'est bien souvent à l'aide de citations de Marx, d'Engels ou encore de leur (héritier) *kantsu*, que se règlent les querelles doctrinales russes[74].

Vers la fin du XIXe siècle, l'écrivain chinois K'ang Yu Wei (1855-1927) exposa une utopie socialiste dans son Datongshu (livre de la grande concorde). On y trouvait l'idée d'une société harmonieuse et égalitaire où l'État, la famille et la propriété privée auraient disparu. Les mariages se noueraient et se dénouaient continuellement selon des méthodes chères à Platon et à Camparella. Les enfants seraient élevés collectivement.

Outre l'influence des traditions millénaires d'égalitarisme chinois et de philosophies confucéenne et taoïste, le système de K'ang Yu Wei reflétait certaines idées communautaires occidentales, notamment celles de Charles Fourrier que K'ang, pense-t-on, avait dû connaître par l'intermédiaire des travaux de missionnaires anglo-saxons. K'ang Yu Wei, dont l'ouvrage sera publié seulement après sa mort, connaîtra un certain succès parmi les intellectuels chinois exilés au Japon. Des partisans, modérés et utopistes, s'opposeront au début du XXe siècle aux révolutionnaires socialisants de l'entourage de Sun Yat Sen[75].

On peut considérer qu'à la fin du XIXe siècle, l'utopisme a partout disparu ou est en voie de disparition. C'est l'époque où le mouvement ouvrier connaît sa grande phase d'organisation et se tourne vers des doctrines socialistes plus concrètes et en tous cas moins idéalistes.

---

74. De nombreuses œuvres de Marx, Engels, et Kuntshy furent traduites en russe vers 1900. Voir à ce sujet Claudie Weill, *Marxistes russes et social-démocratie allemande (1898-1904)*, Paris, Maspero, 1977.
75. R. Servoise, *Une utopie chinoise : d'harmonie universelle de Kang yu wei*, Analyse et Prévision 2, 1967.

Le mythe sorélien de révolution et de grève générale, par la concision de l'image violente qu'il impose au groupe et la vertu créatrice de son « idée force », l'emporte sur le discours utopique, toujours plus confus, moins créateur de forces, réservé, comme dit R. Mucchielli[76], à la réflexion solitaire du philosophe politique.

Le communisme qui est la révolution même, écrit-il au tome I de sa critique sociale, doit se garder des allures de l'utopie et de ne jamais se séparer de la politique. Dans les années 1840, en Allemagne, Auguste Becher, dit « Becker le rouge », annonce la fin des utopies sociales et l'avènement du communisme « scientifique », tandis qu'en France Jean-Jacques Pillot, prêtre défroqué gagné au matérialisme, cherche à démontrer que la communauté n'est plus une utopie.

Les faits ont dépassé les idéologies... Les bolcheviques renient Marx ; ils affirment grâce à leur action, grâce aux conquêtes réalisées, que les canons du matérialisme historique ne sont pas des choses aussi rigides que l'on pouvait penser et que l'on a pensé[77].

Rien n'est plus étranger à l'apôtre du mutualisme et de l'anarchisme que tous les fabricants de théories totalitaires comme Platon, Campanella, Monelly, Enfantin, Fourier ou Cabet.

Ils avouent plus franchement avoir tiré profit des idées de génie qui percent partout sous l'enveloppe fantastique (Engels, Anti-Dühring), tout en soulignant ce qui les séparait d'eux. Ils leur reprochent essentiellement d'avoir élevé une simple protestation morale sans fonder de véritable science sociale. Les socialismes utopiques nieraient le mouvement dialectique de l'histoire au profit d'une vision fixiste et non historique, ce qui d'ailleurs paraît[78] injuste comme critique si l'on se rapporte aux théories d'Owen ou de Saint-Simon. Un de ses disciples du XIXe siècle, Théodore Dézamy, que Marx qualifiait de « communiste scientifique » ne trouvera rien de

---

76. Roger Mucchielli, *Le mythe de la cité idéale*, PUF, 1960. *Fétichisme et société*, Jean-Marie Vincent, éditions Anthropos 1973, pp. 317-318.
77. Sur l'attitude de Marx et d'Engels à l'égard des utopistes, voir les recueils de textes « Utopisme et communauté de l'avenir et les utopistes », commentés par Roger Pangeville, Maspero, 1976.
78. Jean Servier, *Histoire de l'utopie*, Paris Gallimard, 1967.

mieux que de présenter comme programme politique une plate et dérisoire copie de l'œuvre de Morelly, le *Code de la communauté Fourier.*

Et que dire des rapports de l'utopie et du marxisme ! Assurément Marx et Engels ont bâti leur système en réaction contre les grandes utopies politiques et philosophiques de leur temps.

Pour Jean Servier, la doctrine de Marx, l'enseignement de Lénine ont renoué avec les traditions millénaristes du Moyen Age, avec les rêves de tous ceux qui ont voulu bâtir sur terre la Cité du soleil le Pr. Thomas Molnar[79] fait la même remarque ; lorsqu'ils décrivent le monde post-socialiste, où tous les maux collectifs auront disparu et où l'individu sera joyeux, sain, honnête et serein. A cet égard, on chercherait en vain la fameuse « coupure épistémologique » qu'Althusser a cru discerner entre les écrits du jeune Marx, tout imprégné du naturalisme anthropologique de Feuerbach, et ceux postérieurs à 1845, exprimant une pensée parfaitement « scientifique ». Quelques citations peuvent servir d'illustration à ce propos[80].

L'idéologie allemande (Marx, Engels, 1845) : « La société communiste me donnera la possibilité de faire aujourd'hui ceci, demain cela, de chasser le matin, de pêcher l'après-midi, de faire l'élevage le soir, de faire de la critique suivant mon bon plaisir, sans jamais devenir pêcheur, pâtre ou critique. »

Le manifeste communiste (Marx, 1847) : « à la place de l'ancienne société bourgeoise, avec ses classes et ses antagonismes de classes, surgit une association où le libre développement de chacun est la condition du développement de tous », (*Le capital*, t. III (Marx, 1894). « Dans la société future, les hommes seront libérés du penchant qui les pousse à convoiter la richesse, penchant qui a dominé toute leur vie historique en faisant d'eux des aliénés. »

---

79. Thomas Molner, *L'utopie, éternelle hérésie*, Paris, Beauchesne, 1973, traduit de l'anglais, par O. Launay.

80. Karl Marx, *Œuvres, économie*, *op. cit.*, 7, I II, pp. 173-175. Il y a bientôt soixante ans, Lénine, déployait en écrivant *L'État et la révolution* que la théorie marxiste de l'État fut défigurée et déformée par la plupart des marxistes. *Le mensonge de l'État*, Jean-Marie Vincent, Le sycomore, 1979, pp. 114-115.

Renchérissant sur Marx, Lénine dans *L'État et la révolution* (1920), décrit le mécanisme saint-simonien du dépérissement de l'État dans la société communiste. L'abc du communisme de Boukharine ne dresse aucune borne aux descriptions idylliques du monde communiste futur, sans État, sans armée, sans police, sans bureaucratie, sans argent... ainsi il est dit que l'existence de la bourgeoisie et l'existence de la société sont devenues incompatibles.

Quant à Trotsky, emporté par le lyrisme prométhéen, il n'hésita pas à écrire dans *Littérature et révolution* (1924) : « l'homme deviendra incommensurablement plus fort, plus sage et plus subtil, son corps deviendra plus harmonieux, ses mouvements plus rythmés, sa voix plus musicale. Les formes de la vie deviendront belles. L'homme moyen s'élèvera à la hauteur d'un Aristote, d'un Goethe, d'un Marx ». Les derniers travaux historiques qui lui ont étés consacrés, en particulier l'important ouvrage de P. Meier, insistent sur la formation marxiste acquise. Cependant, la passion de l'égalité[81], le rêve de fraternité révolutionnaire se conjuguaient chez lui à un penchant affirmé pour les rêveries bucoliques. Dans ces célèbres *News from nowhere* (*Nouvelles de nulle part*, 1891), il imagine l'Angleterre de l'an 2000 métamorphosée par la révolution prolétarienne.

De nos jours encore, l'utopie invertit la pensée marxiste. C'est Mao Tsé Toung lui-même qui, évoquant la phase ultime de la société sans classes, écrit que le pouvoir et les partis politiques disparaîtront permettant ainsi à l'humanité d'entrer dans l'ère de datung, c'est-à-dire de l'âge d'or. De son côté, l'allemand Ernest Bloch, théoricien proche de l'école de Francfort, cherche à réintroduire au cœur de la pensée marxiste l'utopie, c'est-à-dire pour lui le « non-être », tout ce qui n'est pas encore, toutes les virtualités de développement dont l'homme n'a même pas conscience. Il faut envisager, le chemin du socialisme allant de la science à l'utopie et pas seulement de l'utopie à la science.

Quant à l'académicien soviétique Strumuline, il redécouvre plus prosaïquement les vertus des phalanstères fouriéristes dans ses études sur les communes de l'avenir. Ce qui était

81. P. Meier, *La pensée utopique de William Moris*, Paris, Éditions sociales, 1972.

imaginaire autrefois n'est-il pas entré dans le champ du possible grâce aux prodigieux progrès de la science et des techniques ?

Aussi l'utopie socialisme constitue-t-elle un futur essentiel de tout mouvement de masse et de tout changement radical, historique et social, par exemple[82], la République de Platon, l'utopie dans le pays des chimères[83].

Cette vision plus proche de Fourier que de Marx valut à son auteur une sévère critique de l'économiste Manevitch dans *Voprosy ekonomiki* (5, 1961)[84]. Que, si longtemps après la révolution d'Octobre, l'utopisme soit encore vivant dans la partie du « socialisme scientifique » ne constitue pas[85], il faut le reconnaître, un des phénomènes les moins singuliers de notre temps. Plus encore que le marxisme, l'anarchisme est un terrain sur lequel l'utopie peut aisément prendre racine. En effet, tandis que les disciples de Marx admettent la nécessité d'une transition plus au moins longue entre la société capitaliste et la société communiste, ce qui revient en fait à nier la validité d'expériences limitées de micro-sociétés, les anarchistes estiment au contraire qu'il est possible d'atteindre l'étape finale de la société égalitaire dès le lendemain de la révolution[86].

Le manque de recul nécessaire, l'absence d'une véritable recherche sur le sujet doivent imposer à l'historien une évidente prudence lorsqu'il aborde le recensement des formes de socialisme utopique dans la période actuelle[87].

---

82. K. Mannheim, *Ideology and Utopia*, Londres, 1952. Rappelons, sans entrer dans les détails, que Mannheim distingue quatre structures historiques de la mentalité utopique : le charisme, l'idée humanitaire — libérale, l'idée conservatrice, l'utopie socialiste — communiste.
83. Rousseau à Mirabeau, 26 juillet 1767, J-7. J. Rousseau, *Lettres philosophiques*, présentées par H. Gouhier Paris 1974, pp. 167, 168. Rousseau, *Lettres de la montagne, ni œuvres*, Éditions de la Pléiade, t. III, p. 819-820.
84. Montesquieu, *Pensée et fragments*, Bordeaux 1899, pp. 100-102.
85. Avertissement, L.C., pp. 286-187, Fragment de l'histoire de la quatrième époque, œuvres, pp. 383 ; 391. Sur les significations symboliques de la nouvelle datation ainsi que sur sa charge utopique, voir chapitre suivant pp. 214-215.
86. Cf. F. Engels, *Socialisme utopique et socialisme scientifique*, Paris, 1919, pp. 114-119.
87. De l'utopie (Villeneuve), le voyageur philosophique dans un pays inconnu aux habitants de la terre, Amsterdam, 1761, pp. 74-94.

Pourtant, il est certain que l'utopie n'a pas disparu. Elle atteint même en littérature un état exceptionnel. En passant par Chesterton, le fantasmagorisme utopique s'unit, avec plus ou moins de bonheur, à la science fiction mais peut-on considérer que les Salente ou les Bétique modernes restent des œuvres mobilisatrices d'énergie ?

Le XXe siècle marquerait-il donc « la fin de l'utopie » pour reprendre le titre d'un ouvrage de Herbert Marcuse ? *La fin de l'utopie* on aurait pu y croire il y a quelques années encore. Jusqu'à une période récente, les utopies sociales n'ont cessé de reculer sous la pression de la pensée marxiste qui semblait venir livrer la clé du seul et unique socialisme possible, le socialisme scientifique.

En 1968, la floraison des slogans surréalistes « l'imagination au pouvoir », « prenez les désirs pour des réalités », « travailleurs de tous les pays, amusez-vous », « le rêve est la vie », etc. témoignent d'un soudain retour de l'irrationnel dans l'univers politique[88]. Le « tout est possible » de la « commune étudiante » n'est-ce pas le nid par excellence de l'utopie sociale ?

Après une période de glaciation de la pensée par la scolastique marxiste et scientifique du XIXe siècle, voici que resurgissait des profondeurs le fleuve des idées vivantes et créatrices. Telle est, par exemple, la pensée du sociologue Alain-Touraine pour qui les événements de Mai 1968 en France ont constitué globalement l'expression d'un communisme utopique[89]. Il en résulte au niveau de la représentation politique une multitude de groupes ou « groupuscules » autonomes et antagonistes qui semblent fort éloignés de partager la même philosophie sociale. Prenons d'abord les trotskistes que l'on range habituellement parmi les représentants de l'ultra-gauche.

Le trotskisme est né d'un schisme au sein du mouvement international après la mort de Lénine. Ceux qui étaient partisans d'édifier le socialisme dans un seul pays sans attendre l'effondrement du capitalisme mondial se groupèrent autour de Staline, ceux qui défendaient au contraire la thèse de la

88. Cointeraux, *Paris tel qu'il était à son origine, Paris tel qu'il est aujourd'hui*, Paris, au IV, pp. 4-5.
89. Alain Touraine, Le communisme utopique, le mouvement de mai 1968, Éditions de Seuil, 1968.

révolution permanente trouvèrent en Trotsky leur porte-drapeau. Il est clair que si les écrits de Trotsky présentent parfois des aspects utopiques, tout comme ceux de Marx ou Lénine, ce courant de pensée ne forme en définitive qu'une nuance du courant révolutionnaire. Il ne viendrait à l'idée de personne de le rattacher aux utopistes du XIXe siècle.

On fera une analyse identique du maoïsme qui est une dissidence plus récente du marxisme-léninisme amalgamant la pensée de Mao tsé Toung à celle de Staline et condamnant le « révisionnisme soviétique »[90] au nom de la révolution culturelle.

Convertis à l'idée de l'insurrection spontanée des masses et à celle de la guérilla urbaine en dehors de toute organisation partisane — d'où le qualificatif[91] de « spontanéiste » qu'on leur attribue parfois — les maoïstes français n'ont évidemment aucun point commun avec nos utopistes.

Ceux qu'on appelle[92] les « chrétiens rouges » seraient-ils alors les derniers représentants du socialisme utopique ?[93] Pas davantage. Nous croyons avoir suffisamment montré que l'utopisme est un mouvement pacifique qui croit en la vertu de son modèle social pour transformer la réalité présente[94].

Au mépris d'une certaine cohérence intellectuelle, ils tentent de concilier l'évangile et le capital, en niant le caractère matérialiste du marxisme[95]. Bref, s'il leur fallait trouver une référence historique, peut-être devraient-ils la chercher beaucoup plus du côté du millénarisme de Thomas Münzer que de l'utopisme de Thomas Moore.

En définitive, il apparaît que la poussée gauchiste des années 1967-1972, poussée toute relative d'ailleurs puisqu'elle

90. M. Ozouf, « Le cortège et la ville, les itinéraires parisiens des fêtes révolutionnaires », *Annales FSC*, n° 5. 1971, pp. 894, 901, 902.
91. Kersaint, pp. 3-6, d'après les calculs des auteurs « le ????? marxisme compte d'après ???? 1.983 x 871, pieds, le nouveau monument aurait 2.694 x 1.032 pieds. »
92. Projet de combes, cf. J.-P. Rérouse de montches E.I. Boullée, L.C. p. 202.
93. Pascal Bruckner, *op. cit.*
94. « Les communes et la culture hippies » par Bob Fitch, *Esprit*, oct. 1970.
95. San Francisco : « Des hippies pour Fourier », par Dominique Desanti, *Topique*, oct. 1970. Voir également E. Morin, *Journal de Californie*, Le Seuil, 1974.

n'a trouvé nulle part le moyen de former un véritable parti, a mis fin au règne sans partage du marxisme-léninisme sur l'extrême gauche. Les étudiants ont joué à la révolution sans vraiment chercher à la faire. Parallèlement, le parti communiste tourné sur sa gauche devait entamer un glissement sur sa droite en direction du socialisme réformiste, aboutissant récemment à l'abandon d'une bonne partie de ses références révolutionnaires.

A partir de 1971, lassés de l'action directe et du dogmatisme dans lesquels s'enfermaient les partis gauchistes, un certain nombre d'étudiants et de jeunes travailleurs ont cherché la voie d'une nouvelle révolution culturelle qui passerait par une remise en cause personnelle.

En quoi ce mouvement contestataire peut-il se rattacher aux utopies socialistes du XIXe siècle ? Comme les gauchistes politiques, ils portent une critique globale sur les sociétés bureaucratisées, hiérarchisées, dominées par la technocratie et dans lesquelles la personne humaine parvient difficilement à s'épanouir, mais, pour eux, le remède réside beaucoup moins dans la violence révolutionnaire que dans la découverte personnelle et collective d'un nouveau type de relations humaines. Ainsi vient s'arrimer à la pensée utopique le navire de la contestation contemporaine. « *Reality is for priviliged class* », aiment à répéter les hippies de Californie et d'ailleurs. Du rêve, ils veulent faire l'arme absolue de la subversion. L'utopie ou plutôt l'« utopie », comme disent certains marginaux, sera le chemin qui, par-delà l'univers laid et sordide de la société industrielle, ouvrira la voie à la vraie vie. Déjà elle n'est plus « l'imagination du futur » mais l'exigence violente, irrépressible du présent.

Nous essayerons néanmoins, comme nous l'avons fait pour l'utopisme diffus de 1848, de recenser brièvement les principales idées de ce courant, étant entendu que cette présentation thématique revient à isoler pour la commodité de l'exposé des concepts qui dans la réalité se trouvent étroitement enchevêtrés et confèrent à ce type de gauchisme le flou doctrinal et les contours incertains que nous lui connaissons.

C'est à une société libertaire et anarchique, au sens propre du terme, qu'aspirent les gauchistes hippies. Tout ce qui leur paraît constituer une entrave au plein épanouissement de l'homme est rejeté sans appel : ainsi en est-il des relations autoritaires et hiérarchisées de la morale chrétienne et, pour certains même, de la cellule familiale. Ce refus de l'éthique traditionnelle des pays occidentaux trouve sans nul doute son fondement dans les idées de Freud, de Marcuse et de Wilhelm Reich.

L'enchevêtrement des idées est ici tel qu'on ne sait si c'est l'utopisme qui a en quelque sorte annexé le freudisme ou si ce sont au contraire les nombreux disciples de Freud qui ont récupéré l'utopie.

De ces communautés, il en est qui rappellent les tribus indiennes, les pionniers américains du XVIe siècle ou encore les kibboutzim israéliens.

D'autres forment des villages communautaires dépassant parfois plusieurs centaines de personnes comme l'État libre de Christiana à Copenhague qui s'étend sur dix-huit hectares de terrain militaire désaffecté. Il reste que les multiples communautés apparues ces dernières années ne relèvent pas toutes implicitement du socialisme utopique, en particulier lorsque les motivations personnelles des participants excluent l'idée de transformation des rapports sociaux. L'aspiration à une vie grégaire que l'on trouve dans la jeunesse sert quelquefois de thérapie à des angoisses personnelles sans déboucher pour autant sur une revendication politique.

Certains groupes se réclamaient expressément des traditions utopiques, en particulier « Derby House » à Berkley, qui diffusait une revue intitulée *Modzen utopia* (*vocation for social change*) installée à San-Diego. Mme D. Desanti a raconté également l'histoire de cette communauté « Together », aujourd'hui disparue, établie près de San-Francisco, qui avait redécouvert empiriquement les grands principes fouriéristes sur l'amour libre et l'attraction passionnée[96].

Dans un autre domaine, il faut citer en France la communauté de l'Arche, créée voici près de trente ans par Lanza Del Vasto, disciple de Tolstoï et de Gandi, et qui fit récemment parler d'elle lors des rassemblements antimilitaristes du plateau de Larzac. Dans cette communauté non violente, forte d'une centaine de personnes, la vie est quasi monacale, sans argent ni propriété privée (une caisse est utilisée en cas de

96. H. Lapaze, *Procès-verbaux de la commune des Arts*, Paris, 1903, pp. 330, 331. R. Schneider, pp. 40, 41.

maladie). Toutes les décisions sont prises en commun et à l'unanimité[97].

Le théoricien de la vie communautaire le plus connu est, aux États-Unis, l'écrivain Paul Goodman (1911-1972). Celui-ci croit en l'existence immuable qui s'exprime dans trois fonctions fondamentales : la fonction créatrice, la fonction sexuelle et la fonction communautaire. L'utopie communautaire débouche tout naturellement[98], chez Goodman comme chez d'autres, sur la revendication auto-gestionnaire, c'est-à-dire sur la gestion de l'économie par les producteurs eux-mêmes. C'est un des thèmes les plus abondamment discutés à gauche en France où, depuis la longue grève des usine Lip à Palente (1973), il a gagné du terrain dans les milieux réformistes et sociaux-démocrates.

L'utopisme contemporain est inséparable de la dimension religieuse et mystique. C'est un terrain sur lequel des enquêtes sociologiques nouvelles pourraient nous apporter d'utiles informations, comme l'a constaté la société républicaine des arts[99].

Le besoin de religiosité qui s'est emparé d'une partie de la jeunesse contestataire des pays occidentaux ne s'embarrasse pas d'un souci de cohérence théologique ou de pureté doctrinale.

Il se manifeste dans la recherche de rites exotiques et de mystiques orientales.

Au sein des socialismes utopiques du XXe siècle, il convient en effet de réserver une mention toute particulière à la société « conviviale » d'Ivan Illitch, cet ancien prêtre, recteur de l'université catholique de Porto Rico, devenu après sa rupture avec l'église l'animateur du CIDOC le Centre interculturel de documentation de Cuerna au Mexique où, avec un groupe d'étudiants et de sociologues, il tenta d'élaborer une nouvelle doctrine sociale.

L'univers utopique d'Ivan Illitch s'enracine autour de quelques thèmes inlassablement répétés dans ses écrits et qui constituent l'essentiel de son message « Ce qui m'intéresse,

97. Le C 100 fut fermé au début de 1976.

98. Herbert Gintis, « Critique de l'illitchisme », *Les Temps Modernes*, numéros 314-415, 1972.

99. A.L. Morton, *L'utopie analyse,* traduit de l'anglais par J. Vaché, Paris, F. Maspero, 1964.

dit-il dans « la convivialité », ouvrage qui résume le mieux sa pensée, n'est pas l'opposition entre une classe d'hommes exploités et une autre propriétaire des outils, mais l'opposition qui se place d'abord entre l'homme et la structure technique de l'outil, ensuite, et par voie de conséquence, entre l'homme et des professions dont l'intérêt consiste à maintenir cette structure technique. »

Il y a là, on l'imagine, beaucoup plus qu'une simple redécouverte individuelle du concept marxiste du fétichisme de la marchandise comme certains l'ont affirmé peut-être un peu hâtivement.

Faut-il parler pour autant de socialisme ? Nous retrouvons la même ambiguïté que l'on a vu apparaître à propos de Saint-Simon et de Fourier. Si l'on estime que seul a droit au qualificatif un régime qui a nationalisé ses biens de production et établi une planification autoritaire de l'économie, on peut dire assurément que la société illitchienne n'appartient pas à cette catégorie. En revanche, si l'on accepte une définition plus large du socialisme, celle que le courant utopiste lui a donnée, on doit sans conteste ranger la société conviviale parmi l'éventail des socialismes non marxistes d'aujourd'hui. Car qu'y a-t-il alors de plus socialiste que cette aspiration à un monde libertaire, autogestionnaire, dégagé de ce que l'on appelle la technostructure, un monde où la personne humaine, toujours traitée avec « équité », serait pleinement intégrée au tissu social ?

Un grand nombre d'utopies, cependant, s'inscrivent dans une vision métaphysique de l'univers et cherchent au moyen d'une mystique nouvelle ou d'un lien religieux renforcé à relier la cité terrestre à la « cité de Dieu ». Les utopies sont réalisables, disait déjà Nicolas Berdiaeff, la vie marche avec les utopies. Et peut-être un siècle nouveau commence-t-il, un siècle où les intellectuels et la classe cultivée rêveront aux moyens d'éviter les utopies et de retourner à une société non utopique, moins « parfaite » et plus libre.

Le propre de l'homme est son état d'insatisfaction perpétuelle qui sans doute le poussera toujours, par la magie de l'incantation onirique, à briser les dures barrières de la réalité, afin de rêver plus librement à l'accomplissement sur cette terre des nobles idéaux de paix, de justice, d'égalité et de fraternité tant il est vrai qu'il conserve au plus profond de son cœur la douce nostalgie des paradis perdus.

On peut même se demander si la recherche écologique, dès l'instant qu'elle cesse d'être une pure science n'est pas entraînée nécessairement dans cette voie. Ce serait une singulière revanche des utopies dans la période contemporaine. Quoi qu'il en soit, pour illustrer ce courant nous nous bornerons à citer deux cas typiques : le « socialisme de survie » de René Dumont et la « société conviviale » d'Ivan Illitch. L'essentiel est de formuler un projet global de civilisation à basse consommation d'énergie et de minerais, vivant en harmonie avec la nature, donc capable de longue survie.

Vaste plan à l'échelle de l'humanité, susceptible d'englober divers modèles de socialisme de « semi-austérité » ou de « survie », étant entendu que l'étape d'extrême abondance du communisme telle que l'imaginent les marxistes n'est ni possible ni souhaitable.

A vrai dire, l'enquête sur la justice politique en régime communisme ne constitue pas à proprement parler une utopie mais elle est, comme l'a dit A.L. Morton, une œuvre pénétrée tout entière du sentiment utopique. Saint-Simon apparaîtra comme « un des fondateurs » de la société anarchiste.

René Dumont en effet n'est pas un révolutionnaire marxiste. Il est venu au socialisme par un sentiment de révolte devant l'injustice et la misère des déshérités. Ses idées n'ont rien de commun avec le « socialisme scientifique » comme il le reconnaît lui-même. « C'est avec un profond sentiment de refus des injustices les plus marquées et non par une idée préconçue d'un sens de l'histoire que nous adhérons aux valeurs impliquées par le socialisme. Les régions du globe seraient réquilibrées, les excédents d'Asie étant déversés en Sibérie, Océanie, Afrique, Amérique ; sur le plan politique, on créerait une organisation planétaire dotée de pouvoirs supranationaux, capables de prévenir et d'arrêter les conflits armés entre États ».

Chacun d'ailleurs, y compris les intellectuels, remplira à tour de rôle des tâches serviles telles que le nettoyage et la collecte des ordures. Comme dans la plupart des utopies socialistes, le travail (réduit, recomposé, moins parcellaire, aménagé par chaque équipe d'ouvriers constituera « un véritable plaisir », car la misère physique conduit à l'abrutissement et l'autoritarisme à la dépravation, source d'une misère nouvelle.

La vie culturelle renaîtra dans les bourgs de campagne et les villes secondaires seront vivifiées par la décentralisation. Les artistes, même amateurs, pourront réaliser des spectacles permanents. « La fête descendra dans la rue et la vie sera une fête. »

Des colloques, des mémoires, des thèses, de multiples études lui ont été dernièrement consacrés

2. Étude comparative de la propagande gouvernementale et de la religion catholique en Chine, Corée à la fin du XVIIIe siècle

A. En Chine, mission jésuite de 1552 à 1631. Répertoire des jésuites de Chine de 1552 à 1800

De 1552 à l'arrivée de Ricci en 1583, trente-deux jésuites ont tenté de s'installer en Chine. En fait, la mission de Chine (indépendante de Macao en 1604), vice-province en 1618, désormais indépendante de la province du Japon, ne comprend que des jésuites. Religieux, ils étudient d'abord le milieu bouddhique (Ruggier) tandis que Ricci, approuvé par Valigano, instaure l'adaptation au confucianisme.

Ils sont 16 jésuites, dont 13 prêtres en 1605, alors que l'on parle de plus de 700 000 baptisés au Japon, de 1542 à cette date (Schitte 393, 432 et Guerrierigo, Relcao annual, rééd. de Coïmbre, 1931 p.220).

Le *padraodo* se voit confronté désormais avec l'arrivée de nouveaux ordres religieux : dominicains espagnols, franciscains espagnols, franciscains italiens tandis que Rome, à son tour, dès 1633, autorise les missionnaires d'Extrême-Orient à s'y rendre sans passer par Lisbonne et, en 1658, crée des vicaires apostoliques français, envoie des missionnaires de la propagande italiens, en laisse partir d'autres des missions étrangères de Paris. En Chine aussi, la situation politique est confuse et culmine en 1644 avec l'accession au trône de la dynastie des Tsing mandchous (à Pékin) tandis que les combats se poursuivent jusqu'en 1651[100].

En Chine	Hors de Chine
Kia-Tsing empereur chinois depuis le 28 janvier 1552. 1552 — 2 décembre mort de saint François Xavier à Sancian. 1555 — Juillet, Melchior Nunes Barretto, arrive à Sancian et, en août et nov. va deux fois à Canton. 1557 — Fondation de Macao possession portugaise. 1560 y arrivent les premiers jésuites ;	
1565 résidence jésuite fondée à Macao (Gonçalves).	1563 - Fin du concile de Trente.
1567 - 9 février, Long King empereur.	1565 - Les Espagnols s'installent aux Philippines (découvertes par Magellan en 1521) conformément au traité de Torde- sillas en 1494.
1568 - Juillet - Melchior premier évêque résident à Macao.	
1573 - 2 février - Wan-Li empereur (1573-1620)	La province jésuite des Indes Orientales s'étend du Mozambique au Japon (carte, 01, IX, p. 512)
1573 — Valignano est nommé visiteur des missions de l'Extrême-Orient ; il part fin septembre 102, IX, 1 sa patente.	
1622 — La persécution se précise en Chine. 22-25 juin, siège de Macao par 17 navires hollandais et 4 vaisseaux anglais (dunne, 197 : Boxers.)	22 juin à Rome, la congrégation de la propagande (fondée par Clément VII, le 6 mai 1599) réorganisée par Grégoire XV ; persécution au Japon.

100. Paul Boell, *Le protectorat des missions catholiques en Chine et la politique de la France en Extrême-Orient*, pp. 10-12.

Comme nous l'avons dit ailleurs (Nzm 1971, 261), remarquables est alors l'éventail des milieux atteints par l'Évangile, et sa pénétration, dès avant 1610 et surtout à partir de 1635, et pas seulement à Pékin, des classes sociales les plus élevées et les plus fermées. De grands noms comme Paul Siu, les docteurs Léon, Ignace, Michel ne sont plus désormais des exceptions.

En 1636, sur 38 000 catholiques, on comptait quatorze hauts mandarins, 10 docteurs, 11 licenciés, 251 bacheliers, plus de 140 parents de l'empereur, plus de 40 eunuques du palais et quelques grandes dames qui formeront, dès l'année suivante, la chrétienté des « dames du palais impérial ». Le catholicisme n'est pas l'apanage d'un milieu social, et il ne forme pas non plus une chapelle, puisque l'on trouve, parmi des convertis, des paysans, des artisans, des médecins, des bonzes même, comme aussi des lettrés et des mandarins. Cette liberté, et cette multitude de lettrés et de grands caractérisent la chrétienté chinoise des Ming.

Ainsi, les prêtres de Pékin sont parvenus à se maintenir, grâce au tribunal d'astronomie, à l'arrivée des Mandchous. Les musulmans, évincés, trouvent sans peine l'appui des bonzes et des lettrés (P.S. 1747). Une persécution générale se prépare : elle éclate durant la minorité du jeune empereur à qui Honen-Tche a confié le pouvoir (1664-1671). Kang-Hi, devenu majeur, réagit contre les quatre régents en utilisant les service des prêtres de Pékin (affaire des frontières de Russie, remèdes pharmaceutiques, sciences européennes, relevé des cartes de l'empire,...). Il propose la fondation d'une mission française, succursale de l'académie de Paris (1685) alors que les vicaires apostoliques, eux aussi français, semblent mettre en pièces les privilèges des Portugais (1680).

Parallèlement, la question des rites s'envenime : l'arrivée de religieux des Philippines (1632-1633), dominicains, puis franciscains, n'a pas tranché la question. Rome approuve les deux thèses (1669). Avec les *Tratados* (1676), en Europe, le grand public s'empare du problème qu'orchestre Arnault avec sa morale pratique des jésuites, et l'incroyable profusion d'une montagne de pamphlets.

Quand on parcourt, aux archives vaticanes, l'immense correspondance de Maigret, on éprouve un malaise en pensant que Rome n'allait pas prendre le parti des évêques qu'elle a nommés, d'autant que, parmi les jésuites, le petit groupe des « probabilistes » (Versuet, les pères français) cède la place aux « certitudinalistes » (Le Comte, Thomas,...). Rome, alertée, adopte la position la plus sûre (celle-là même qui est tenue par Bellarmin pour Vihilles avant son apologie ; pour le premier commandement, pas de place pour le probabilisme). Les deux envoyés successifs du Saint-Siège, Tournon (1785) et Mezzabarba (1720), s'y conforment.

K'ang Hi n'admet pas que des étrangers, sachant mal le chinois, portent un jugement de valeur sur des usages nationaux. Pour sauver la situation, Bouvet prétend retrouver la révélation primitive dans les classiques chinois (Yi King...). Ce figurisme est développé par d'autres Français (un peu Premare, beaucoup Fouquet qui s'attire l'hostilité des pères portugais : Parrenin... en s'inspirant des nouveautés astronomiques de La Hire).

Finalement, K'ang Hi se dégoûte des inventions de Bouvet et accentue son hostilité contre les interventions de Rome, à laquelle il envoie différents messages dont aucun ne revient. Ainsi, la situation du catholicisme en Chine s'est terriblement détériorée depuis le début du siècle où Bouvet projetait de convertir K'ang Hi ; et tout l'empire avec lui... Les rivalités nationales (jésuites français contre jésuites ayant d'autres positions idéologiques, le probablisme de Ricci ayant fait place chez certain à un certitudinalisme[101] peu soutenable), tout prépare l'ère des persécutions.

Déjà Yong Tcheng exile à Canton les missionnaires, même ceux qui avaient pris le « *piao* », le fait est à souligner, puis finit par les bannir à Macao : il ne garde que ceux de sa cour, les pères de Pékin, qui doivent se cantonner dans les relations culturelles (Cartiglione et Attiret et toujours l'astronomie, affaire d'État). Malgré de rares périodes d'accalmie, l'église chinoise, sous le règne suivant, devra se réfugier dans la clandestinité, avec des poussées de violence locales (missionnaires mis à mort) et deux grandes persécutions générales (1745-1748 et 1784-1785).

La chrétienté change de visage ; elle n'est plus ouverte aux lettrés, aux mandarins dans cette nation glorieuse, si fière de l'antiquité de sa famille ; on finit par ne plus tolérer

---

101. Gérard, *Ma Mission en Chine*, pp. 84-85. Sur les affaires religieuses, voir le même ouvrage pp. 84-87, pp. 192-194.

qu'elle conserve les tablettes de ses ancêtres, même après les avoir sans cesse « corrigées ». Dans ce peuple d'une politesse si raffinée[102], l'on en vient à ne plus prier agenouillé devant un mort ou même à ne plus s'incliner devant lui[103] pour ne pas donner aux païens l'impression qu'on l'adore. Les rites chinois (comme les rites malabars) sont « définitivement » - pour deux siècles — proscrits par Rome (1715-1742). Sur d'autres points pourtant, le bilan est positif. En cette seconde moitié du XVIIIe siècle, la mission est définitivement constituée, avec ses pièces maîtresses : la hiérarchie et un clergé autochtone. S'il y a encore conflit de juridiction (le schisme de Pékin)..., l'institution des vicaires apostoliques, le nombre des chrétiens en ce climat de persécution et d'insécurité, la jeune mission du Sjechwan, toute populaire, montre une vitalité en tout point remarquable. Mais il faudra encore attendre un siècle pour que s'établisse un autre élément essentiel de la vie de l'église en terre de mission : les communautés de religieuses et leur irremplaçable apostolat.

La Chine impériale distingue dans chaque province civile les *fou*, préfectures ou villes de premier ordre, dont dépendent les *tceou*. Des agglomérations importantes comme Tientsin (alors *Wei*) ou encore Amoy et Fatshan n'ont pas reçu le titre de *hien*[104].

Pour les jésuites de l'époque, le mot collège désigne une résidence principale dont dépendent (d'un point de vue économique beaucoup plus que juridique) un certain nombre de petites résidences qui lui sont rattachées. La carte qui accompagne ces pages comme celle des résidences en 1701 est due au père Moureau s.j. et nous lui exprimons ici nos remerciements. Une résidence est une propriété de la mission ; elle est soit occupée par un ou plusieurs missionnaires ou, cette année-là, sans prêtre à demeure (R), tandis que le mot église s'applique à une chapelle, un oratoire ou un temple plus

102. Ibid.

103. *Die Grosse Politic*, numéro 2317, « De Radobin à Hohenlohe ».

104. Dans notre tableau, les villes autres que les *fou* sont mises en italique et la capitale de chaque province en majuscule. Sur la carte nous mettons en lettres majuscules les *fou* et les *tcheou* possédant une communauté chrétiene (pour le *tchéou*, majuscules penchées), les biens en lettres ordinaires, et nous n'inscrivons en petites lettres que les bâtisses et demeures chrétiennes antérieures à la persécution de 1615.

important. D'autres fois le prêtre dit la messe chez des fidèles, dans leur propre maison.

Toute résidence possède une église ou un oratoire. Sur la carte, les résidences sont marquées par un cercle. Les residences chrétientes appartiennent à l'époque presque toutes aux jésuites. Dans le cas contraire, nous faisons suivre le nom de la localité de la mention de l'ordre qui les possède : dominicains, franciscains, (OESA), augustins. On observera que le cours du fleuve jaune n'était pas le même qu'actuellement et que les communautés chrétiennes se sont développées le long des grandes routes (le fait est frappant pour la région du Kaignan). Pour les communautés anciennes des Ming voir aussi Msxvi 1957 (avec carte en couleurs).

B. Pénétration des idées occidentales et du christianisme en Corée

Qu'une minorité de Coréens ait connu l'existence de l'Occident avant le début du XVIIe siècle, cela ressort déjà de certains passages de l'œuvre de Li Su-Goaung où il est question du *Tien-Tchou che i* (Principe du Christ), un traité en chinois du P. Matteo Ricci (mort à Pékin en 1610). Qui plus est, on sait qu'un diplomate coréen a rapporté de Chine (1631) un mousquet *hoa p'o*, une horloge, une lunette astronomique et des livres ayant trait à l'Occident. Plus tard le prince Su Hyôn (1612-1645), qui avait été retenu comme otage à la cour impériale des Tsing, en rapporta (1645) des traités en chinois sur les sciences naturelles et sur la religion catholique.

Dans l'intervalle et dès 1628, des renseignements complémentaires avaient été obtenus sur l'Europe de façon plus directe ; cette année-là, en effet, trois moines hollandais avaient fait naufrage sur la côte de l'île de Dejodju (quelque part) et l'un d'eux, qui avait été retenu en Corée où il avait reçu le nom de Pak You, y avait notamment enseigné la fabrication du mousquet.

Vingt-quatre ans plus tard (1653), une trentaine d'autres naufragés, hollandais eux aussi, dont Handrik Hamel, fourniront de nouveaux renseignements sur l'astronomie et l'emploi des armes à feu, dont le canon, durant les douze ans qui s'écouleront avant qu'ils soient rendus à la liberté

(1666). Touchant l'introduction du catholicisme et du christianisme, on sait qu'un nommé Li Song Hun (1756-1801), (Li Sen Hun dont il est question dans l'histoire de l'église de Corée de Dallet) qui avait accompagné son père en Chine, en 1783, y avait été baptisé en 1784 et avait fondé, dès son retour à Séoul (1785), une communauté catholique. L'influence du catholicisme semble avoir été dès lors assez forte dans la capitale. Toujours est-il, cependant que la cour royale fut amenée à condamner (1786) cette religion comme doctrine hérétique et que deux de ses adeptes, Kwon Sang-Yon (? -1791) et Yun Djie Ung (1759-1791), subirent alors la peine de mort pour avoir brûlé les tablettes de leurs ancêtres.

Trois ans plus tard (1794), Tcheou Wen-Mo (1752-1801), un prêtre venu de Chine, y aurait converti une dizaine de milliers de Coréens, à la fin du XVIIIe siècle, ce chiffre devant être ramené à 4 000 selon l'avis de M. Liki-Bak (cf. Kuk Sa Sin-Non, p. 264). Que la religion étrangère ait connu un succès rapide dans la péninsule ressort, en tout cas, de ce qu'en 1801, un décret royal en interdit la pratique et ordonna le châtiment de ses fidèles.

Li Seng Hun et le prêtre chinois *Tcheou* figurent au nombre des premiers martyrs. Menacés, certains des rescapés chargèrent un nommé Hoang Sa-Yong (1775-1801) de remettre à l'évêque de Pékin un rapport dans lequel ils lui demandaient d'intervenir auprès de l'empereur de Chine et des puissances européennes pour obtenir du roi de Corée l'autorisation de pratiquer et de propager la foi catholique, mais cette tentative échoua (1801). Finalement, après bien des vicissitudes, un vicariat apostolique devait cependant être établi (1831) dans la péninsule, sans le consentement explicite du gouvernement royal, la propagation de la foi dans la péninsule étant confiée (1833) à la société des missions étrangères de Paris.

Dès lors les missionnaires français pénétrèrent en Corée ; le P. Maubant y arriva de Chine en 1837 ; le premier évêque, Mgr Timbert, et le P. Chastan entrèrent en Corée cette même année, et, deux ans plus tard (1839), le nombre des fidèles, près de 9 000 dit-on, inquiéta les autorités au point qu'elles ordonnèrent qu'ils fussent massacrés. Trois ecclésiastiques français partagèrent le sort de leurs fidèles. Un premier prêtre coréen, Kim Tä-Gon (ou André Kim 1822-1846) fut cependant ordonné en 1843 et le nombre des catholiques passa rapidement de 13 638 en 1855 à 23 000 en 1865. Finalement (1888), la liberté de propager la foi chrétienne fut reconnue par le gouvernement de Séoul à la suite des circonstances suivantes.

C. Pénétration des religions catholique et protestante en Corée

Les catholiques sont là pour le prouver, loin de décroître, le christianisme va améliorer ses positions. Jetons un coup d'œil maintenant sur les religions traditionnelles de la Corée en commençant par le substrat populaire et antique, sur lequel sont venus se greffer et s'épanouir des croyances, des fois et des philosophies dont les principales sont le bouddhisme venu de l'Inde directement par la Chine, le confucianisme et le christianisme. Comme nous l'avons vu, les origines du peuple coréen perdues dans la nuit des temps, c'est-à-dire dans la proto et la préhistoire sont sibériennes, si bien qu'il n'est pas surprenant de trouver à la base des cultes populaires les plus anciens souvent contemporains aussi le chamanisme. On retrouve des témoignages sur les peintures murales de certaines grottes et dans les tumulus qui permettent d'affirmer que les anciennes tribus coréennes adoraient la nature et ses phénomènes.

Plus tard, quand les tribus coréennes se transformèrent en États rudimentaires puis en fédérations, les Coréens firent connaissance des canons du confucianisme si bien qu'ils apprirent et pratiquèrent les idéaux éthiques et politiques de la Chine. Par la Chine aussi, aux environs de l'an 370 après J.-C., ils se convertirent au bouddhisme. Au moment du royaume unifié de Silla, les religions traditionnelles, basées sur le chamanisme, s'harmonisèrent avec le confucianisme et la pensée bouddhiste, si bien qu'une sorte de synthèse se réalisa, synthèse que l'on peut considérer comme une première expression d'une pensée philosophique et religieuse coréenne. Cet esprit « unifié » est démontré par les travaux artistiques et architecturaux de l'époque qui reflètent un milieu spirituel d'équilibre et d'harmonie. C'est le moment où la pensée bouddhiste et sa vision d'un autre monde non existentiel soit remplacées par le culte plus matérialiste des ancêtres.

C'est le moment aussi d'une certaine dégénérescence du bouddhisme, non pas tant dans la doctrine que dans la corruption, voire la débauche qui régnait dans certains monastères.

Alors le confucianisme, avec ses règles de conduite et orson dre matériel, prit le pas sur le bouddhisme et mit en œuvre les nouvelles idées politiques et le nouveau système de gouvernement. Les écoles confucéennes furent établies dans les villes et dans les villages dans le but de former des fonctionnaires honnêtes et disciplinés. Toutes les choses dans la vie coréenne, y compris la recherche intellectuelle, la manière de penser individuelle et collective, celle de se comporter dans la famille et dans la société, devait alors étroitement se conformer à la philosophie du confucianisme ainsi qu'aux commentaires et exégèses de ses adeptes.

A la fin du XVIe siècle, une de ces écoles, celle de Silhak, tenta de mettre en pratique activement les théories confucéennes en introduisant simultanément, avec la pensée de Chu Thi, les nouvelles méthodes et connaissances venues par la Chine des penseurs et des savants de la Renaissance occidentale.

Cette nouvelle école de pensée fut, comme on peut l'imaginer, écrasée par les intellectuels traditionnels au pouvoir. Au début du XIXe siècle, au moment où le catholicisme commençait à prendre pied dans la province centrale du Kiong sang, naquit une doctrine originale dite « Tonghak », c'est-à-dire l'étude orientale opposée au « Sohak », soit l'étude occidentale C'est le moment aussi où se produisirent des phénomènes sociaux qui accélérèrent la division interne de la Corée entre ses deux courants de pensée : d'abord une véritable panique provoquée par les persécutions religieuses entre 1801 et 1840, ensuite une révolte de paysans qui éclata à Chinju dans la province du Kyongsang Namdo et qui se répandit d'abord dans la province, puis dans le pays tout entier. L'élément spirituel de la révolte des paysans était le courant « *tonghak* » qui ouvrait au peuple une nouvelle vision du monde.

Malgré son apparence inconditionnellement orientale, il n'était pas totalement opposé au « Sohac ». Son excluvisme à base d'esprit patriotique admettait les échanges avec les pays étrangers uniquement après que le pays serait prêt à se gouverner lui-même sans avoir besoin des autres.

Un certain nombre de défenseurs de cette théorie furent arrêtés et exécutés par le gouvernement. Ce furent ces idéaux, cependant, ou ce qu'il en resta, qui fournirent la base du combat national pour l'indépendance après l'annexion japonaise de 1910.

Nous avons vu plus haut que ce substrat religieux le plus ancien consistait en croyances animistes groupées comme dans le reste de la Sibérie, au Tibet, au nord de l'Inde, etc., dans des chamanismes plus ou moins tantriques que l'on rapproche aussi des croyances des anciens Indiens de l'Amérique du Nord en raison d'un certain nombre de points communs. Ces traces des chamanismes subsistent de nos jours dans la croyance populaire, dans les villages et dans les quartiers populeux des villes champignons comme Séoul ou Pusan.

Le protestantisme coréen est très actif dans les domaines de l'éducation, de l'assistance médicale et sociale. Il joue un rôle important dans le maintien de l'esprit démocratique et dans le respect des libertés. Actuellement, l'église catholique de Corée compte 800 000 personnes, ayant doublé ses effectifs entre 1961 et 1972. On trouve aussi des anglicans, des membres de l'Armée du salut, une église orthodoxe ouverte en 1877 par un pope de la Russie tsariste et qui n'a pas cessé de fonctionner depuis. L'islam a été introduit en 1955 par des soldats du détachement turc de l'armée des Nations Unies. Plusieurs sectes islamiques prospèrent modérément, groupées dans une Fédération centrale islamique en Corée. On compte en 1975 environ trois mille musulmans coréens.

« Bahai », qui peut-être considéré comme une secte para-islamique iranienne, fut introduit en 1928 et restauré par des soldats américains en 1951. Le premier congrès mondial du Bahai eut lieu à Séoul en 1971.

Parmi d'autres « divers » on trouve l'association morale coréenne, sorte de variété du taoïsme fondée par des Coréens anciens résidents en Chine, association nullement négligeable puisqu'elle compte environ 550 000 croyants, 120 temples et 200 responsables. N'oublions pas le Tachan-Lhong Roi-Gyo fondé par des Coréens, anciens résidents au Japon : 180 églises et 400000 adeptes. En 1972, on comptait 18 sectes bouddhistes différentes, la principale groupant près de 5 000 000 d'hommes et de femmes ; les autres sont plus ou moins fragmentées. En marge de la religion proprement dite, avec certains chevauchements inévitables, on dénombre 4 500 000 personnes se réclamant activement des principes confucéens, groupées dans 231 *hyanggyo* ou paroisses.

D'après la législation, la liberté de croyance est garantie en même temps que la séparation la plus stricte entre la religion et la politique. Tous les citoyens étant égaux devant la loi, il n'existe aucune discrimination entre eux concernant les questions politiques, économiques, sociales ou culturelles, ou en raison de la différence de sexe, de religion et de statut social. Il est à noter que la fameuse secte bouddhiste zen universellement connue de nos jours, celle qui a possédé et qui possède encore le plus d'influence dans l'histoire du bouddhisme, est apparue en Corée à l'époque Shilla, au milieu du VIIe siècle après J.-C.

Elle venait de Chine où elle était nommée *Chan* qui est devenu « Son » en langue coréenne et zen en japonais. Jusqu'à nos jours, c'est autour de la méditation que le zen s'est toujours articulé. Selon « Son » zen, l'état de véritable illumination doit être atteint non pas par l'étude des écritures ni même par la prière aux bodhisattvas mais par la méditation, qui consiste à concentrer l'esprit sur les vérités essentielles de l'existence à l'exclusion de toutes les perceptions physiques jusqu'à ce que, dans un éclair d'intention, on atteigne l'état d'illumination qui permet de comprendre et de réaliser indubitablement la vraie nature de la réalité, au-delà du cycle éternel des morts, des renaissances et des souffrances que le bouddhisme considère habituellement comme la nature même de la vie terrestre.

D. La situation politique en Extrême-Orient à la fin du XVIIIe et du XIXe siècle. (La situation coréenne et l'ouverture du Japon et ses conséquences.)

– L'ouverture du Japon par les Américains

Jusqu'au milieu du XIXe siècle, le Japon fut un pays féodal. Bien que l'empereur y régnât, il n'exerçait pas de pouvoir réel. Celui-ci tomba aux mains d'une puissante famille féodale, les Tokugawa, dont le chef, comparable au maire du palais dans le royaume franc mérovingien, s'appelait officiellement « shogoun », c'est-à-dire généralissime. Pendant trois siècles les Tokugawa fermèrent la porte du Japon. Ils interdirent aux Japonais de sortir du pays et aux étrangers d'y entrer. Seuls des Chinois et plus tard des Hollandais purent maintenir un commerce limité avec les Japonais à Nagasaki. Sur le plan diplomatique, il ne subsista aucun contact officiel entre le Japon et les pays étrangers.

Au début c'était la Corée qui était visée par la politique d'expansion du Japon. Au cours de sa longue histoire, la Corée avait été pendant des siècles vassale de la Chine et pendant quelques périodes elle en avait même fait partie intégrante. Cependant, elle avait été deux fois envahie par le Japon.

– Rétrospective des invasions japonaises en Corée

Avant la guerre sino-japonaise de 1894-1895, les Japonais, peuple guerrier, avaient tenté, par deux fois, de conquérir la Corée, vers la fin du VIIe siècle. Alors que la Corée était divisée en trois royaumes rivaux, le Japon intervint dans la politique coréenne en faveur de son allié, le royaume Parkche, et une guerre sino-japonaise en résulta. Les Japonais furent durement battus et chassés de la péninsule coréenne. La deuxième tentative japonaise eut lieu dès 1592. Pour disputer la suprématie à la Chine et pour détourner l'énergie explosive des samouraïs Toyotomi Hideoshi, le *shogoun*, après avoir réunifié son pays, entreprit la conquête de la Corée en y envoyant une armée sous le commandement des généraux Konichi et Yubinaga.

La Corée réclama aide et assistance à la Chine, qui, une fois de plus, répondit à son appel. Mais, cette fois, la guerre fut coûteuse pour les deux partis. Elle ne prit fin qu'à la suite de la mort de Toyotomi Hideyoshi qui, bientôt au moment de mourir, regretta de l'avoir provoquée. En 1598, le Japon, épuisé, fut obligé de se retirer de Corée, qui bientôt passa sous la suzeraineté de la dynastie mandchoue.

La Corée ne voulait établir de relations diplomatiques ni avec le Japon, ni avec les puissances occidentales. Pour s'ouvrir au commerce international, le gouvernement japonais envoya des missions à Séoul, la capitale. Or celles-ci, conduites par des Japonais arrogants, blessèrent l'amour propre des Coréens. Au mois d'août 1875, un vaisseau de guerre Tchemoyo (*Tuchon*) japonais fut attaqué à Techemoulpo, port coréen. Les partisans de la force au Japon réclamaient une guerre contre la Corée ; sachant qu'il n'était pas encore en mesure de la faire, le gouvernement japonais préféra un règlement pacifique. Il envoya donc Kiyotaka et le ministre Trougé Kaoru accompagnés de quelques bâtiments de guerre. Ils arrivèrent à s'entendre et ils signèrent, le 27 février 1876, le traité de Kang-Hoa. En voici les stipulations les plus importantes :

1. Reconnaissance par le Japon de l'indépendance de la Corée ;
2. Engagement de la Corée d'ouvrir au commerce les ports suivants : Pusan, Kuchon et Wonsan ;
3. Autorisation accordée en Japon d'entreprendre des recherches et des reconnaissances hydrographiques sur les côtes coréennes.

Le gouvernement chinois n'éleva aucune protestation auprès du gouvernement japonais contre ce traité qui portait atteinte à ses droits de suzeraineté sur la Corée. Cependant cette dernière continua à remplir ses obligations d'État tributaire et les autres puissances ne cessèrent pas de reconnaître la suzeraineté chinoise sur la Corée.

Devant le danger d'une double invasion, Hong-tchang conseilla, en 1879, à un haut fonctionnaire coréen de répondre par les mêmes méthodes qu'employaient les Japonais, c'est-à-dire de conclure des traités bilatéraux avec les puissances occidentales afin de neutraliser les tentatives néfastes du Japon. Cette politique visait non seulement à sauvegarder la Corée en face des desseins de la Russie et du Japon, mais encore à défendre la Mandchourie qui serait tôt ou tard victime d'agression si la Chine ne pouvait protéger la Corée.

L'intervention japonaise dans la politique intérieure de la Corée

Les précautions diplomatiques du gouvernement chinois ne devaient pas produire les résultats escomptés parce que le Japon était prêt à intervenir directement dans la politique intérieure de la Corée. Au pays du matin calme, la lutte pour le pouvoir politique était menée par deux factions principales dont l'une était composée d'hommes politiques coréens partisans de réformes et l'autre de conservateurs qui se tournaient contre les réformateurs.

Les querelles partisanes créèrent des incidents graves qui entraînèrent les pires complications internationales. Pour assurer sa tranquillité. Pour préserver les liens de la Corée avec la Chine, on envoya en Corée von Möllendorf, de nationalité allemande, qui avait servi dans l'administration des douanes de Chine. Möllendorf fut nommé conseiller du roi de Corée et directeur de la douane coréenne. De cette façon, l'administration de la douane coréenne était liée à celle de la douane chinoise.

Attentat des révolutionnaires à Séoul

Vers la fin de 1884 eut lieu à Séoul un attentat de révolutionnaires coréens. Aidés par des officiers japonais, les révolutionnaires coréens dont Kin Ok Kyum tuèrent six ministres du gouvernement de Séoul. Ils formèrent un nouveau gouvernement mais échouèrent devant l'intervention du Président de Chine, intervention qui fut suivie d'une autre du Premier ministre du Japon. Un conflit armé en résulta entre les gardes de la résidence chinoise et ceux de la légation japonaise.

Une trentaine de Japonais y trouvèrent la mort. Battues, les troupes japonaises furent obligées de se retirer à Tchemoupo. Du côté chinois comme du côté japonais, des renforts furent envoyés en Corée. Cette fois encore le Japon n'était pas en mesure de faire la guerre contre la Chine. Face à la fermeté de cette dernière, il rechercha des moyens pacifiques pour régler l'affaire. Une fois de plus on finit par s'entendre. Toutefois le Japon refusa de retirer ses troupes de Corée et obtint du gouvernement coréen satisfaction complète par un traité signé le 9 janvier 1885. La Corée s'engagea, entres autres choses, à présenter ses excuses au japon, à lui payer une indemnité, à punir les responsables et à reconstruire la légation du Japon[105].

Le moment était favorable pour ce dernier, parce que la Chine était encore en guerre contre la France à propos du Tonkin. La guerre franco-chinoise s'était terminée par la signature du protocole de Paris[106].

Le 18 avril 1885, la Chine signa avec Ito la convention sino-japonaise. Vers la fin du mois de mars 1894, la situation politique internationale en Extrême-Orient devint subitement tendue par suite de l'assassinat de Kim Ok-Kyum, chef révolutionnaire coréen et partisan du Japon. Si cet assassinat fut l'œuvre du gouvernement coréen, les gouvernements chinois et japonais eurent leur part de responsabilité. Il provoqua une sérieuse agitation au Japon. Les rapports entre la Chine et le Japon devinrent très mauvais. Pendant un certain temps exista une menace de guerre. Le gouvernement chinois prit même des mesures de précaution pour renforcer la défense de la Corée, de la Mandchourie et de Formose.

Rébellion des Tonghaks : Au mois de mars 1894 se précisa en Corée la rébellion des Tonghaks. Les Tonghaks étaient des membres d'une société secrète du même nom, dont le nom signifie « société des études occidentales », et dont la doctrine dérivait des doctrines de Confucius, du bouddhisme et du taoïsme.

Ils étaient xénophobes et conservateurs. Des *romins* (vagabonds militaires japonais) s'étaient infiltrés dans les rangs des tonghaks pour organiser la rébellion. Pendant le mois de mars 1894, des Tonghaks envoyèrent une délégation à Séoul pour demander une audience au roi, mais ne l'obtinrent pas. Des bruits couraient dans la capitale sur une révolte imminente. Devant cette situation explosive Yuan Che-Kai informa, au début du mois d'avril, des délégations étrangères à Séoul. Des navires de guerre chinois étaient en

105. Francis Rey, *La guerre russo-japonaise au point de vue du droit international*, pp. 40-42.
106. Mac Murray, *Treaties and Arrangements with and concerning China*, pp. 327-328.

route pour la Corée ; ils assumaient la pleine responsabilité de la protection de la vie et des biens des étrangers.

Peu après des navires de guerre anglais, américains et japonais collaborèrent avec ceux de la Chine dans le port de Tchemoulpo pour faire face à toute éventualité. Les rebelles s'emparèrent de Chunjoo, capitale provinciale au sud de Séoul. Les troupes gouvernementales coréennes, ne pourraient ni réprimer la révolte ni la contenir[107].

La politique des puissances européennes en Extrême-Orient

Cette intervention tant souhaitée par la Chine ne fut pas simplement une manifestation du désintéressement de la part des puissances. Pire, elles montrèrent les arrière-pensées d'acquisitions territoriales en Chine. La guerre sino-japonaise avait rompu l'équilibre en Extrême-Orient et démontré l'impuissance de la Chine. Pour sauvegarder leurs propres intérêts, pour obtenir des acquisitions territoriales et pour maintenir leur prestige en Chine, les puissances européennes étaient prêtes à intervenir.

En outre, devant les prétentions démesurées des Japonais sur la Chine, les diplomates européens craignaient que l'Europe fût un jour expulsée de Chine par le Japon[108].

Au début, Koguryo fut le plus vaste et le plus peuplé en Corée. Son territoire s'étendait du sud du fleuve Tan jusqu'au-delà de la frontière nord de la Corée débordant largement en Mandchourie et dans la péninsule du Liao tungi.

On pense que les populations qui formaient le royaume de Koguryo avaient leur origine parmi les nomades de Mandchourie. Ils étaient réputés excellents cavaliers et guerriers courageux. Leur capitale se trouvait dans la région actuelle de Pyongyang. Ce sont les rois du Koguryo qui furent les premiers à adopter le titre chinois de « *wang* » qui signifie roi.

---

107. Chester Tan, *The Boxer catastrophe*, pp. 173-180. Archives de la délégation de Chine à Saint-Petersbourg.
108. Documents diplomatiques chinois pendant les dernières années de la dynastie Tsing, chap. 21, p. 24-28, chap. 22, chap. 23, pp. 15-18, chap. 23-24.

Dans le sud-ouest de la péninsule, la formation du royaume de Paeckche fut le résultat de l'invasion de tribus du Nord plus ou moins subjuguées par Koguryo, organisant et administrant une population autochtone.

Le royaume de Silla fut le dernier à se développer sans doute parce que plus éloigné des influences chinoises, installé dans l'Est et le Sud-Est de la Corée. Sa société était résolument autocratique. Les postes importants du gouvernement étaient entre les mains de membres du clan royal.

La fortune des trois royaumes coïncida avec le déclin de l'empire chinois des Han. La Chine se trouve alors en plein désordre : royaumes et empires, dynasties et souverains naissent et disparaissent dans un tourbillon.

Grâce à cette instabilité, les trois royaumes coréens purent se développer sans menaces de domination politique par leur voisin affaibli donc impuissant. La langue coréenne, elle, restait un dialecte parlé par la masse populaire, seuls les savants et les fonctionnaires utilisant le chinois. Savoir lire et écrire en Corée jusqu'au XVe siècle voulait simplement dire connaître la langue chinoise.

L'usage de celle-ci entraînait évidemment l'étude de la culture et de la littérature chinoise, c'est-à-dire à l'époque presque exclusivement les classiques confucéens, écrits par le grand sage lui-même (551-479 av. J.-C.) d'après des textes encore plus anciens, si bien que les Coréens ont naturellement été influencés par le confucianisme qui devait rester comme en Chine, le système de pensée principal concernant la société et les gouvernements jusqu'à l'époque moderne.

L'équilibre instable entre les trois royaumes se prolongea jusqu'à la fin du VIIe siècle, et aurait pu durer indéfiniment si de graves événements n'étaient survenus en Chine à ce moment-là. En effet, les Sui devinrent en 599 souverains de la Chine entière, premier empire stable après quatre siècle de désordres. Les Sui, bien entendu, étaient préoccupés par la sécurité de leurs frontières du nord et en même temps résolus à faire reconnaître la souveraineté de l'Empire du milieu par les peuples voisins. C'est ainsi qu'en 598, ils attaquèrent Koguryo dans la presqu'île de Liasotung. L'empire Sui une fois tombé fut remplacé par la brillante dynastie des Tang dont les souverains, eux aussi, cherchèrent à dominer la Corée ; mais, après des échecs à Hiatung, ils adoptèrent une autre méthode, celle de dresser les trois royaumes les uns contre les autres.

A l'époque, Silla était le plus puissant des royaumes et les Chinois s'allièrent à lui, lui promettant de l'aider à conquérir ses deux rivaux, Paeckche et Koguryo. La dynastie Koryo, dont la gloire fut ternie et embrumée à la fin de son ère par les invasions mongoles et l'insécurité, a laissé deux réalisations importantes qui font honneur à la Corée.

Il s'agit d'abord de la perfection de ses poteries : c'est l'époque des céladons dont un certain nombre existent encore aujourd'hui et sont considérés de nos jours comme des trésors nationaux et recherchés par les collectionneurs et les musées du monde entier. Il est intéressant de noter que, au XIIIe siècle, quelque deux cents ans avant Gutenberg, les imprimeurs coréens utilisaient déjà les caractères mobiles métalliques. Ce fait a été récemment vérifié par la découverte à la bibliothèque nationale d'un ouvrage coréen datant du début du XIVe siècle visiblement imprimé au moyen de caractères métalliques mobiles.

Avec la dynastie Yi commence pour la Corée ce qu'on peut appeler l'histoire moderne. On assiste à la formation d'un État organisé selon le système confucéen qui conduira dans sa logique le pays à l'isolement de plus en plus grand qui en fera au XVIIIe et jusqu'à la fin du XIXe siècle, le royaume ermite. Une de ses plus importantes réalisations fut l'invention et la mise en place d'un système d'écriture phonétique, permettant à tous de lire et d'écrire sans avoir à apprendre des milliers et des milliers de caractères chinois[109].

E. La situation politique en Corée (dynastie Yi)

La Corée est entrée dans ce qu'il est convenu d'appeler le concert des nations depuis 1945. Pourtant c'est un très vieux pays porteur de civilisations anciennes très développées. Elle s'est trouvée confinée à des relations à trois avec ses plus proches voisins, la Chine et le Japon, eux-mêmes deux entités

109. Morse, *The International Relations of the chinese Empire*, vol. III pp. 17-19.

fermées où les rumeurs de l'Occident en progrès ne sont apparues que tardivement et singulièrement amorties.

Les Chinois ont conquis l'ancien *Chosun* et y ont établi quatre colonies au nord de la péninsule, en 108 avant J.-C. Trois de ces colonies furent éphémères mais la quatrième nommée Nangnang (les Chinois l'appellent *lolang*) se maintint jusqu'en 313 après J.-C. Ses frontières exactes ne sont pas connues mais elle était située dans le voisinage de la ville de Pyongyang, aujourd'hui capitale de la Corée du Nord. C'est à ce moment, sans doute pour suivre l'exemple de cette colonie, que les institutions politiques commencèrent à apparaître en Corée plus ou moins copiées sur le modèle chinois tout en conservant quelques traits typiquement coréens[110].

Les dates traditionnelles de fondation de chacun de ces États sont respectivement 57, 37 et 18 avant J.-C.

3. Le maoïsme

A. L'État de Mao en Chine

Cette pénétration occidentale devient semi-coloniale, après la guerre de l'Opium (1840), qui inaugure la forme typique qu'auront désormais les relations sino-occidentales (ouverture des ports chinois, traités inégaux en 1842 avec la Grand-Bretagne en 1844 avec les États-Unis et la France). La pénétration du capital étranger apporte un appui systématique aux forces de conservation sociale (cf. écrasement de la révolte des Taïpings par la France et la Grande-Bretagne), ce qui favorise le maintien de la prédominance des structures agraires dans la société chinoise, cette prédominance ayant été pratiquement institutionnalisée du fait de la survivance du mode de production « asiatique »[111].

Dans la philosophie chinoise, la théorie de l'État est fondée sur la notion de « décret du ciel » qui remonte à l'origine

---

110. Roy Hidemichi Akagi, *Japanese Foreign Relations, 1542-1936*, pp. 138-139, Doc. dip. Chi, Chap. l. 91, p. 3V.

111. Voir Cordier, *Histoire des relations de la Chine avec les puissances occidentales*, tome III, pp. 477-493.

de la civilisation chinoise ; les souverains sont choisis par le ciel, afin de gouverner le peuple en son nom. Le souverain ne règne légitimement que s'il se conforme à l'intérêt de ses sujets. Dès qu'il cesse d'assurer leur bien-être, c'est leur droit et leur devoir de se révolter et de le chasser. Les confucianistes reprennent pour l'essentiel cette théorie, alors que les taoïstes répandent la conviction que le gouvernement est un mal nécessaire qu'il convient de circonscrire à certains champs d'action. Actuellement on assiste, en Chine, à une réhabilitation du taoïsme, qui est présenté comme la composante anarchiste de la pensée traditionnelle ; on rend hommage à son esprit de révolte, tout en soulignant toutefois le caractère nihiliste et individualiste de cette révolte.

De même on rend souvent hommage à Mo-Yeu[112] (ou Mo-Ti) chez qui on retrouve la volonté de se révolter contre les torts commis par le souverain. Cependant, plus qu'à ces courants de la philosophie traditionnelle chinoise, c'est au marxisme léninisme que Mao-Tse-Toung se réfère lorsqu'il aborde le problème de l'État et du pouvoir politique. Rompant avec la conception idéaliste, qui présente l'État comme un corps neutre fonctionnant pour préserver l'intérêt général ou comme une création due au progrès de l'entendement et de la raison humaine, Marx présente l'État comme une superstructure juridico-politique. En tant que superstructure, il est un produit de l'infrastructure socio-économique : l'État est un phénomène historique qui n'apparaît que lorsque la société se divise en classes sociales et qui disparaîtra lorsque la société cessera d'être déchirée par la lutte des classes[113].

Les rapports juridiques, ainsi que les formes de l'État ne peuvent être compris ni par eux-mêmes, ni par la prétendue évolution générale de l'esprit humain, mais ils prennent au contraire leurs racines dans les conditions d'existence matérielles dont Hegel comprend l'ensemble sous le nom de « société civile ».

---

112. Chine : 90 % des paysans sont sans terre, ou possesseur de lopins insuffisants par leur étendue et leur rendement. Détient 70 à 80 % des terres, cultivables. Les données étatiques de l'ouvrage de C. Beettlheim sont exactes, *La construction du socialisme en Chine*, Maspero, 1968, pp. 9, 10 et 11.
113. Maxim, *Préface à critique de l'économie politique*, pp. 3-5, Ec. Sociales, 1957.

Celui-ci s'attache plutôt à l'analyse de l'État au XXe siècle, tel qu'il existe en Chine et dans le monde, dans un mode de production semi-féodal et dans un mode de production impérialiste[114].

Les deux termes sont en perpétuelle contradiction même en phase de repos : toujours l'un des termes se développe au détriment de l'autre. De ce point de vue, et si l'on se place à l'échelon mondial toute paix réelle devient impossible entre les deux extrêmes antagonistes, États-Unis et l'ex.-U.R.S.S., car en fin de compte « la modération de l'ex.-URSS ne sert pas à assainir le climat international mais seulement à permettre aux USA de prendre l'initiative d'une contre-offensive réactionnaire ». Ce statu quo des deux termes de la contradiction est illusoire. Mao-Tsé-Toung utilise une image pour illustrer cette idée[115].

Il va même plus loin que Trotsky qui dans la révolution permanente admettait « la perpétuation de la lutte politique, mais seulement pour le temps fini de la société socialiste ». Pour lui ce phénomène est pratiquement permanent, puisque l'issue de la lutte entre capitalisme et socialisme, pour être connue avec certitude, n'en demeure pas moins très longue. Précédé par la communauté primitive sans classes et sans État et par le régime esclavagiste, l'État féodal apparaît sous les Tchéou et les Ts'in et dure environ 3000 ans. Il est caractérisé par une économie naturelle se suffisant à elle-même et fondée sur une contradiction principale, celle qui oppose la paysannerie à la classe des propriétaires fonciers, la classe dominante féodale. L'État féodal des propriétaires fonciers, État de classes, fut successivement un État divisé en fiefs (dynastie des Tchéou) où les mandataires régnaient en maîtres, puis un État centralisé absolutiste qui nommait les fonctionnaires civils et militaires et s'appuyait sur les propriétaires fonciers et les hobereaux, piliers de tout régime féodal[116].

L'État chinois est un instrument d'opposition aux mains de certaines classes dont les intérêts se confondent avec ceux de l'impérialisme qu'il soit japonais, américain ou anglais. L'État socialiste est avant tout une dictature, c'est-à-dire une

---

114. In *Vive la victorieuse guerre du peuple*, Eds. de Pékin, 1907, pp. 7-8.
115. « Réclamation d'un leader de la guérilla du Rhofur » in *Le Monde* du 29 janvier 1970.
116. Cf. Mao in *Réformer nos études,* ????, œuvres t. 3, p. 17.

oppression qui ne saurait tolérer les valeurs pseudo-humanitaires telles que la liberté, l'égalité, celles-ci ne sont qu'un moyen pour la bourgeoisie de conquérir le terrain perdu et de répandre, à la faveur de cette égalité et de cette liberté qu'on lui accorde, ses conceptions idéologiques et de défendre ses intérêts de classe.

Le marxisme n'étant pas un dogme, Mao-Tsé-Toung tient compte, avant tout, des conditions spécifiques de la Chine : pays semi-colonial et semi-féodal, pays inclus dans le système impérialiste. Finalement, c'est de la lutte révolutionnaire des peuples d'Asie, d'Afrique et d'Amérique latine où est l'écrasante majorité de la population mondiale que dépend la cause révolutionnaire mondiale. Aussi les pays socialistes doivent-ils considérer le soutien à accorder à la lutte révolutionnaire des peuples de ces trois continents comme un devoir internationaliste qui leur revient.

Aussi, « le confucianisme déteint souvent sur le marxisme ; en terre confucéenne la moralité révolutionnaire tend souvent à l'emporter sur la notion de loi de développement historique » ; on aboutit alors à une sorte de volontarisme qui veut que n'importe quelle tâche soit possible. Et dès que les militants tendent suffisamment leurs ressorts, c'est dans le caractère scientifique que réside en définitive la différence entre le confucianisme et le marxisme... le bas niveau des forces productives, le retard technique induisent les esprits à ne considérer l'évolution historique que sous l'angle moral[117].

Le phénomène « décret » est englobé dans une deuxième totalité, une totalité temporelle, qui nous permet de voir ce qu'il a été, ce qu'il est, et de déduire ce qu'il sera, par une sorte d'extrapolation, qui n'est ni une prophétie, ni une prédication, mais une prévision scientifique, puisqu'elle se réfère à un développement possible des virtualités actuelles du phénomène.

Althusser estime que la théorie de l'État est purement descriptive, tant qu'elle ne s'attache pas à l'analyse de l'appareil répressif d'État. Elle deviendra une théorie, au sens propre du terme, lorsqu'elle étudiera le rôle qu'ils jouent dans le maintien de la reproduction des rapports de production ;

---

117. *Œuvres*, t. 6, pp. 479-480.

c'est ce qu'il se propose de faire lui-même, tout en reconnaissant que Gramsci avait déjà eu une intention non systématisée à ce propos.

En réalité cette intention existe déjà chez Marx qui, dans la guerre civile en France, signale le fait que des corps constitués, non nécessairement rétribués par l'État, contribuent au maintien de l'ordre du système féodal ; il insiste sur le rôle joué par l'idéologie religieuse, qui justifie et fait accepter le système d'exploitation par ceux qui le subissent ; ce système étant apparent, contrairement à ce qui se passe dans le capitalisme, il ne pouvait fonctionner sans la légitimation fournie par le système[118].

B. Le mouvement du maoïsme en France

S'il est certain que cet événement « le mouvement du maoïsme » correspond, du côté français, à la recherche de nouveaux débouchés économiques pour les grands monopoles, il n'en est pas moins l'inéluctable conséquence de la puissance en plein développement de la République populaire de Chine sur tous les plans, économique, politique et culturel, et ce, en dépit de toutes les campagnes mensongères et hostiles qui n'avaient d'autre but que d'isoler un pays qui regroupe près du quart de la population mondiale sous le direction du Parti communiste chinois.

L'établissement de relations officielles entre la France et la Chine constitue un éclatant succès de la politique léniniste de coexistence pacifique entre pays à systèmes sociaux différents. En maintenant et en imposant au gouvernement français le principe d'une seule et unique Chine, le gouvernement de la République populaire de Chine fait application de manière ferme et conséquente, sans nulle concession de caractère capitulationiste, des préceptes du grand Lénine en ce qui concerne la pratique de la coexistence pacifique.

Il agit ainsi conformément à la ligne marxiste-léniniste contenue dans le Point 16 des propositions concernant la ligne générale du Mouvement communiste international, publiée en 25 points par le comité central du Parti communiste chinois le 1er juin 1963. La continuité de la politique de

118. Lukas in *Lénine*, op. cit.

principe ainsi constatée permet de mettre en échec la politique « des deux Chines » activement soutenue par l'impérialisme américain dans son souci de s'opposer par tous les moyens à la Chine populaire, y compris par l'occupation militaire illégitime de l'île chinoise de Taïwan.

Il y a lieu de souligner à cet égard que c'est dans le cadre des contradictions entre blocs impérialistes qu'a pu intervenir un événement qui consacre une rupture décisive du blocus capitaliste que les dirigeants américains entendaient perpétuer autour de la Chine populaire. En fait, c'est l'hégémonie des États qui se trouve ébranlée dans ses fondements du fait des changements dus à la loi de développement inégal du capitalisme qui modifient les rapports de force au sein même du camp impérialiste et permettent aux pays d'Europe occidentale, la France en l'occurrence, comme au Japon, de tendre à la rupture de la soumission politique et militaire que leur imposent les États-Unis et de s'orienter vers un développement indépendant.

Ces contradictions internes constituent un élément positif d'affaiblissement du camp capitaliste mondial et, par conséquent, contribuent au renforcement du camp socialiste mondial. C'est le mérite du Parti communiste chinois d'avoir su appliquer en la circonstance la juste ligne tracée dans la déclaration des 81 Partis Communistes et ouvriers de novembre 1960, qui désignait en ces termes l'ennemi principal : « L'impérialisme américain est devenu le plus grand exploiteur international... il est le rempart principal de la réaction mondiale, le gendarme international, l'ennemi des peuples du monde entier ». En outre, cette nouvelle situation favorise objectivement la lutte du peuple français contre son propre pouvoir capitaliste, qui ne peut pas échapper aux conséquences de toute modification dans le rapport des forces à l'échelon mondial entre le camp du socialisme et celui de l'impérialisme.

L'établissement de relations diplomatiques officielles entre la France et la Chine met par ailleurs en évidence l'inanité des accusations lancées par les révisionnistes modernes contre le Parti communiste chinois.

Dans le but de faire taire les justes critiques portées par des marxistes-léninistes, le président Khroutchev avait prédit publiquement, à propos de divergences surgies dans le Mouvement Communiste international : « La vie tranchera ». S'il est vrai que cet événement nouveau ne tranche pas dans le sens qu'escomptait le chef du gouvernement soviétique, premier secrétaire du Parti communiste de l'ex.-U.R.S.S., il apparaît par contre, beaucoup plus vite qu'on ne l'eût cru, que l'évolution de la situation mondiale apporte confirmation de la justesse des thèses marxistes-léninistes défendues par le Parti communiste chinois et d'autres partis communistes dans le monde entier.

Mais avant toute chose, les méthodes des dirigeants des deux grands partis communistes méritent d'être utilement comparées : la signature du traité de Moscou par les uns, sans tenir compte des réserves et de la désapprobation officiellement présentées par plusieurs partis communistes, n'a pas manqué d'avoir comme conséquence immédiate une division du camp socialiste mondial puisque cinq pays socialistes sur treize ont refusé de signer le traité de supercherie nucléaire mis au point par les impérialistes anglo-américains. Cette division n'a pas manqué d'amener un affaiblissement du camp socialiste mondial.

Par contre la reconnaissance diplomatique réciproque de la Chine et de la France a été approuvée par l'unanimité des pays socialistes. L'unité ainsi réalisée ne peut que renforcer le camp socialiste mondial.

Ainsi, les effets des méthodes des révisionnistes modernes et des marxistes-Léninistes sont radicalement opposés et peuvent être jugés sur leurs résultats.

1. Jeannette Vermeersch, dans un article paradoxalement intitulé « Lutter pour la ligne juste du Mouvement communiste international » et publié dans *L'Humanité* du 14 septembre 1963, reprenait la plus mensongère des falsifications révisionnistes selon laquelle les dirigeants chinois auraient déclaré que « sur les ruines d'un impérialisme défunt les peuples victorieux créeront... un avenir radieux... au lendemain d'une guerre nucléaire ». Elle tronquait volontairement de sa première phrase ce texte, paru dans « Vive le Léninisme ! » phrase qui était : « Nous nous sommes toujours opposés aux guerres criminelles déclenchées par les impérialistes, car les guerres impérialistes imposent d'énormes sacrifices aux peuples des différents pays ».

Nous sommes persuadés que cette inqualifiable dénaturation d'un texte d'un parti frère a accrédité l'idée d'un communisme chinois agressif et guerrier dans les milliers d'esprits de très honnêtes travailleurs et militants, alors qu'en vérité l'affirmation publiée par le Parti communiste chinois dans « Vive le Léninisme » ne diffère en rien quant au fond de ce passage de la déclaration des 81 partis communistes et ouvriers : « Si néanmoins il se trouve des impérialistes assez insensés pour déclencher la guerre, les peuples balaieront et enterreront le capitalisme. » (p. 22 de l'édition française de novembre 1960).

Après l'établissement des relations diplomatiques officielles entre la France et la Chine, il n'est plus possible aujourd'hui pour un membre du Bureau politique du Parti communiste français.

La preuve en est d'ailleurs la déclaration positive de la C.G.T. en France, qualifiant l'événement en cause de « contribution à la paix », qui n'a pu être décidée qu'avec l'accord de deux membres au moins du Bureau politique qui font partie du Bureau de la Confédération générale du travail. On comprend dans ce cas que l'absence de communiqué du Bureau politique du Parti communiste français pour saluer l'événement traduise pour le moins un embarras profond.

2. Dans la résolution du comité central issue de sa session d'octobre 1963, les dirigeants révisionnistes affirmaient sans hésitation : « Les dirigeants chinois condamnent en pratique les négociations entre représentants d'États à systèmes sociaux différents et prônent la politique du « tout ou rien » dont Lénine avait déjà montré le caractère gauchiste et irresponsable. »

C. La politique moderne en Chine et le maoïsme

Les systèmes de rapports que fondait et justifiait la morale confucéenne avec un catalogue de vertus sociales était entretenus avec une vigilance jalouse par l'étonnant milieu des mandarins. Aucun pays du monde n'a connu dans son histoire ce phénomène impressionnant de la bureaucratie dirigeante des fonctionnaires lettrés.

Tout affirmait que le moderne Kuomingtang lui-même, dans ses prétentions révolutionnaires, ne pouvait pas ou ne voulait pas interrompre la civilisation hautement évoluée, que la Chine s'était fixée[119].

Le grand succès des mandarins, tant civils et militaires, fut de maintenir envers et contre tout l'unité d'un empire tiraillé facilement par des forces disruptives importantes qui avaient fait de lui une sorte de fédération de provinces plus qu'un État de type occidental. C'est à l'époque dite des Royaumes combattants[120], lorsque la Chine s'était fragmentée en États rivaux tout de suite en guerre les uns contre les autres, que se situe la floraison de toutes les doctrines philosophiques, parmi lesquelles le confucianisme et le taoïsme[121].

Et cela est vrai en Chine même. Les intellectuels se sont moqués de la pensée de Mao-Tsé-Toung ; ils ont traité ses écrits de « vulgaires pamphlets » ; cependant, bon nombre d'entre eux n'ont pas toujours su lire entre les lignes quand il le fallait. Une formule slogan définit en Chine l'attitude que l'on doit avoir : « étude et application vivantes de la pensée de Mao-Tsé-Toung », avec un accent sur l'application. En faisant appel à un but, et, à partir de lui, à des vertus proprement politiques comme le courage, le dévouement, le sens de l'initiative, la pensée de Mao-Tsé-Toung guide l'action et prétend conférer une énergie spirituelle pour entreprendre, oser et persévérer. Elle-même d'ailleurs se présente comme une « arme spirituelle » que l'homme doit intérioriser pour dégager une énergie matérielle créatrice de réalité[122].

Le 'maoïsme' n'a pas cours en Chine où l'on parle pourtant du marxisme, du léninisme, de l'anarchisme, etc. Pour Mao-Tsé-Toung[123], le terme de « pensée » est conservé, signe déjà de l'univers culturel dans lequel nous sommes, un

---

119. Expression utilisée par M. Thorez dans son discours prononcé lors de la conférence de Moscou en novembre 1960. Ibid. pp. 425, 427.

120. Sur la société de la Chine traditionnelle, voir *La Bureaucratie céleste*, par Etienne Balazo, Paris N.R.F. Éditions Gallimard, Bibliographie des sciences humaines, 1968.
Pensées morales de Confucius, traduction du chinois par René Brémond, Plon, 1953, pp. 117-118.

121. *Pensés morales de Confucius*, p. 55.

122. *Œuvres chinoises*, t. 2, p 225.

123. « Problèmes stratégiques de la guerre Révolutionnaire en Chine », (décembre 1936), *O.C.I*, pp. 210-215.

univers où la politique désigne à la fois la civilisation[124], la société et le pouvoir. Le présent essai, nous l'espérons, éclairera ces premières remarques qui nous amènent tout naturellement à poser une dernière question sur le marxisme de Mao-Tsé-Toung.

On se demande aujourd'hui si c'est le vrai marxisme[125], ou une adaptation chinoise, ou une déviation. Un marxiste répondra selon son obédience personnelle et il pourra toujours trouver des textes et des raisons pour justifier son opinion[126].

Pour sa part, la Chine se proclame marxiste et authentiquement marxiste. Les sociétés capitalistes et les sociétés socialistes occidentales deviennent deux variantes d'un même système plus profond dont le trait principal est la richesse et l'utilisation des moyens riches ; enfin, les mouvements 'maoïstes' font parler d'eux en France[127]. Il aurait été intéressant de comparer leur vision des choses pour la France avec la pensée de Mao-Tsé-Toung[128].

Mais il s'est avéré que le propos était au moins prématuré ; la pensée philosophique du président Mao est contenue principalement dans quatre essais qui s'étalent sur les grands moments de la révolution chinoise.

Le premier essai de la révolution chinoise est le fait des utopistes qui commettent l'erreur de l'aventurisme en accordant la primauté à l'enthousiasme révolutionnaire plutôt qu'à l'attitude scientifique. C'est le marxisme-léninisme qui est apparu grâce au génie de Marx, Engels et Lénine, et parce que la condition de cette apparition s'est réalisée dans la naissance d'un prolétariat conscient. Mao-Tsé-Toung reconnaît qu'à un moment donné une situation d'équilibre puisse exister ; mais elle ne peut être qu'éphémère et même illusoire, donc dangereuse, dans la mesure où elle risque de marquer le mouvement et sa permanence.

---

124. « La révolution chinoise et le parti communiste chinois », (décembre 1939) *O. C. I*, Pékin, 1967, pp. 350-353.
125. « D'où viennent les idées justes ? », in *Cinq essais philosophiques*, pp. 290-292.
126. *Réponse à Jean Levis*, Ed. Maspero, 1973, pp. 87-90.
127. *Du gouvernement de coalition, œuvres choisies*, t. 3,4, pp. 260-262.
128. Problèmes de la guerre et de la stratégie, œuvres choisies, t. 2, 3, pp. 238-239.

Il va sans dire qu'en décrivant cette sorte de déterminisme, Mao-Tsé-Toung pense surtout à la lutte entre le Kuomintang et le Parti communiste chinois qui a parfaitement obéi au schéma tracé parce que celui-ci l'a été à partir d'elle. Ce genre de contradiction, souligne Mao-Tsé-Toung, est nécessaire et c'est sa résolution qui fait faire à l'histoire de grands bonds en avant.

Le marxisme de Mao-Tsé-Toung n'est pas réellement finalisé par la production ; sans la négliger et en prétendant la porter à son plus haut niveau, il prétend créer une civilisation dans laquelle les hommes qui se sont libérés par la lutte sauront conserver et développer cette liberté par le même moyen qui la leur a fait conquérir, car il n'y a pas de nature humaine, pour Mao-Tsé-Toung, comme il n'y a pas d'homme indépendant d'une certaine société et d'une certaine civilisation, donc d'une certaine classe sociale.

La pensée de Mao-Tsé-Toung est donc l'arme d'une vaste entreprise de libération de l'homme qu'elle pense en termes de lutte parce que cette entreprise ne pouvait débuter que par la lutte et plus précisément la guerre, plus profondément sans doute parce que l'homme, s'il veut être libre, doit se libérer donc déterminer les chaînes qui l'oppriment. Ce sont les diverses étapes de cette libération qu'il nous faut maintenant exposer.

Par le fait même, la lutte devient plus intime sans cesser d'être sociale et en intéressant tout homme, sans considérations de classes ; elle se généralise. A ce stade, les concepts marxistes évoluent rapidement et profondément. Mais ce cheminement qui est très net pour l'observateur depuis la fin de l'étape militante de la grande révolution culturelle prolétarienne ne contredit pas les positions de départ et encore moins les principes philosophiques que nous avons exposés.

La pensée politique est le cœur de la doctrine. C'est que comme l'écrit Léon Vandermersh, la culture, expression de l'éducation, n'a jamais été en Chine le libre phénomène de la civilisation, mais l'instrument même du fonctionnement de celle-ci. Aussi, il y deux méthodes que nous communistes devons appliquer dans n'importe quel travail, en premier lieu, lier le général avec le particulier ; en second lieu, la direction avec les masses.

Il est la mobilisation politique de la population civile qui joue dans toutes les phases de la préparation, de la retraite au passage à la contre-offensive ; sans l'appui de cette population, la défense stratégique deviendrait une défense passive, c'est-à-dire un recul sans fin conduisant à la défaite totale.

La politique au contraire, c'est l'homme, c'est le genre de vie humaine qu'un groupe d'hommes cherche à établir à partir d'un idéal social et, pour le réaliser progressivement, c'est la civilisation dans son sens antique de « vie dans la fête ».

Nous avons dit déjà que la société socialiste, pour Mao-Tsé-Toung, était une société dans laquelle existait la lutte des classes, c'est-à-dire la lutte entre le prolétariat et la bourgeoisie, entre la voie socialiste et la voie bourgeoise. C'est l'âme de la pensée de Mao-Tsé-Toung, « La Chine est un grand pays socialiste de dictature du prolétariat, a dit Lin Piao, dont la population compte 700 millions d'habitants. Elle a besoin d'une pensée unifiée ; c'est la pensée révolutionnaire, une pensée correcte. Et cette pensée c'est la pensée de Mao-Tsé-Toung ».

Il faut sans cesse revenir au principe fondamental de la société socialiste comme société de lutte contre la bourgeoisie, ses représentants et son esprit. La méthode de travail que nous venons d'exposer dans ses grandes lignes a pour but de résoudre les « contradictions au sein du peuple » par la discussion, le raisonnement, la persuasion. En Chine, la culture, l'éducation, l'art même n'ont jamais été gratuits directement ou indirectement ; ils ont toujours comporté une dimension ou une signification politique.

Mao a reçu comme tous les jeunes de sa génération une solide formation confucéenne, en partie sous l'influence de la socialisation familiale ; à cette formation s'est ajoutée la sympathie qu'il ressent pour la littérature traditionnelle de son pays et notamment les romans dont il apprécie les intrigues et la poésie.

Il propose comme indicateur de l'érudition de Mao le pourcentage de références qu'il a faites aux différentes œuvres dans les quatre premier volumes de ses œuvres chinoises.

Références ou citations	**Pourcentage des références apparaissant dans les 4 volumes**	
Ecrits confucéens ou néo-confucéens	22	
Ouvrages taoïstes et maoïstes	12	47
Légendes populaires, belles lettres pures	13	
Auteurs chinois et étrangers non classés	07	
Marx et Engels	18	46
Staline	24	

Ce tableau, pour imprécis que soit l'indicateur retenu, révèle des composantes essentielles de la culture marxiste ; l'importance primordiale de la culture traditionnelle et des œuvres de Lénine et Staline apparaît clairement. Mao présente l'idée de communion. Le principe de cette harmonie et cette complémentarité à l'unité de la nature sont représentés graphiquement dans le livre des changements sous la forme suivante où le blanc désigne le *yang* et le noir le *yin*, il y a un point *yang* dans le *yin* et un point *yin* dans le *yang*. Tels sont les fondements de toute harmonie et le symbole achevé de cette dialectique primitive.

X

L'harmonie de l'idée de l'Europe et de l'Extreme-Orient

Ces détails ont leur importance, au moment où l'on fixe, avec le lecteur, la convention de signalisation. C'est introduire d'emblée la métaphysique intégrale que M. Vallin réclame, en fond de tableau, pour ses perspectives critiques et constructives.

Pareille prise de position ne pouvait aller sans quelques polémiques : prendrait-on rang sans cela parmi les philosophes ? Il convient donc de réserver l'appréciation de cet aspect de la thèse jusqu'à ce que l'on en ait saisi l'apport positif. Elle restera notoire dans nos annales universitaires par son rejet du patronage aristotélicien et par un essai de prise de recul auprès de la tradition orientale, pour mieux juger de la nôtre. Ce n'est pourtant ni un autre choix ni une rupture. Élargie par quelques vues qui nous débordent, à l'est, la réflexion de M. Vallin n'en portera pas moins principalement sur la tradition occidentale et ses grandes articulations ; il le faut car il n'apporte pas un système à substituer aux autres ni qui prétendrait les accomplir en les dépassant, à la manière de Hegel. C'est sur leur ordre et leur sens rapportés au tout, c'est pour un itinéraire parmi eux, bref, ce n'est pas sur les éléments du problème mais pour sa composition d'ensemble qu'il s'écartera des sentiers battus.

Il ne s'agissait pas davantage de tourner le dos à la science, comme on a pu reprocher à Bergson de l'avoir dit un jour. C'est cependant un point délicat, dans toute comparaison interculturelle, de l'Orient à l'Occident. A ce périlleux tournant de l'histoire, que la métaphysique note elle aussi, dans son langage, transhistorique, mais, projeté à sa juste place, ou bien elle ne se formulerait même pas, qui donc, maintenant, saurait aller contre cet acquis massif de l'Occident, de taille certes à ôter toute signification au critique qui voudrait se mettre en balance avec lui, pour le nier ?

Mais, alors, où est la charge éruptive d'une thèse où un compte rendu de soutenance, noté sur le vif, a cru pouvoir déceler. Contrastant avec un exposé de la philosophie hindoue, la « condamnation en bloc et en détail de la philosophie occidentale, condamnation dont réchappent peut-être Platon et Maître Eckhart mais qui fait néanmoins tomber beaucoup de têtes et des plus illustres » ? Une perspective peut-elle faire tant de dégâts ?

Sans doute la valeur de choc a-t-elle été dans l'emploi du mot « métaphysique », quand Aristote s'est vu dénoncé comme l'ennemi de celle-ci, comme l'instigateur, contre Platon, d'une révolte anti-métaphysique. Appliquée à l'histoire de la pensée occidentale, la perspective de M. Vallin rejette en effet, par rapport à elle-même au rang de système second, à contre-perspective, la métaphysique aristotélicienne ou ce que l'on est convenu d'appeler ainsi. Ce n'est pas une simple affaire de mots. Il s'agit non de se battre sur une manière de compter les livres dans les tables d'Andronicus, mais bel et bien de retirer sa compétence prétendument ultime à une constante avec la démarche platonicienne.

Voilà ce que Heidegger paraît viser, bien qu'encore confusément, avec sa nouvelle terminologie, tandis que Jean-Paul Sartre obtint un négatif, retourné, côté néant, mais de la sorte à proximité immédiate du modèle.

Est-ce en soi et définitivement une « dévaluation de l'Occident » ? Le mot a pu être prononcé dans la discussion, ouverte, par devoir d'état, à tous les aspects du problème : on se gardera de faire d'une seule réplique sa conclusion générale. Le problème reste posé. Cependant, n'est-ce pas plutôt là une affaire occidentale intérieure, qui prend la suite d'une longue tradition, platoniciens contre aristotéliciens, réalistes contre consentualistes, augustiniens contre thomistes, et cette liste en omet ?

On sera même par instant plus frappé par le conservatisme raisonné que par aucun caractère « révolutionnaire » quand il loue par exemple les controversistes médiévaux d'avoir su maintenir, au-delà de leurs dissentiments philosophico-politiques une théologie traditionnelle où il reconnaît un substitut, mais un substitut valable, de la prospective métaphysique.

La métaphysique est pour lui l'antichambre de la physique et non son achèvement. L'essentiel est la promotion d'une science qui nous rendra comme maîtres et possesseurs de la nature, tandis que la nature divine se borne à maintenir la même quantité de mouvement dans l'étendue. Chacun sait que l'humanisme anti-traditionnel était en germe dans cette attitude fondamentale.

Est-ce une géniale préfiguration de Kant ? La doctrine de soi equivaut-elle a une unité symétrique a priori au moi qui déboucherait sur la distinction fondamentale entre phénomènes ? Telle a été l'interprétation de Paul Reussen, historien de la philosophie et lui-même à son compte, autorité mineure de celle-ci, dans la lignée de Shopenhauer. Oui, ce sont là des concepts dont la place est bien définie dans l'histoire des systèmes. On ne peut les retrouver dans les *meng-seu* ou chez les *kon-seu* que sous deux conditions.

C'est à quoi Rousseau n'a pas manqué : « l'éternelle vérité a rarement rencontré une expression plus frappante, plus décisive que la doctrine émancipatrice qui est celle de l'aimant ».

Mais tous les grands maîtres religieux, politiques — aussi bien les plus anciens que les plus récents, tous ceux pour qui la religion et la politique ont la foi pour fondement, tous, à leur insu sont disciples de Kant ». Cette généralisation ruine quelque peu le rapprochement, aussi bien que le sens de l'anticipation.

En va-t-il autrement de nos comparaisons « philosophiques » entre l'Orient et l'Occident ? On peut, et je dirais même on doit, comparer notre moi, mais rien ne résulte d'une telle comparaison tant qu'elle procède par voie de confusion conceptuelle, provenant d'une assimilation sémantique abusive, c'est-à-dire en fin de compte d'une inattention culturelle. Mais la seule confusion au sujet de laquelle cette assertion soit inadmissible est celle où, au moment logique considéré, se trouve ainsi le monde, et non celles que l'on commet soi-même. Aussi faut-il un point fixe, hors d'elles toutes. Mais où poser ce point extrapositionnel, sans en appeler un autre, en dehors et d'eux et de lui ? Nous voilà au rouet, dirait Montaigne.

C'est Platon et sa caverne, more indico. Dans cet encadrement historique, les mots significatifs commencent à s'apparier, mieux certes qu'entre l'aimant et la « chose en soi » : « un » et *eka*, « non-réalité » et *advaita*, les oppositions, même consignées de part et d'autre dans le mouvement des idées, loin de compromettre la comparaison l'assurent au contraire, *nonnullis mutatis mutandis*, en la cernant de part et d'autre.

L'Un et le Multiple, l'Un multiple, cela se module ; l'Un (du multiple), l'Un (au multiple) ; ces évaluations, facilement habillées en autant de systèmes sont le jeu métaphysique à l'état pur. On voit pourtant, dans le brassage du monde, quelles oppositions interculturelles, quels substrats et moments historiques il connote, quelles incompatibilités il a à apprivoiser et de quelles irréductibilités enfin, sur son infrastructure géographique, confessionnelle ou raciale, il est la traduction abstraite, en pratique, quand s'ouvre la dispute de toute la violence globale que prennent, de civilisation à civilisation, ces conflits culturels tourbillonnaires dont le centre est partout et la circonférence insaisissable. Sur ce *chaos ssi* (le terme pour une fois n'est pas ici impropre), le mot le moins coûteux, dans l'espoir d'une conciliation à longue distance, le mot qui pèse le moins, doctrinalement, n'est-il pas celui de perspective ?

La clarté, à l'usage, n'était point toute où on se la promettait.

Pour ces restitutions d'une qualité plutôt géométrique qu'arithmétique, par-delà algèbre et analyse, peut-être la pensée moderne n'a-t-elle pas encore tiré tout le parti souhaitable de cette grande idée des figuratives, avec les mises en situation qui l'accompagnent chez Pascal. Mais tout système, au moins depuis Hegel, ne se donne-t-il pas comme étant cela, en surmontant ou en évacuant les autres, sous peine de n'en pas même être un ?

« La philosophie, écrit pittoresquement M. Vallin, serait un piètre amant de la Sagesse, s'il n'avait au moins l'espoir que celle-ci parlera par sa bouche. La conscience qu'il peut avoir de la nouveauté et de l'originalité de sa vision du monde est proportionnelle à la certitude qui l'habite d'apporter une vérité qu'il croit universelle et qu'il espère faire partager aux autres. »

La logique du concept est linéaire : c'est sa force et son étroitesse. Elle ne dit rien sauf de ce où elle passe. La logique topologique, par symboles « régionaux », est au moins bifide. Il se découvre toujours en elle un élément de contrariété allant, intégralement, aux contradictions unitaires, du tout au signe plus, du tout au signe moins ; son domaine ordinaire est celui des contre-positions, en donnant à ce terme une acception plus générale que ne le fait la logique classique — la théorie musicale en fournit une analogie suffisamment éclairante — elle n'en est pour mieux dire qu'un cas particulier : d'où ces couples vecteurs topologiques qui embrassent l'univers où règnent ses opérations de détail, le Ciel et la Terre, ou le *Yin* et le *Yang*, en Asie, et aussi bien, dans un essai d'assouplissement de notre grammaire notionnelle, l'usage de *év-* et de *ek-* dans un paradoxe apparent comme celui d'une expérience *métempirique*.

L'honnêteté de la position comportait quelque désavantage polémique. L'un des paradoxes apparemment les plus irritants de la perspective métaphysique tient à ce que son intellectualité doctrinale et spirituelle ne repose pas sur les preuves démonstratives. La dialectique ne saurait être plus qu'un simple véhicule pour l'intuition d'une vérité qui est évidente par elle-même ; comme dit Ankara, elle n'est pas susceptible de preuves irréfutables et ne correspond même pas à une exigence immédiate du vouloir ou de l'entendement dogmatique. Mais cette universalité horizontale se fonde à son tour sur une universalité de type vertical qui lui donne tout son sens...

La profondeur de cette convergence est proportionnelle à la profondeur du dépassement du dogmatisme en général, c'est-à-dire la tendance limitative et exclusive caractérisant toute formulation doctrinale en général. Ce dépassement du dogmatisme ou ce métadogmatisme qui est inhérent à la perspective métaphysique n'est pas une négation abstraite des divers dogmatismes philosophico-politiques qui, s'opposant à ces derniers, les laisserait en dehors de la sphère de son universalité, mais une intégration rigoureuse qui lui permet de les comprendre dans les deux sens du terme.

Après avoir brossé une vue d'ensemble de la politique actuelle, c'est bien le moment de répondre à cette question. Ce que nous devons apprécier chez les auteurs modernes mentionnés, ce sont leurs deux soucis de réalisme et d'efficacité. Qui en réalité n'en font qu'un, puisqu'une politique ne sera efficace qui si elle est réaliste. Mais qu'est-ce qu'une politique réaliste et y a-t-il une politique assez réaliste pour être efficace ? Répondre à cette double question c'est trouver les conditions d'une doctrine politique valable pour le monde d'aujourd'hui.

Étant donné que la politique est une norme complète et efficace qui repose sur de multiples facteurs réels, psychologiques, sociologiques, institutionnels, et notamment sur la conscience des membres de la société, et dont le fondement est la nature humaine, une doctrine politique réaliste doit non seulement suivre des normes universelles, mais surtout confronter constamment ces dernières avec les signes du temps. Il est vrai que notre raison pratique est en mesure d'édifier un principe d'action sur une base expérimentale relativement étroite, pour la simple raison qu'elle est capable d'extraire des concepts universels analogiques. Cependant, la raison ne connaît vraiment l'universalité réelle de son principe qu'en prenant conscience des cas concrets analogiques possibles. En d'autres termes, il faut que les principes pratiques sociaux (comme d'ailleurs les principes pratiques individuels) soient constamment vérifiés dans le domaine concret.

Ainsi l'exigence d'une doctrine politique réaliste est de trouver les caractères « réels » d'un pouvoir et des normes qui correspondent et même répondent aux vraies aspirations, aux besoin « réels » des membres de la communauté et qui, par là, puissent éclairer les responsables politiques chaque fois qu'ils auront une décision à prendre dans la vie politique. Ils ne devront pas viser trop haut ni trop bas, car le chemin de la véritable efficacité, remarque J. de Fabregues, se situe toujours entre la vaine proclamation abstraite de la « belle âme » et l'abandon passif aux lois des pressions du monde. Confucius et son école orthodoxe, au contraire, ont une position bien réaliste. Ce réalisme réside surtout dans le programme politique que propose les confucéens dans la Louen-yu.

La politique est pour Confucius art et pratique du gouvernement des sociétés humaines et cet art consiste dans l'accomplissement des objectifs ou des besoins fondamentaux pour un État : une bonne armée, et la confiance du peuple.

La société chinoise au temps de Confucius s'est organisée en effet d'après la structure patriciale, dont le chef d'État est considéré comme le fils aîné du « tien », gouvernant ses frères au nom du père commun. Le pouvoir du chef d'État est donc un pouvoir divin qui ne peut lui être enlevé que par la volonté du « tien », exprimé à travers celle d'un peuple vertueux.

Ainsi la société chinoise d'autrefois se fondait sur une conception profondément religieuse, selon laquelle la politique doit être dirigée par la morale et par la croyance en un Être Suprême, auteur et maître de l'univers. En d'autres termes, la doctrine politique de la Chine d'autrefois telle que nous l'avons décrite précédemment, ne pouvait fonctionner que d'après l'enseignement de Confucius.

Cela ne veut pas dire que la doctrine confucéenne n'a plus aucun rôle à jouer dans la vie sociale de notre temps. En effet, si au point de vue spécifiquement politique elle court bien des risques, comme nous l'avons vu ; dans le domaine politico-social les grands principes qu'elle propose tels que la conformité à la foi prescrite dans le cœur humain, le respect de la dignité de tous les citoyens, la fraternité et l'harmonie dans les relations interpersonnelles, le lien étroit entre la politique et la philosophie, l'importance de l'éducation dans le fonctionnement de l'État... garderont leur valeur en tous temps et dans n'importe quel régime politique qui veut répondre pleinement aux aspirations les plus profondes de l'homme, comme le souhaitait Confucius.

Conclusion

1. Du bon usage à la violence

C'est justement pourquoi rien ici ne devrait plus affaiblir ni tromper. Devant la ruse et la dureté des grands, enfoncés dans le mal, le regard de Munzer fut, à un degré tout particulier, tranchant et aiguisé. Assez longtemps il avait fait place à la bonne parole, à la coléreuse admonition, vainement il avait proclamé la justice, prêché l'appel au bon vouloir, vainement il avait accepté de considérer comme membre de la fraternelle communauté et de tenir en honneur quiconque viendrait à la résistance. Car c'est toujours la même histoire, on seulement celui qui reste faible, mais, plus sûrement encore, celui qui domine, acceptent la situation telle qu'elle est ; ils aiment la tranquillité et ils la prennent pour la paix.

Que menace une attaque des petits et que les moyens de défense ne soient pas encore ou ne soient plus rassemblés en quantité suffisante, alors on voit croître chez les grands une disposition d'esprit apparemment pacifique, jusqu'au moment où la Terreur Blanche se déchaîne et met au jour ce qui n'était qu'alors paisible, bien ordonné où elle rend la monnaie de la pièce et bien au-delà comme le gibet a toujours renchéri sur un simple vol de bois.

C'est ainsi qu'aux timides prières des paysans, à leur chrétienne requête en faveur d'un équitable arrangement, on ne répondit d'abord qu'en faisant la sourde oreille, en continuant à exercer contre eux une inflexible oppression ; mais, dès que la tempête éclata et souffla en plein jour, son mauvais vouloir parut se changer en pacifisme et ce pacifisme tenta de jeter le trouble dans le rassemblement chrétien…

Déjà l'un des tout premiers socialistes, Motih, l'homme qui découvrit en Chine l'amour des hommes, décelait une révolte, non seulement lorsque le fils ou le citoyen s'aime lui-même et n'aime point son père ou son prince, mais davantage encore dans les autres situations proprement primitives, où le père ou le prince s'aime lui-même et n'aime point son fils ou ses sujets, où par conséquent l'égoïsme, le principe de violence exercent d'en haut leur oppression, cherchant leurs intérêts hors de toute communauté...

Même chez Munzer la théorie de la violence n'est pas en définitive le centre le plus essentiel. Pour lui, le Christ, dans son Évangile, a transfiguré la sévérité du père ; c'est bien l'amour qui s'impose, comme *prima* et comme *ultima ratio* de la moralité. Mais la coercition de la médiation est née du désespoir et de la légitime défense, dénuée en elle-même de puissance créatrice, simple annulation du crime ; elle n'a guère d'autre rôle, par conséquent, même dans le sacrifice de soi ou dans la colère prophétique, que de protéger les bons : mais elle a bien ce rôle, et parfaitement justifié tant que le mal est fort, et même tout-puissant.

Un essai du grand philosophe chinois Feng Yon-Lan, écrit il y a plus de quarante ans, s'intitule « Pourquoi la Chine n'a pas de science ». On lit notamment ceci : « je vais essayer de montrer que la Chine n'a pas eu de science, parce que, suivant ses propres critères de valeur, elle n'en eut pas besoin... Pour eux, le contenu de la sagesse ne relevait pas d'une connaissance intellectuelle, et sa fonction ne consistait pas à accroître les richesses extérieures... »

C'est exactement un contrepoids du pessimisme juvénile de Feng Yon-Lan qui se retrouve dans l'optimisme, de A. Toynbee. « Aussi loin que l'on puisse faire remonter, jusqu'aux origines de notre histoire occidentale, notre penchant pour la mécanique, il n'y a pas de doute qu'il est caractéristique de la civilisation occidentale, au même titre que le penchant esthétique pour la civilisation grecque, et que le penchant religieux pour la civilisation indienne et hindoue. Il est absolument évident aujourd'hui qu'aucun peuple ne détient le monopole du mysticisme philosophique, de la pensée scientifique, ou de l'aptitude à la technique ».

2. L'esprit vers la parole

L'esprit de ce « chant spirituel » qui joue dans la pénombre d'une ambiguïté singulière se dévoile plus distinctement dans les mots de la dernière strophe :

« Un mendiant là-bas, contre la vieille borne semble abîmé dans sa prière,
Doucement un pâtre descend de la colline
Et un ange chante dans le bois,
Proche dans le bois pour les enfants qu'il endort. »

Mais si le poète n'a pas en vue le « spirituel » (*das Geistliche*) comme caractère propre à l'état ecclésiastique, il aurait bien pu nommer tout simplement *geistig* ce qui a rapport à l'esprit, et parler en ce sens du crépuscule spirituel au sens de *geistig* marque l'opposition au matériel. Celle-ci représente la différence de deux régions, désignant ainsi, dans le langage platonicien de la métaphysique occidentale, l'abîme qui sépare le suprasensible du sensible.

Le spirituel ainsi entendu qui, entre temps, est devenu le domaine du rationnel, de l'Intellectuel, de l'Idéologie, appartient, avec tout son arsenal d'opposition, à la façon de voir propre à l'espèce qui va se défaisant. Or, c'est d'elle précisément que ???? l'« obscur voyage » de l'« âme bleue ». Le crépuscule où naît la nuit dans laquelle va sombrant ce qui est étranger ne peut être nommé *geistig*, pas plus que le cheminement de l'étranger.

Le *dis-cés* est *geistlich*, au sens de déterminé par l'esprit, mais non pas toutefois *geistig* au sens de la métaphysique. Qu'est donc alors que l'esprit ? Dans son dernier poème, Grodek Trakl nomme « la flamme ardente de l'esprit ». Trakl ne l'entend pas d'abord comme *pneuma* ou *spiritus*, mais comme flamme qui embrase, suscite, transporte, dessaisit. Le flamboiement est ardeur luminante. Le flamboyant est l'extase qui illumine et fait resplendir, mais dont la puissance n'en finit pas non plus de tout ronger et consumer jusqu'au blanchissement de la cendre…

Bibliographie

Sciences sociales

Adolf Sturmthal, *The tragedy of Europe an labour 1918-1938*, New York, Columbia U.P., 1051, XXIV, 389 p.

Allen George, A. *Manners and customs of the Mojaives*, Siar, 1890, Washington, 1891.

Ahluwalia M. *et al.*, « Growth and Poverty in Developing Countries », *World Bank Staff Working Paper*, n° 309, 1985.

Ahmad J., « Import Substitution and the Growth of Exports : an Econometric Test », *Revue économique*, mars 1976.

Amin S., *L'accumulation à l'échelle mondiale*, Anthropos 1972 (2e éd.).

Amsden A. et Kim L., « A Technological Perspective in the General Machinery Industrie in the Republic of Korea », in Fransman (1986)

Amsden A., *Republic of Korea. Stabilisation and Adjustement Policies and Programmes*, Helsinki, Wider Country Series, 1987.

André Philippe, *Henri de man et la crise doctrinale du socialisme*, Gambar, 1928.

Balassa B. (ed.), *Estructura de la Proteccion en los Paises en Desarrollo*, Mexique, BID-BIRD, 1972.

Bendix, R., « Two Sociological Traditions », in R. Bendix and G. Roth, *Scholarship and Partisanship*, Berkeley-Los Angeles, University of California Press, pp. 282-298, 1971.

Benjamin, Schwartz, *Chinese communism and the rise of Mao*, Cambridge (Mass), Harvard U.P., 1951.

Bergsman J., « Growth and Equity in Semi-Industrializing Countries », *World Bank Staff Working Paper*, n° 351, 1979.

Bertand H., « Une nouvelle approche de la croissance française de l'après-guerre : l'analyse en sections productives », *Statistiques et Etudes financières*, n° 35, 1978.

Bhagwati J., *Foreign Trade and Economic Development : Anatomy and Consequences of Exchange Control Regimes*, New York, National Bureau of Economic Research, 1978.

Blanchard O., Dornbusch R., Krugman P. *et alii*, « Reform » in *Eastern Europe*, MIT Press, 1991.

Brasseul J., *Introduction à l'économie du développement*, Armand Colin, 1989.

CEPII, « L'Économie mondiale 1990-2000 : l'impératif de croissance », *Economica*, 1992.

Chenery H., Syrquin M. et Robinson S., *Industrialization and Growth : a Comparative Study*, Oxford University Press, 1986.

Chenery H. et Srinivasan T. (eds), *Handbook of Development Economics*, North-Holland, 1988.

Cheung S., *The theory of Share Tenancy*, University of Chicago Press, 1969.

Chokki T., « A History of the Machine Tool Industry » in *Japan*, in Fransman, 1986.

Chonchol J., « L'évolution de l'agriculture de 1950 à 1980 », *Problèmes de l'Amérique latine*, 3e trimestre 1985.

Choo H., « On the Externally Demanded Liberalization », *Korean Business Review*, août 1987.

Chudnovsky D., « The Entry into the Design and Production of Complex Capital Goods : The Experiences of Brazil », India and South Korea, in Fransman, 1986a.

Chou Tse-tsung, *The may fourth movement, intellectual Revolution in modern China*, Stanford, California University press, 1960, rééd. 1967. H. Doré, *Recherches sur les superstitions en Chine*, Shanghai, Tu-ne-wei, 1914-1929, 15 vol.

Collette Audory, *Léon Blum ou la politique du juste*, Julliard, 1955 2 éd. Denoël, 1970. Marcel Déart, *Perspectives socialistes*, Valois, 1930.

Cushing Frank Hamilton, *Remarks on shamanism*, Proc. Amer philos, Sssty. vol. 36, 1897.

Dawe, A., « The Two Sociologies », in *British Journal of Sociology*, 21, pp. 207-218, 1970.

Donald S. Zagoria, *Les différendces sino-soviétiques*, Les éditions John Didier, 1963.

Dukheim, E., « La famille conjugale », in *Revue philosophique*, 90, pp. 2-14, 1921.

Durkhim, E., *Leçons de sociologie. Physique des mœurs et du droit*, Paris, PUF, 1950.

Feder G., « On Export and Economic Growth », *World Bank Staff Working Paper*, n° 508, 1982.

Feder G., Richard E. et Zilberman D., « Adoption of Agricultural Innovations », in Developing Countries : A survey, *Economic Development and Cultural Change*, janvier 1985.

Fields G., « Employment, Income Distribution and Economic Growth », in *Seven Small Open Economies, The Economic Journal*, mars 1984.

Fontaine J.-M. (ed.), *Réformes du commerce extérieur et politiques de développement*, PUF, 1991.

Fouquin M. *et alii*, « Pacifique : le recentrage asiatique », *Economica*, 1991.

Fouquin M. (1985), « Development Prospects for South Korea, Taïwan, Hong Kong and Singapore to the End of the Decade », *CEPII*, n° 85-02, May 1985.

François Chatelet et Evelyne Psier-Kouchner, *Les marxistes et la politique*, Paris, PUF, 1975, 730 p.

Franck A-G, « The Development of Underdevelopment », *Montly Review*, avril 1966.

Fukuyama F. *La fin de l'histoire et le dernier homme*, Flammarion, 1992.

Georges Palozci-Horvath, *Mao Tsé-toung, Empereur des Fourmis bleues*, NRF, Gallimard, 1963.

Giddens, A., *Capitalism and Social Theory*, Cambridge University Press, 1971.

Giddens, A., « Max Weber und Emile Durkheim. Divergierende Zeitgenossen », pp. 273-282 in W. J. Mommsen et W Schwentker (Eds), *Max Weber und seine Zeitgenossen Göttingen-Zurich*, Vandenhoek et Ruprecht, 1988.

Gilpin R., *War and Change in World Politics*, Cambridge University Press, 1981.

Habermas, J., *Theorie des kommunikativen Handelns*, 2 vol., Francfort, Suhrkamp, 1981.

Hamilton C., Class, *State and Industrialization in South Korea*, Sussex Institute of Development Studies Bulletin, avril 1984.

Harold Issacs, *The tragedy of the chinese Révolution*, Londres, 1958, trad. française, *La tragédie de la révolution chinoise, 1925-1927,* Paris, Gallimard, 1967.

Harold Isaascs, *La tragédie de la Révolution chinoise, 1925-1927*, NRF, Gallimard, 1967.

Harris M., *Cultural Materialism : The Struggle for a Science of Culture*, New York, Random House, 1980. Cité par Ruttan (1988).

Hasan P., *Problems and Issues in a Rapidly Growing Economy*, The John Hopkins University Press, 1976.

Hausman R. et Marquez G., « Du bon côté du choc pétrolier », in Boyer (1986 a).

Hélène Carrère d'Encausse et Stuart Scham, *Le marxisme et l'Asie*, A collin, 1965.

Heller P. et Porter A., « Exports and Growth : an Empirical Re-Investigation », *The Journal of Development Economics,* juin 1978.

Hillcoat G., *La crise des modèles de développement en Amérique latine. De la substiution aux importations à l'économie tournée vers l'extérieur. Une discussion théorique illustrée par l'expérience argentine*, thèse, Université de Paris VIII, 1986.

Hennis, W., *Max Webers Fragestellung*, Tübingen, Mohr Siebeck, 1987.

Hulbert (HB), *The History of Korea*, 2 vol. Nouv. Ed. par Weens (c. ni), Londres, 1963.

Huntington S.P., « The U.S. — Decline or Renewal ? », *Foreign Affairs*, hiver 1988.

Javeau C. *Conversation de MM. Durkheim et Weber sur la liberté et le déterminisme lors du passage de M. Weber à Paris*, Bruxelles, Les Eperonniers.

J.-F. de François, « Nationalism and Language », *Reforme in China*, Princeton University Press, 1950.

J.-B. Grieder, *Hu shoh and the chinese Renaissance liberalism in the chinese Revolution*, Cambridge, Mass, Harvard University press, 1970.

Kennedy P., *Naissance et déclin des grandes puissances*, trad. Fr., Payot, 1989.

Kocka, J., (ed.), Max Weber, des Historiker, Göttingen, Vandenhoek & Ruprecht, 1986.

Kopp, M., Müller H.-P., *Herrschaft und Legitimität in modernen Industriegesellschaften*, Munich, Tuduv, 1980.

Lepsius, M.R., *Interessen, Ideen und Institutionnen*, Opladen, Westdeutscher Verlag, 1990.

Lockwood, D., « Soziale Integration und Systemintegration », in W. Zapf (ed.), *Theorien des sozialen Wandels*, 3. Anfl. Cologne-Berlin, Kiepenheuer et Witsch, pp. 124-137, 1971.

Lewis A., « Economic Development whith Unlimited Supplies of Labor », *The Manchbester School of Economic and Social Studies*, mai 1954.

Lindauer D. (1984), « Labour Market Behaviour in the Republic of Korea », *World Bank Staff Working Paper*, n°641, 1984.

Lipietz A., « De la nouvelle division internationale du travail à la crise du fordisme périphérique », *CEPREMAP*, n° 8225, 1982.

Lorot P. et Schwob T., *Singapour, Taïwan, Hong Kong, Corée du Sud. Les nouveaux conquérants*, Hatier, 1986.

- « Mirages et miracles. Problèmes de l'industrialisation dans le Tiers-monde », La Découverte, 1986.

Lira M., *Ensayos sobre Capitalismo, Socialismo y Desarrollo*, Ed. Documentas, Santiago du Chili, 1987.

Little I., « The Experience and Causes of Rapid Labour-Intensive Development in Korea, Taïwan, Hong Kong and Singapore », in Lee, 1981.

Lorin de Reure I., « La Corée du Sud : une économie au défi », *Economie et Humanisme*, janvier-février 1984.

Lorot P. et Schwob T., *Développement Economique et Libéralisation Financière en Corée du Sud*, Chroniques SEDEIS, 15 juillet 1985.

Lucien Bodard, *La Chine de la douceur*, Gallimard 1957.

- *La Chine du cauchemar*, Gallimard, 1961.

M. Hemery, *De la révolution littéraire à la littérature révolutionnaire*, Paris, L'herne, 1970.

- *Mao Tsé-Toung*, présenté par Stuart Schran, A. Colin, 1963.

Marini R., « Dialectica de la dependencia : la economia exportadora », *Sociedad y Desarrollo*, janvier-mars 1972.

- *Subdesarrollo y Revoluction*, Mexique, Siglo Veintiuno (2e éd.), 1970.

Marx K. (1953), *Le Capital*, Éditions Sociales, 1953.

Mason E. *et al.*, *The Economic and Social Modernization of the Republic of Korea*, Harvard University Press, 1980.

Mazier J., Picaud Y., Podevin G. et Bertrand H., « Les deux crises des années 30 et des années 70 », *Revue économique*, mars 1952.

Mazier J., Basle M. et Vidal J.-F., « Quand les crises durent », *Economica*, 1984.

Michaely M., « Exports and Growth : an Empirical Investigation », *Journal of Development Economics*, mars 1977.

Michalet C.-A., *Le capitalisme mondial*, PUF, 1976.

Michell T., « What Happens to Economic Growth when Neo-Classical Replaces Keynesians », *Sussex Institute of Development Studies Bulletin*, décembre 1981.

- *The Republic of Korea : Employment, Industrialization and Trade*, International Labour Office WEP 2-36/WP-29, 1983.

- « Administrative Tradition and Economic Decision-Marking », *Sussex Institute of Development Studies Bulletin*, avril 1984.

Mitzoguchi T., « Economic Development and Income Distribution. he Experience in East and Southeast Asia », *The Developing Economies*, décembre 1985.

Moore M. « Agriculture in Taïwan and South Korea : the Minimalist State, », *Sussec Institute of Development Studies Bulletin*, avril 1984.

Morishima M., *Capitalisme et confucianisme*, Flammarion, 1987.

Nye J.S., *Bound to Lead. The Changing Nature of American Power*, Basic Books, 1990.

Parsons, T., *The Structure of Social Action*, 2 vol., with a new introduction to the Paperback Edition, New York, The Free Press, 1968.

Philippe Devillers, *Ce que Mao Tsé-Toung a vraiment dit*, Stock, 1967.

Pope, W., « Classic on Classic : Parsons'Interpretation of Durkheim », in *American Sociological Review*, n° 38, pp. 399-415, 1973.

Pope, W., Cohen, J., Hazelrigg, L.e., « On the Divergence of Weber and Durkheim ». A Critique of Parsons'Convergence Thesis, in *American Sociological Review*, n° 40, 417-427, 1975.

Rects Bergeron, *Révolution et expansion de la Chine*, Gal, Paris, 1969.

Robert Guillain, *Six cents millions de Chinois*, Juillard, 1956.

Roger Pelissier, *De la révolution chinoise*, Juillard, 1967.

Saucier P., « Spécialisation internationale et compétitivité de l'économie japonaise », *Economica*, 1987.

Scaff, L.A., *Fleeing the Iron Cage*, Berkeley-Los Angeles, University of California Press, 1989.

Schluchter, W., *Rationalismus der Weltbeherrschung. Studien zu Max Weber*, Franfort, Suhrkamp, 1980.

- *Southern Paicile shamanism*. UC. AR, vol. 2, n° 4.

Stern P. et London P.A., (Deficits in Trade and Leadership « , *The Washington Quaterly*, automne 1990.

T.C. Hsia, *A history of modern chinese Fiction, 1917-1959*, New Haven, Yale University press, 1961.

Tiryakian, E.A., « A Problem for the Sociology of Knowledge. The mutual unawareness of Emile Durkheim and Max Weber », in *European Journal of Sociology*, n° 7, pp. 330-336, 1965.

Tiryakian, E.A., « Durkheim, Mathiez and the French Revolution », in *European Journal of Sociology*, n° 29, pp. 373-396, 1988.

Vanberg, V., *Die zwei Soziologien. Individualismus und Kollekivismus in der Sozialtheorie*, Tübingen, Mohr-Siebeck, 1975.

Van Helten J. J et Cassis Y., *Capitalism in a Mature Economy*, Edward Elgar, 1990.

Van Liemt G., *The Employement Effects of Fruits and Vegetable Processing Sector in the Republic of Korea*, International Labour Office, WEP 2-36/WP 8, 1980.

Van Winjbergen S., *Stagflationary Effects of Monetary Stabilization Policies : A Quantitative Analysis of South Korea*, World Bank Reprint Series, n°236, 1982.

- « Credit Policy. Inflation and Growth in e Financial Repressed Economy », *Journal of Development Economics*, août 1984.

Victor Ledug, *Le marxisme est-il dépassé ?*, Ed. Raisons d'être, 1946 (point de vue communiste). Daniel Ligou, *Histoire du socialisme en France (1987-1961)*, PUF, 1962.

Vuskovic P., *Distribucion del ingreso y opciones de desarrollo, in Economia Politica en la Unidad Popular*, Barcelona, Ediciones Fontanella, 1975.

Wang Y.-K. (1983), *Export Assistance Regimes in the Pacific Asian Developing Countries, Séoul, Pacific Cooperation Workshop on Trade and Manufactured Goods.* Cité par ONUDI (1987).

Warr P., « Korean's Masan Free Export Zone : Benefits and Costs », *The Developing Economies*, juin 1984.

Weber M., *L'éthique protestante et l'esprit du capitalisme*, Plon, 1964.

Weber, M., *Gesammelte Politische Schriften.* 3. Aufl Tübingen, Mohr-Siebeck, 1971.

Weber, M., *Wirtschaft und Gesellschaft.* 5. Rev. Aufl., Tübingen, Mohr-Siebeck, 1972a.

Westphal L., « The Republic of Korea's Experience whith Export-Led Industrial Development », *World Development*, juin 1978.

Zysman J., « U.S. Power, Trade and Technology », *International* Affairs, 1991.

Japon et Asie

Mikami (Y), *The development of mathematics in China and Japan*, nouvelle édit, New York, 1961.

Mizumo (S)., *An outline of world archéology*, vol. 6.

- *Eastern Asia II, the yin-chou period, to Tokyo*, 1958.
- Bronzes and jades of ancient China, Tokyo, 1959.

Morikimi (D), *Ancient Chinese myths*, Kyoto, 1944.

Needham (J), *Science and civilization in China,* vol. 4, Cambridge, 1945-1965

- *Science and society in ancient China*, Londres, 1947.
- *Remarques relatives à l'histoire de la sidérurgie chinoise*, (AEST 1956, memoire in 16.
- *An archeology study tour in China*, 1958.

- *Des Hans*, Paris, 1935.
Sullivan (M), *An introduction to Chineses Art*, Londres, 1961.
- *The Birth of Landscape in China*, Berkeley, 1962.
Swallow (RW), *Ancient Chinese Bronze mirrors*, Pekin, 1937.
Vandermeersch (L), *La fondation du légisme*, Paris, 1965.
Vander-Nicolas (N), *Le Taoïsme*, Paris, 1965.
Fung yu lan, *The spirit of Chinese philosophy*, Londres, 1947.
- *A history of chinese philosophy*, D. Bodde Princeton, 1952.
Gernet (J), *La Chine ancienne*, Paris 1964.
Gibson (HE), *Communication in China during the Shang period*, (CG, 1937).
Granet (M), *La religion des Chinois*, Paris, 1951
- *La féodalité chinoise*, Oslo, 1952.
- *Etudes sociologiques sur la Chine*, Paris, 1953.
Griffith (SB), *Suntzu, the art of war*, Oxford, 1963.
Grousset (R), *L'empire des steppes*, Paris, 1948.
Hawkes, ch'u tz'u, *The song of the south, an ancient Chinese anthroplogy*, Oxford, 1959.
Heintze (C), *Objets rituels, croyances et dieux de la Chine*, Abtique, Anvers, 1936.
Hervouet (Y), *Pottery and stonreares of shang, Sseu-ma siang-joi, un poète Hans sous les ????*, Paris, 1964.
Kato (Joken), *Religion and thought in ancient China*, Cambridge, 1953.
Kou Pao Koh, *Deux sophistes chinois, Houei che et Kong souen long*, Paris, 1953.
Maspero (H), *La société chinoise à la fin des Chang et au début de Techeou* (Befeo, 1954).
Mélanges posthumes sur les religions et l'histoire de la Chine, vol. 1. Les religions — vol 2. Le taoïsme — vol 3. Etudes historiques, Paris, 1956.
Waley (A), *The book of songs*, Londres, 1937
The way and its power, a study of the Tao te ching and its place in Chineese thought, Londres, 1934.
- *The analyses of Confucius*, Londres, 1934.
- *The book of changes* (BMFEA, 1934).
- *Life under Han dynasty*, *History today*, 1953.

- *The nine songs, a study of shamanism in ancient China*, Londres, 1955.

Walker (RL), *The multistate systeme of ancient China*, Hamden, 1953.

Yang (KP), *In outline of the history of Korean confucianism*, Washington, 1956.

Yang lieng sheng, *Studies in Chineese institution and history*, Cambridge 1961.

Chine

Ardant (Ph), « La pratique diplomatique chinoise récente », *Revue générale de droit international public*, Paris, octobre décembre 1968.

Antar (B), *La modification entre Moscou et Pékin*, 1963, n° 4-5.

Arnaurt (J), Juquin (P), Prevost (C), Vidal (JE), « Chine où va-tu ? » numéro spécial de la *Nouvelle critique*, novembre 1963.

Baby (J), *La grande controverse sino-soviétique, 1956-1966*, Grasset, Paris 1966.

Barnett (A D), *China after Mao,* Princeton University press, Oxford University, Londres (1967), VII.

Baron (R), « Que signifient les derniers événements de la Chine » *Afrique-Asie*, 3e et 4e trimestres 1968.

Bastid (M) « Origine et développement de la révolution culturelle », texte d'une conférence prononcée le 29 novembre 1966 au Centre de politique étrangère, 1967.

Cadart (C), « Les relations sino-soviétiques », *R.F.S.P.*, 1961, p.

Cadart (C), *L'évolution du monde communiste*, 1962-1963.

Chevery (J), *Les stratégies du communiste* Julliard.

- Chroniques de politiques étrangères :

- *La Chine de Mao ses rapports avec l'URSS et l'attitude de l'Occident*, mai 1959.

Cohen (T) Arnaurt (T), Gilly (J), « Pourquoi, comment », *Nouvelle critique*, novembre 1963.

Devillers (P), « L'URSS, la Chine, et les origines de la guerre de Corée », *RFSPO*, décembre 1964.

Esmein (J), *La révolution culturelle*, éd. Le Seuil, Paris 1970.

Feijo (F), « Le monde communiste et la révolution culturelle chinoise », *Preuves*, Paris, décembre 1966.

Feijo (F), « Le grand dessein de Mao Tse-Toung », *Esprit*, mars 1963.

Garandy (R), *Le problème chinois*, Seghers, Paris (1967)

Hebert (Ch), « La grande révolution culturelle prolétarienne », *La NEF*, Paris, octobre-décembre 1968.

Hook (B), « China's cultural révolution : the preconditions in historical perspective », *World today*, Londres, novembre 1967.

Idéologie et doctrine

Carrière d'Encause Hélene & Schrame Stuart, *Le marxisme et l'Asie, 1833-1964*, Paris, 1965.

- *L'URSS et la Chine devant les révolutions dans les sociétés préindustrielles*, Paris, 1970.

Cohen Jerôme, *Mao papers : anthology and bibliography*, Oxford University press, 1970 Mao prestige Hall, 1969.

Cohen, Jerôme Alan, *The criminal process in the peoples Republic of China*, 1949-1963, Cambridge, mars 1968.

Devillers (P), *Ce que Mao a vraiment dit*, Paris, 1968.

Esmain Jean, *Histoire de la révolution culturelle prolétarienne en Chine*, Paris 1970.

Gray Jack, *Modern china's search for a political form*, Oxford University Press, 1969.

Jolokhovtseu, *La révolution culturelle vue par un Soviétique*, Paris 1968.

Mao tse toung, *Œuvres choisies de Mao Tse Toung*, 4 (union research institute) édition en langues étrangères, Pékin, (1962-1968).

Shrame Stuart, *Mao Tse Toung* (textes traduits et présentés par Stuart Shrame) Paris 1963.

Yu Frederick T C, *Mass persuasion in communist of China : ideology in flux*, Cambridge, Mass. 1968.

Table des matières

Collection Recherches Asiatiques
dirigée par Alain Forest

NGUYEN Thê Anh et Alain FOREST (eds), *Notes sur la culture et la religion en Péninsule indochinoise*, 1995.
Bernard GAY, *La nouvelle frontière lao-vietnamienne*, 1995.
Laurence HUSSON, *La migration maduraise vers l'est de Java*, 1995 (Cahier d'Archipel 26)
Gérard MOUSSAY, *Dictionnaire Minangkabau-Indonésien-Français*, 1995 (Cahier d'Archipel 27)
Andrée FEUILLARD, *Islam et armée dans l'Indonésie contemporaine*, 1995 (Cahier d'Archipel 28)
Michel BODIN, *La France et ses soldats, Indochine,1945-1954*, 1996.
Monique CHEMILLIER-GENDREAU, *La souveraineté sur les archipels Paracels et Spratleys*, 1996.
Henri LOCARD, *Le "Petit livre Rouge" de Pol Pot ou les paroles de l'Angkar*, 1996.
Henri STERN, *L'Inde des familles. Le Rajasthan : des royaumes à l'Etat*, 1996.
Gabriel DEFERT, *L'Indonésie et la Nouvelle-Guinée occidentale,* 1996.
Frédéric DURAND, *Littérature et bandes dessinées fantastiques sur le monde malais*. 1996 .
Luc LACROZE, *Les grands pionniers du Mékong. Une cinquantaine d'années d'aventures (1884-1935)*, 1996.
P ierre-Bernard LAFONT, *Initiation à la péninsule indochinoise*, (en coll. avec le Centre d'Histoire et Civilisations de la Péninsule Indochinoise), 1996.
Catherine DESPEUX et Frédéric OBRINGER (dir.), *La maladie dans la Chine médievale – La toux*, 1997.
M.-Odile GÉRAUD, *Regards sur les Hmong de Guyane française*, 1997.
Jean DEUVE, *Guérilla au Laos*, 1997.
Gérard HEUZÉ, *Entre émeutes et mafias. L'Inde dans la mondialisation*, 1997.
Bernard HOURS, Monique SELIM, *Essai d'anthropologie politique sur le Laos contemporain*, 1997.
Seong Chang CHEONG, *Idéologie et système en Corée du Nord*, 1997.
Michel BODIN, *Soldats d'Indochine - 1945-1954*, 1997.
Lionel PAUL, *La Question tamoule à Sri Lanka, 1977-1994*, 1997.

Collection Recherches Asiatiques
dirigée par Alain Forest

Viviane FRINGS, *Le paysan cambodgien et le socialisme. La politique agricole de la République Populaire du Kampuchea et de l'État du Cambodge*, 1997.
TU CHI NGUYEN, *La cosmologie Muong*, 1997.
Marc LEMAIRE, *Le service de santé militaire dans la guerre d'Indochine,* 1997.
Pierre L. LAMANT, *Bilan et Perspectives des Etudes khmères (langue et culture)*, 1997.
Hartmut O. ROTERMUND, *«La sieste sous l'aile du cormoran» et autres poèmes magiques*, 1998.
Luc LACROZE, *L'Aménagement du Mékong (1957-1997). L'échec d'une grande ambition ?*, 1998.
S. PHINITH, P. SOUK-ALOUN, V. THONGCHANH, *Histoire du pays Lao,* 1998.
S. FERHAT-DANA, *Le Dangwai et la démocratie à Taiwan*, 1998.
NGUYEN THE ANH, Alain FOREST (eds), *Guerre et paix en Asie du Sud-Est,* 1998.
DO CHI-LAN, *La mère et l'enfant dans le Viet Nam d'autrefois,* 1998.
A. LE PICHON, *Aux origines de Hong-Kong. Aspects de la civilisation commerciale à Canton : le fonds de commerce de Jardine, Matheson &Co (1827-1839)*, 1998.
Alain FOREST, *Les missionnaires français au Tonkin et au Siam(17e-18e siècle). Analyse comparée d'un relatif succès et d'un total échec.*
Livre I, *Histoires du Siam,* Livre II, *Histoires du Tonkin,* Livre III, *Organiser une Eglise. Convertir les Infidèles*, 1998.
M. BODIN, *Les combattants français face à la guerre d'Indochine, 1945 - 1954*, 1998.
Laurent CHAZEE, *Evolution des systèmes de production ruraux en République Démocratique populaire du Laos (1975-1995),* 1998.

Collection Recherches Asiatiques
dirigée par Alain Forest

Dernières parutions

Marie-France LATRONCHE, *L'influence de Gandhi en France*, 1999.
Julien BERJEAUT, *Chinois à Calcutta*, 1999.
Olivier GUILLARD, *Désarmement, coopération et sécurité régionale en Asie du Sud*, 1999.
NGUYÊN TUNG (ED), *Mông Phu, un village du delta du Fleuve Rouge (Viêt Nam)*, 1999.
NGUYÊN THÊ ANH, YOSHIAKI ISHIZAWA (eds), *Commerce et Navigation en Asie du Sud-Est (XIVe-XIXe siècles)*, 1999.
Pierre SINGARAVÉLOU, *L'École française d'Extrême-Orient ou l'institution des marges (1898-1956)*, 1999.

Achevé d'imprimer le 3 novembre 1999
sur les presses de Dominique Guéniot,
imprimeur à Langres - Saints-Geosmes
Photocomposition : L'Harmattan

Dépôt légal : novembre 1999 - N° d'imprimeur : 3762